“十四五”时期国家重点出版物出版专项规划项目

| 数字中国建设出版工程·“新城建　新发展”丛书 |

梁　峰　总主编

智慧社区
与数字家庭

张永刚　主编

中国城市出版社

图书在版编目（CIP）数据

智慧社区与数字家庭／张永刚主编．—北京：中国城市出版社，2023.12
（“新城建　新发展”丛书／梁峰主编）
数字中国建设出版工程
ISBN 978-7-5074-3660-0

Ⅰ.①智… Ⅱ.①张… Ⅲ.①社区管理—现代化管理—研究—中国②数字技术—应用—家庭生活—研究—中国 Ⅳ.①D669.3②TS976.9-39

中国国家版本馆CIP数据核字（2023）第231276号

本书是数字中国建设出版工程·“新城建　新发展”丛书中的一本。全书共分为4篇10个章节，总结了智慧社区与数字家庭的概念与内涵、起源与发展现状、关键技术，阐述了智慧社区与数字家庭的规划与建设的原则和技术路线，归纳了智慧社区与数字家庭运营与管理方面常见模式和安全保障策略，梳理了智慧社区与数字家庭标准化情况，筛选了智慧社区与数字家庭建设中涌现的典型案例，展望了智慧社区与数字家庭未来的发展趋势和方向。本书内容全面，具有较强的实用性，对住房和城乡建设领域数字化管理水平的提高具有一定的推动意义。

本书可供城市管理者、决策者，以及智慧社区与数字家庭从业人员参考使用。

总 策 划：沈元勤
责任编辑：徐仲莉　王砾瑶　范业庶
书籍设计：锋尚设计
责任校对：赵　颖
校对整理：孙　莹

数字中国建设出版工程·“新城建　新发展”丛书
梁　峰　总主编
智慧社区与数字家庭
张永刚　主编
*
中国城市出版社出版、发行（北京海淀三里河路9号）
各地新华书店、建筑书店经销
北京锋尚制版有限公司制版
北京富诚彩色印刷有限公司印刷
*
开本：787毫米×1092毫米　1/16　印张：15½　字数：292千字
2023年12月第一版　2023年12月第一次印刷
定价：**99.00**元
ISBN 978-7-5074-3660-0
（904637）

让新城建为城市现代化注入强大动能
——数字中国建设出版工程·“新城建　新发展”丛书序

城市是中国式现代化的重要载体。推进国家治理体系和治理能力现代化，必须抓好城市治理体系和治理能力现代化。2020年，习近平总书记在浙江考察时指出，运用大数据、云计算、区块链、人工智能等前沿技术推动城市管理手段、管理模式、管理理念创新，从数字化到智能化再到智慧化，让城市更聪明一些、更智慧一些，是推动城市治理体系和治理能力现代化的必由之路，前景广阔。

当今世界，信息技术日新月异，数字经济蓬勃发展，深刻改变着人们生产生活方式和社会治理模式。各领域、各行业无不抢抓新一轮科技革命机遇，抢占数字化变革先机。2020年，住房和城乡建设部会同有关部门，部署推进以城市信息模型（CIM）平台、智能市政、智慧社区、智能建造等为重点，基于信息化、数字化、网络化、智能化的新型城市基础设施建设（以下简称新城建），坚持科技引领、数据赋能，提升城市建设水平和治理效能。经过3年的探索实践，新城建逐渐成为带动有效投资和消费、推动城市高质量发展、满足人民美好生活需要的重要路径和抓手。

党的二十大报告指出，打造宜居、韧性、智慧城市。这是以习近平同志为核心的党中央深刻洞察城市发展规律，科学研判城市发展形势，作出的重大战略部署，是新时代新征程建设现代化城市的客观要求。向着新目标，奋楫再出发。面临日益增多的城市安全发展风险和挑战，亟须提高城市风险防控和应对自然灾害、生产安全事故、公共卫生事件等能力，提升城市安全治理现代化水平。我们要坚持“人民城市人民建、人民城市为人民”重要理念，把人民宜居安居放在首位，以新城建驱动城市转型升级，推进城市现代化，把城市打造成为人民群众高品质生活的空间；要更好统筹发展和安全，以时时放心不下的责任感和紧迫感，推进新城建增强城市安全韧性，提升城市运行效率，筑牢安全防线、守住安全底线；要坚持科技是第一生产力，推动新一代信息技术与城市建设治理深度融合，以新城建夯实智慧城市建设基础，不断提升城市治理科学化、精细化、智能化水平。

新城建是一项专业性、技术性、系统性很强的工作。住房和城乡建设部网络安全和信息化工作专家团队编写的数字中国建设出版工程·“新城建　新发展”丛书，分7个专题介绍了新城建各项重点任务的实施理念、方法、路径和实践案例，为各级领导干部推进新城建提供了学习资料，也为高校、科研机构、企业等社会各界更好参与新城建提供了有益借鉴。期待丛书的出版能为广大读者提供启发和参考，也希望越来越多的人关注、研究、推动新城建。

姜万荣

2023年9月6日

丛书前言

加快推进数字化、网络化、智能化的新城建，是将现代信息技术与住房城乡建设事业深度融合的重大实践，是住房城乡建设领域全面践行数字中国战略部署的重要举措，也是举住房城乡建设全行业之力发展“数字住建”，开创城市高质量发展新局面的有力支点。

新城建，聚焦城市发展和安全，围绕百姓的安居乐业，充分运用现代信息技术推动城市建设治理的提质增效和安全运行，是一项专业性、技术性、系统性很强的创新性工作。现阶段新城建主要内容包括但不限于全面推进城市信息模型（CIM）平台建设、实施智能化市政基础设施建设和改造、协同发展智慧城市与智能网联汽车、建设智能化城市安全管理平台、加快推进智慧社区建设、推动智能建造与建筑工业化协同发展和推进城市运行管理服务平台建设，并在新城建试点实践中与城市更新、城市体检等重点工作深度融合，不断创新发展。

为深入贯彻、准确理解、全面推进新城建，住房和城乡建设部网络安全和信息化专家工作组，组织专家团队和专业人士编写了这套以“新城建 新发展”为主题的丛书，聚焦新一代信息技术与城市建设管理的深度融合，分七个专题以分册形式系统介绍了推进新城建重点任务的理念、方法、路径和实践。

分册一：城市信息模型（CIM）基础平台。城市是复杂的巨系统，建设城市信息模型（CIM）基础平台是让城市规划、建设、治理全流程、全要素、全方位数字化的重要手段。该分册系统介绍CIM技术国内外发展历程和理论框架，提出平台设计和建设的技术体系、基础架构和数据要求，并结合广州、南京、北京大兴国际机场临空经济区、中新天津生态城的实践案例，展现了CIM基础平台对各类数字化、智能化应用场景的数字底座支撑能力。

分册二：市政基础设施智能感知与监测。安全是发展的前提，建设市政基础设施智能感知与监测平台是以精细化管理确保城市基础设施生命线安全的有效途径。该分册借鉴欧美、日韩、新加坡等发达国家和地区经验，提出我国市政基础设施智能感知与监测的理论体系和建设内容，明确监测、运行、风险评估等方面的技术要求，同时结合合肥和佛山的实践案例，梳理总结了城市综合风险感知监测预警及细分领域的建设成效和典型经验。

分册三：智慧城市基础设施与智能网联汽车。智能网联汽车是车联网与智能车的有机结合。让“聪明的车”行稳致远，离不开“智慧的路”畅通无阻。该分册系统梳理了实现“双智”协同发展的基础设施、数据汇集、车城网支撑平台、示范应用、关键技术和产业体系，总结广州、武汉、重庆、长沙、苏州等地实践经验，提出技术研发趋势和下一步发展建议，为打造集技术、产业、数据、应用、标准于一体的“双智”协同发展体系提供有益借鉴。

分册四：城市运行管理服务平台。城市运行管理服务平台是以城市运行管理“一网统管”为目标，以物联网、大数据、人工智能等技术为支撑，为城市提供统筹协调、指挥调度、监测预警等功能的信息化平台。该分册从技术、应用、数据、管理、评价等多个维度阐述城市运行管理服务平台建设框架，并对北京、上海、杭州等6个城市的综合实践和重庆、沈阳、太原等9个城市的特色实践进行介绍，最后从政府、企业和公众等不同角度对平台未来发展进行展望。

分册五：智慧社区与数字家庭。家庭是社会的基本单元，社区是基层治理的“最后一公里”。智慧社区和数字家庭，是以科技赋能推动治理理念创新、组建城市智慧治理“神经元”的重要应用。该分册系统阐释了智慧社区和数字家庭的技术路径、核心产品、服务内容、运营管理模式、安全保障平台、标准与评价机制。介绍了老旧小区智慧化改造、新建智慧社区等不同应用实践，并提出了社区绿色低碳发展、人工智能和区块链等前沿技术在家庭中的应用等发展愿景。

分册六：智能建造与新型建筑工业化。建筑业是我国国民经济的重要支柱产业。打造“建造强国”，需要以科技创新为引领，促进先进制造技术、信息技术、节能技术与建筑业融合发展，实现智能建造与新型建筑工业化。该分册对智能建造与新型建筑工业化的理论框架、技术体系、产业链构成、关键技术与应用进行系统阐述，剖析了智能建造、新型建筑工业化、绿色建造、建筑产业互联网等方面的实践案例，展现了提升我国建造能力和水平、强化建筑全生命周期管理的宝贵经验。

分册七：城市体检方法与实践。城市是“有机生命体”，同人体一样，城市也会生病。治理各种各样的“城市病”，需要定期开展体检，发现病灶、诊断病因、开出药方，通过综合施治补齐短板和化解矛盾，“防未病”“治已病”。该分册全面梳理城市体检的理论依据、方法体系、工作路径、评价指标、关键技术和信息平台建设，系统介绍了全国城市体检评估工作实践，并提供江西、上海等地的实践案例，归纳共性问题，提出解决建议，着力破解“城市病”。

丛书编委人员来自长期奋战在住房城乡建设事业和信息化一线的知名专家和专业人士，包含了行业主管、规划研究、骨干企业、知名大学、标准化组织等各类专业机构，保障了丛书内容的科学性、系统性、先进性和代表性。丛书从编撰启动到付梓成书，历时两载，百余位编者勤恳耕耘，精益求精，集结而成国内第一套系统阐述新城建的专著。丛书既可作为领导干部、科研人员的学习教材和知识读本，也可作为广大新城建一线工作者的参考资料。

丛书编撰过程中，得到了住房和城乡建设部部领导、有关司局领导以及城乡建设和信息化领域院士、权威专家的大力支持和悉心指导；得到了中国城市出版社各级领导、编辑、工作人员的精心组织、策划与审校。衷心感谢各位领导、专家、编委、编辑的支持和帮助。

推进现代信息技术与住房城乡建设事业深度融合应用，打造宜居、韧性、智慧城市，需要坚持创新发展理念，持续深入开展研究和探索，希望数字中国建设出版工程·“新城建　新发展”丛书起到抛砖引玉作用。欢迎各界批评指正。

丛书总主编

2023年11月于北京

前　言

中共中央、国务院印发的《数字中国建设整体布局规划》指出，以数字化驱动生产生活和治理方式变革；推进数字社会治理精准化。2023年《政府工作报告》提出，促进数字经济发展，加强数字中国建设整体布局。建设数字信息基础设施，发展智慧城市、数字乡村，完善数字经济治理，释放数据要素潜力，更好赋能经济发展、丰富人民生活。推进基于数字化、网络化、智能化的新城建是贯彻落实习近平总书记重要指示精神和党中央关于加强新型城镇化建设和新型基础设施建设决策部署的重要举措，是促进城市发展方式转变和提升城市治理效能的有效途径。在向第二个百年奋斗目标进军的新征程上，在数字中国发展战略的背景下，以新城建对接新基建、激发发展新动力正当其时。

习近平总书记指出，必须以满足人民日益增长的美好生活需要为出发点和落脚点，把发展成果不断转化为生活品质，不断增强人民群众的获得感、幸福感、安全感。一切为了人民，是我们党和国家全部工作的出发点；人民群众对美好幸福生活的向往是我们党和国家的奋斗目标。推动智慧社区与数字家庭建设有利于提高人民居住品质，改善人居环境，是涉及千家万户，事关人民福祉的民生事业。长期以来，党中央、国务院本着以人为本的执政理念，立足于我国信息化发展实际，积极推动智慧社区与数字家庭建设。当前智慧社区与数字家庭建设已具备了较为完善的政策支撑体系，实现了与最新信息技术的不断融合，涌现了政府主导、政企合作等多元的发展模式，推动了共建共治共享的社会治理目标达成，更好满足人民群众美好生活需要的作用更加突出。但智慧社区与数字家庭建设是一个长期的过程，需要在政府主导下，社会多方力量的持之以恒地协同推进。

本书共分为4篇10个章节，总结了智慧社区与数字家庭的概念与内涵、起源与发展现状、关键技术，阐述了智慧社区与数字家庭的规划与建设的原则和技术路线，归纳了智慧社区与数字家庭运营与管理方面常见模式和安全保障策略，梳理了智慧社区与数字家庭标准化情况，筛选了智慧社区与数字家庭建设中涌现的典型案例，展望了智慧社区与数字家庭未来的发展趋势和方向。

本书编写希望通过对智慧社区与数字家庭有关概念、内涵、起源、现状、关键技术、建设模式、实践案例、标准化建设等方面进行总结，让众多参与力量对智慧社区与数字家庭建设有一个系统、全面、深入的认识，能够在工作推动中更加有的放矢。

本书编写过程中坚持以习近平新时代中国特色社会主义思想为指导，深入贯彻习近平总书记关于网络强国的重要思想和基层治理的重要论述精神，深入贯彻数字中国建设战略要求，充分结合“数字住建”建设要点，重点研究符合“精治善治”“以人为本”“绿色低碳”的建设原则的智慧社区与数字家庭建设技术路线；强调智慧社区与数字家庭信息安全保障，研究了智慧社区与数字家庭领域常见的信息安全问题，提出了应对策略；突出了智慧社区与数字家庭标准化内容，梳理了构建相关标准体系，提出了标准化建议。

智慧社区与数字家庭的发展需要在日新月异的信息技术支撑下不断面向集约化建设、安全化运维、网格化管理、精细化服务，不断实现数据的融通共享和数据价值，更好地服务于感知社会态势、畅通沟通渠道、辅助决策施政、方便人民生活，为人民提供安全、舒适、便利、智能的生产和生活环境，形成基于信息化、智慧化的社会管理和公共服务的新形态、新模式，不断增强人民的获得感、幸福感、安全感。

智慧社区与数字家庭建设发展与我们每一个人息息相关，让我们走进书中的内容，了解智慧社区与数字家庭“前世今生”，一同展望智慧社区与数字家庭新的发展图景，不断拥抱技术创新引领下的智慧化生活。

目　录

1　基础篇

2　建设篇

3 实践篇

4 展望篇

1

基础篇

第1章

智慧社区与数字家庭的概念与内涵

1.1 智慧社区的概念与内涵

1.1.1 智慧社区概念

学术界对智慧社区概念的界定大多沿两条线展开，一是把智慧社区看作“智慧城市”的细胞，从智慧城市组成部分的角度探讨智慧社区的构成要素、运行模式及其与智慧商务、智慧政务等模块的衔接交互，并最终落脚到社区生态的改善和居民需要的满足。S.Skrzeszewski（2000）指出，智慧社区是对因信息通信技术急剧发展而引起的社会、经济变化的创新性回应，借助内生的合作和知识共享的力量，智慧社区能够提高居民生活质量和地区竞争力。值得注意的是，在国外研究中，智慧社区与智慧城市两个概念并无明显区别，“Community”既可以是一个乡镇、市区，也可以是省、城市或其他更大的区域。智慧社区论坛（ICF）指出智慧社区并不必要是大城市或著名的技术中心，它既可以坐落于发展中国家，也可以位于工业化国家，郊区或者城市、内陆或者海岸；二是把智慧社区看作是“智能建筑”或“智慧家庭”的延伸，从微观的、技术的层面向外辐射出覆盖范围更广且包含社会关系的智慧社区。

20世纪八九十年代，已经有一些地方自发地开展了提升基层社区组织信息化水平的实践，一般称之为“社区数字化”或者是“电子社区”。此外，与智慧社区相关的理念，包括在线社区、虚拟社区、信息化社区等也纷纷出现，信息化进入社区已经成为一种趋势。在以往的官方文件中经常出现的概念是“社区信息化”和“智能小区”。前者主要出现在国家和民政系统的文件中。如2006年初发布的《2006—2020年国家信息化发展战略》首次在政府文件中提出了“推进社区信息化”；2010年中共中央办公厅、国务院办公厅出台的《关于加强和改进城市社区居民委员会建设工作的意见》中也以“社区信息化”为章节进行了工作部署。“智能小区”的提法主要出现在住房和城乡建设部门的文件中，相关的提法还包括“小区数字化”和“智能化示范小区”等。

随着“智慧城市”建设的如火如荼展开，“智慧社区”的理念逐渐被写入政府文件之中，特别是在八部委联合发布的《关于促进智慧城市健康发展的指导意见》中，将“智慧社区”作为重点发展领域予以了关注。

上述概念其实都是“智慧社区”的基础，这些实践从现在的角度看，就是让社区更为“智慧”。这些概念的共性，就是以社区为主要对象开展信息化建设，强调建设应“以人为本”，并以推动社区和谐发展为目标，让社区居民参与到本地社区的管理和服务中来，从而创造和谐的社会关系、规范社会行为、化解社会矛盾，营造更加良好的社会环境。

住房和城乡建设部在2014年发布的《智慧社区建设指南（试行）》中对智慧社区给出过明确定义：“智慧社区是通过综合运用现代科学技术，整合区域人、地、物、情、事、组织和房屋等信息，统筹公共管理、公共服务和商业服务等资源，以智慧社区综合信息服务平台为支撑，依托适度领先的基础设施建设，提升社区治理和小区管理现代化，促进公共服务和便民利民服务智能化的一种社区管理和服务的创新模式。”

2022年5月20日，民政部、中央政法委、中央网信办、发展改革委、工业和信息化部、公安部、财政部、住房和城乡建设部、农业农村部九部门联合印发的《关于深入推进智慧社区建设的意见》的通知里面提到：“智慧社区是充分应用大数据、云计算、人工智能等信息技术手段，整合社区各类服务资源，打造基于信息化、智能化管理与服务的社区治理新形态。”

国家标准《智慧城市　建筑及居住区　第1部分：智慧社区信息系统技术要求》GB/T 42455.1—2023中，对术语“智慧社区”进行了定义，指出“智慧社区是运用信息通信技术，有效整合各类社区管理系统，推动社区管理和服务精细化，提升社区管理和服务水平，实现可持续发展的一种新型社区。”

社区建设的任务和目标就是有效供给社区公共物品，满足社区各种需求，优化社区秩序。智慧社区依靠“互联网+”技术为社区治理提供硬件支撑，帮助社区治理实现社会服务和社区管理两大目标。具体而言，智慧社区建设的内涵有着两方面的内容：第一，智慧社区建设是“互联网+”实践基础上的一种理念和概念，是社区治理的一种新模式。它主要以构建智能化生活环境为基础，充分应用互联网等现代科学技术，以保障社区安全、提供综合社区生活服务、智能物业和社区安全防护智能化等为目标。因此，居民、物业公司和居委会等都可以通过智能信息平台来满足自身的便利化需要，并以智能化的平台来开启各种应用。对于地方政府来说，加强智慧社区建设能降低政府各部门的行政管理成本，能实行更大范围、更高层次的治理，特别是通过开展智慧社区建设有助于政府社区治理模式的转变，进而促进社区发展。第二，智慧社区建设是一种新的社区管理和服务实践。它承载推进社区治理的重要新探索，其全部任务和目的都是服务社区。所以，智慧社区建设是一项系统工程，要顺利开展需要取得政府、社区和社区居民等的支持，它鼓励按照“政府主导，社会共同参与”来运作，有了充分的参与机制，智慧社区治理的问题才能得到解决。同时，智慧社区建设的推进必将是一个持续而摸索的过程，需要政府连同社区达成渐进式发展战略和思维；智慧社区治理跟信息化密切相关，涉及社区面广、关联度高，对人才素质要求很高。它需要通过社区治理来吸引更多的专业人才参与智慧社区治理；智慧社区治理需要社区管理体制机制的支撑。没有适宜的社区管理体制，智慧社区治理将变成一个个孤立、分散的“信息孤岛”。比如，没有街道和居委会对基本数据的采集和录入，智慧社区治理信息化平台就很难做到资源共享、全面推进，智慧社区也将沦为“无源之水”。因此，当下智慧社区建设有着丰富的内涵和显著的特征，智慧社区治理能优化社区环境、资源和管理手段等，其在一定程度上变革着社区治理的模式，智慧社区治理也能提升社区的服务质量和水平，满足社区居民更多、更高的社区需要，是未来社区治理的重要内容（图1-1）。

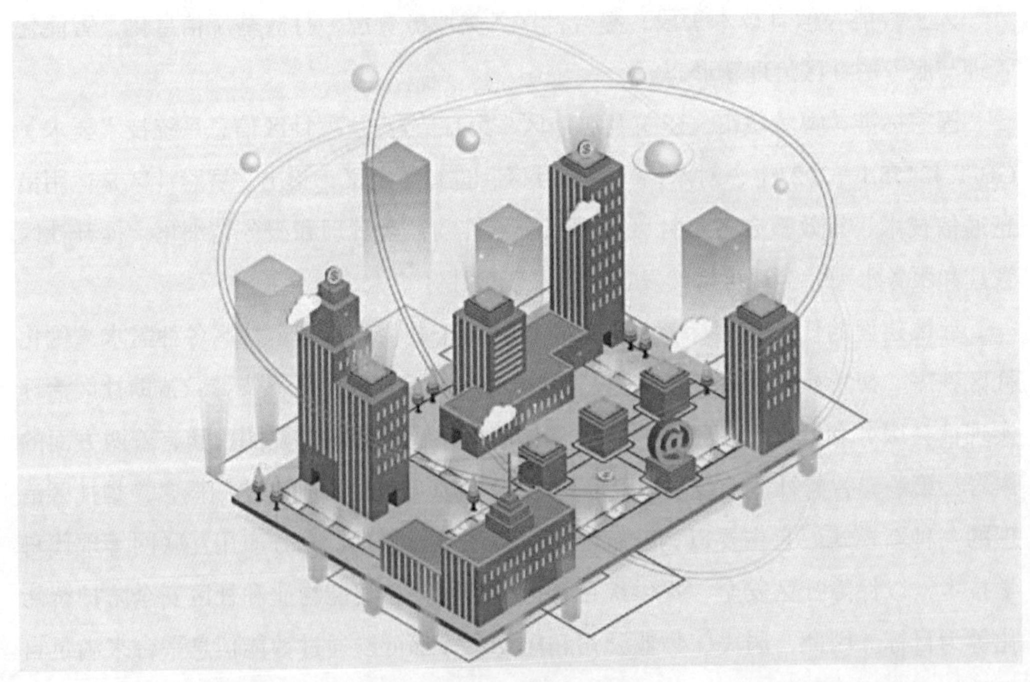

图1-1　智慧社区

1.1.2 智慧社区特征

随着生活水平的提高，人们对生活的渴求已经不再满足于居住地段、周边配套、交通设施等硬件设施，更多的人开始关注社区的软件设施、安全度、物业管理和社区智慧化的信息服务等内容。推进智慧社区建设的目的是要通过物联网、云平台、大数据等现代科学产品和信息化技术来真正安排和整合社区内的人、地、房、物、景等社区元素以及将社区网格化管理、智慧家居、智慧物业管理、社区养老、社区金融等纳入社区智慧系统，同时以智慧化的平台和手段打造好社区周边的商业、生活生态圈，最终形成新型、智慧的社区管理和服务，为社区居民提供更智慧的生活。智慧社区，从根本上是将“智慧城市”的概念引入社区，立足于社区居民的生活幸福感和满意度，通过数字化、智能化方式为居民提供舒适便利的生活服务等，从而提升社区治理效能。

智慧社区作为一个社区发展的新形态，自身具有内外两方面的特征。在外部特征方面，智慧社区所连接的三方群体组织对智慧社区有着不同的建设诉求。面对政府、物业、居民三方，智慧社区都应根据各方需要来共同建设，并提供不同类型的服务。在内部特征方面，则主要是智慧社区本身的职责为智能社区建设提出的要求。智慧社区的发展要把握好这些特征，以求做好自身建设，达到更好发挥自身作用的目的。

1.1.2.1 外部特征

“智慧社区”内连“数字家庭”，外连“智慧城市”，智慧社区的建设目标是满足居民生活中多样化的需求。智慧社区的建设一般分为面向政府、物业、居民的三种建设模式。而社区往科学化、智能化、精细化的发展，无论是对于任何一方，都是一种创新的模式。

1. 面向政府：社区综合治理

融合社区场景多维度数据，重点聚焦社区治理和物业管理，提升社区管理与服务的智能化水平，实现共建、共治、共享的管理新模式。实现对流动人口分析、重点人员和场所监管、矛盾纠纷排查等。

（1）技术赋能：“强健性”基础为社区韧性治理提供能力保障。数字技术手段的引入有效实现了技术赋能，为韧性治理的实现提供了“强健性”基础。数字技术的应用助力社区治理能力现代化，主要表现在四个方面：第一，数字技术的运用使得关键公共问题能够被社区治理主体精准、迅速地识别。在技术运用下，社区治理主体在治理过程中获取信息的渠道得以拓宽，且信息传递的链条得以缩短，因而社区治理主体在第一时间所能获取的用于研判、分析的数据量级大大提高，且传递过程减少了信息的失真与损耗。与此同时，社区治理主体对信息的感知能力得以提升，尤其是自动预警等功能的应用，使得治理主体能够迅速、精准地识别出有待处置的关键公共问题。第二，数字技术的运用有助于社区治理主体实现科学化决策。基于海量信息的分析及研判过程有助于社区治理主体的决策过程趋向科学化，改变了以往依赖经验主义甚至闭门拍脑袋的决策形式，因而降低了路径依赖带来的影响。第三，数字技术的运用有助于提升行政执行效能。智能化手段的运用替代了非必要的机械式人力成本投入，有效提升了工作效能。此外，跨功能、跨层级、跨组织、跨领域的沟通和协调成本在数字手段运用下得以降低，全方位的资源能够实现迅速配置，冗余度在此过程中得以提升，进而有助于更好应对危机和风险。第四，数字技术的运用有助于社区治理主体在决策及执行过程中对所实施的方案进行不间断的跟踪及效果评估，并根据预期目标进行实时动态调整，执行过程因此极具韧性。

（2）技术赋权：权责匹配与多主体共治推动社区韧性治理。数字技术手段的引入可以有效助推技术赋权，且技术赋能与技术赋权相互促进。其一，在技术赋能的情况下，社区治理能力逐步提升，即社区有能力自主承接更多的治理事务，在一定程度上增强了上级政府部门对街道办、居委会治理能力的信任度，使其在可控范围内下放权力，实现了治理重心的下移。其二，在技术赋权的情况下，基层的事务交由基层自主处置，不仅降低了层层授权的时间成本、协调成本和机会成本，提升了整体治理效能，更有助于精细化治理目标的实现，尤其是应对重大突发事件时的响应速度及处置效果将得到显著提高。

（3）韧性组织形成：释放韧性治理能力的韧性社区形成。在“技术赋能”与“技术赋权”双轮驱动的理想状态下，基层组织将在一定程度上发生变革，能够释放韧性治理能力的韧性基层组织将逐步形成。聚焦于社区治理层面，可以将韧性社区定义为：由街道办、居委会、物业公司、业委会、公众及其他商业企业、社会组织等多元主体以实现社区韧性治理为目标而共建共治共享的“大组织”。社区治理能力的有效提升，以及权力运行机制发生变化，将在一定程度上驱使组织发生相对应的系统性变革，即科层体制、功能结构、治理机制、治理手段等均将发生变化。由此，韧性社区应运而生。韧性社区具备强健性、灵活性、稳定性、抗干扰性、自适应性等特性，能够充分接纳外部环境的复杂多变性，尤其是应对外界风险和挑战等例外事件时更显现该特质。与此同时，这些特质将作为内生动力，助力社区韧性特征的稳定表达，如自适应性所匹配的组织学习能力将帮助社区就外界环境的变化进行调整和适应，以应对重大风险挑战。因此，社区韧性治理能力的可持续供给则来源于组织自身，数字技术

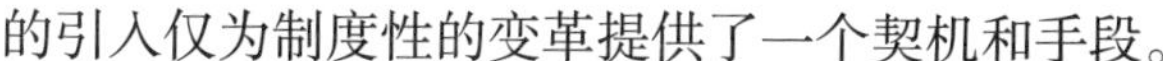

的引入仅为制度性的变革提供了一个契机和手段。

2．面向物业：智慧物业服务

一方面以提升房产附加值为需求，提升楼盘品质及产品细节等，提供个性化、完善贴心的物业服务与生活增值服务；另一方面是以物业需求为导向，降低物业管理成本，实现物业增值收益，倒逼物业公司加速推进市场化改革。

2020年12月，住房和城乡建设部、中央政法委等部门联合发布的《关于加强和改进住宅物业管理工作的通知》中明确提出要加强智慧物业管理服务能力建设。

在整个社区运行体系当中，物业公司行使合同制下的管理权。在智慧社区的建设过程中，物业公司应该充分运用新兴科学技术及现代管理理念，创新物业经营方式，为社区及居民提供多智能、综合性的专业化有偿经营，从而实现经济、社会、生态三位一体的共同进步。物业是搭建智慧社区和科学技术公司的桥梁，政府通过物业部门向科技公司购入承载着大数据与云计算的机器设备与系统，同时，物业又具备现代数字化应用的经营职能。物业运营模式主要是以互联网手段、GPS定位系统、软件产业等现代科技作为技术支撑，创新管理及服务模式，为社区提供管理化服务。物业作为智慧社区维护者可以有效推动社区经营管理制度的创新，增强民众群体的民主共建意识，同时，进行社会、生态资源的优化。建立社区互信互建的建设体系。

在智慧物业建设过程中，要推进打造“智慧化物业=物联化+互联化+智联化”管理模式。物联化是指在物联网理论基础的技术支持下，通过传感和测量技术，使设备数字化的过程，并通过物联化设备收集信息发送至决策支持系统，为人工智能（Artificial Intelligence）做出最优决策提供数据支持。互联化是指通过各种方式将人、数据、物体等联入网络，实现资源整合与互动，从而有效提升整体核心竞争力，主要体现为通过互联网进行信息的传递和共享。智联化是指使用云计算技术和超级计算机来整理及分析海量数据，实现数据、信息、知识、洞察力的逐步转换，以使政府及相关机构及时做出决策，它是物业管理产业“智慧化”的大脑。物联化主要是获取数据与信息，智联化主要是分析数据与信息，互联化主要是传递数据与信息，互联化起中间连接桥梁作用。智联化凭借大数据和人工智能对收集的信息进行深层次分析，以更加新颖、系统、综合的见解来解决具体的问题，为系统决策和行动执行提供数据支撑。

3．面向居民：智慧家居服务

面向社区内部的居民，整合政府、物业、周边商家等服务资源，打造一个多维度融合的社区公共服务平台，面向小区居民，将居民、住户关心的与小区相关的信息，通过微信公众号、电视盒子、智慧终端进行发布，让居民参与小区管理互动，整合小区周边商圈为小区居民提供一体化服务。

1.1.2.2 内部特征

在整个智慧社区的建设方面，更应注意到本身的内部特征。智慧社区建设的目标自提出来起，就与“互联网+”、智慧政务以及对于社区各类资源的高效化整合密不可分。

1. 互联网+

《中国互联网发展报告（2021）》显示，截至2020年底，中国网民规模为9.89亿人，互联网普及率达到70.4%，特别是移动互联网用户总数超过16亿，5G网络用户数超过1.6亿，约占全球5G总用户数的89%；基础电信企业移动网络设施，特别是5G网络建设步伐加快，2020年新增移动通信基站90万个，总数达931万个。工业互联网产业规模达到9164.8亿元，数字经济持续快速增长，信息技术与实体经济加速融合，规模达到39.2万亿元，总量跃居世界第二。由此可见，在我国，“互联网+”的生态已经形成，互联网的发展给智慧社区的建设提供了基本的技术基础。

智慧社区运营需要有完备的基础设施作为保障，尤其是物联网技术对基础设施的要求较高。然而，目前不少机构对智慧社区“互联网+”的认识还比较片面，比较重视推进网络信息基础设施的建设，但是城市社区物联网技术的基础设施还比较薄弱，尤其是社区治理重点领域，诸如消防、安全、应急等方面的智能感应设备仍没有普遍实现全方位的覆盖。智慧社区建设项目不只是在门禁升级、网速提升、增加公用设施等方面提供服务，重要的是形成一个完整的智能化管理系统，提升用户实际使用的体验感，真正实现便民目标。

近年来，物联网、云计算、5G通信、人工智能等新一代信息技术的日渐成熟和在商业领域的应用普及化，为未来一段时间智慧社区建设发展提供了强大的动力。智慧社区建设必须有效挖掘并应用信息技术，使社区服务能够充分体现智能管理以及信息化管理、管理人性化等众多要求，不断提高社区硬件和软件的智慧化水平。一是全力推动社区信息基础设施优化升级。要按照地方智慧城市总体规划和严格规范的建造标准，持续推进社区信息化建设，以新建、改造等方式完善社区公共服务场所的信息化配套设施，以县区为单位建立统一的社区信息化服务平台，不断扩大社区信息网络在服务领域和服务对象方面的覆盖面。二是拓展智慧应用系统服务功能。要从提升居民生活品质、提高社区治理效率出发，开发面向管理者和社区居民的智慧应用系统。从智慧社区的规划设计到实施运行整个过程要积极征求居民意见，及时收集、整合、掌握社区居民诉求，基于信息技术对社区数据信息的挖掘分析，丰富和完善智慧应用系统中政务服务、智慧生活、居家养老、健康管理等版块的内容。同时，要基于不同社区居民群体差异化需求的数据分析，将智慧服务向个体延伸、向移动终端延伸，确保智慧应用系统真正对接居民需求和社区治理需求。三是加强社区数据的安全管理。政府和科技企业要合力构建大数据信息安全保障机制，推动信息安全保护技术优化革新，提高社区对数据的安全保障和安全管理能力，增强居民的信息安全保护意识，让信息安全为智慧社区发展保驾护航。

2．智慧政务

基层治理是国家治理体系的基础，具有基础性、探索性和先导性，推进国家治理体系和治理能力现代化的重点难点在基层，活力源泉也在基层。基层政府治理就是在地区治理活动中，与社会组织、企事业单位、社区以及公众个人等不同的行为主体，通过平等的合作伙伴关系，依法、民主、科学地对地区的经济政治社会文化等事务进行规范和管理，最终实现公共利益最大化的过程。基层政府的责任就是努力实现国家治理现代化的目标。从信息技术创新基层政府治理方式的视角来看，基层政府治理能力主要包括政府的行政能力、公共服务信用能力（公信力）、政策执行能力、创新能力、危机响应能力、预测决策能力、地区生态平衡能力、人力资源开发能力、地区资源整合和利用能力、维护社会公平和正义能力、推动地区民主化的能力等。信息科学技术的发展给政府的组织变革运作方式和行政效能带来极大的挑战，对政府的能力建设也提出新的要求，那就是政府必须要整合利用信息技术，使治理能力具备适应时代的相应水平。

信息技术能够助力政府对社会的治理，从而更有效地支撑和完善国家治理体系，提升国家治理能力。随着信息技术在基层政府的广泛应用，政府工作效率和透明度显著提高，僵化的体制障碍有所突破，树立了政府的良好形象。政府各业务系统的建立极大地提高了行政效率，降低了行政成本，促进了政务公开，政府应对辖区突发事件的综合响应能力全面提升，基层政府工作人员的信息能力、业务素质以及核心竞争能力都得到了提高，政府网站拉近了与公众的距离，使政务信息更公开透明，公共服务的能力更具有便捷性、针对性和有效性。如果没有信息技术来支撑和保障，不能与信息技术发展同步推进提升，政府治理能力就不会与时俱进和实现现代化。落伍于信息时代的政府治理能力，不仅很难实现经济社会发展的要求，也达不到“善治”的效果和目标。如今，物联网、云计算、大数据等新一代信息技术扑面而来且发展迅猛，正对全球经济社会产生重大影响。充分运用新一代信息技术，能够显著提高政府科学决策、监管市场、公共服务、社会管理和生态文明建设等能力，这也是建设透明、效能、服务、责任型政府的迫切需要。

街道作为政府行政机构的派出机关，是政府延伸到基层社区，履行服务居民职责的重要载体。社区作为承载政府层面的事务主体，对于下放的政府职能需要担负起一定的责任。政府作为智慧型社区治理统筹全局的主体，其职能正由机械化向智慧化转变。职能智慧化应依托于大数据技术、物联网技术等智慧化手段，改变政府效率低下等病症，重在重新塑造政府原有职能。随着信息技术的发展和政府应用管理程序的不断更新，“电子政务”一词也慢慢开始出现在人们的视野。电子政务，是指政府有效利用现代信息和通信技术，通过例如电话、网络、公用电脑站等不同的信息服务设施，对政府机关、社会组织、企业和公民，在其更方便的位置、时间及方式下，提供自动化的信息及服务，因而构成一个有高效回应、高质量效率、高度负责、更高服务品质的政府。

电子政务以现代信息和通信技术为主要依据和渠道，利用一定的基础设施在保证信息准确传递的基础上实现政府各个部门之间、政府与企业之间、政府与公民之间清晰的直线关系，使政府由“虚化”的实体部门转变成互联网上可见的“实体”部门。电子政务的运行，不但提高了政府运作效率，降低了运作成本，而且加强监管、促进政务公开，大力促进了政府改革，并且通过政府信息化，推动社会信息化，对国民经济的发展也起到推动的作用。电子政务运行模式主要表现为政府部门内部利用先进的网络技术，实施信息化管理、自动化办公、科学化决策和政府部门与社会各界利用网络信息平台进行信息共享，加强群众监督，提高办事效率，增强服务职能，促进政务公开等。

3. 资源整合平台

智慧型社区所搭建的是一个信息、资源有效整合的共享与服务平台，打破了社区各个主体之间碎片化分割的状态，能有效推动社区多主体之间的交流与互动，理顺各个社区主体参与治理的关系。智慧社区一个重要的特点就是整合各方资源，建立智慧社区共建机制。智慧社区不是技术的堆砌，而是新技术与社区居民生活需要的民生、医疗、交通、环境等服务的紧密联系和深度融合。建设和发展智慧社区不仅要打通各部门、各行业在智慧社区建设方面形成的“信息壁垒”，转变行政管理体制中各自为政、管理分治的局面，还要充分发挥居民主体的能动性，为智慧社区建设出谋划策。一是健全领导工作机制，可在市级、区级层面建立智慧社区建设协调小组，由主要负责人牵头，设立专人专岗，落实主体责任，负责各相关部门之间的沟通交流，避免低效率建设和重复建设导致的资源浪费。二是健全协商合作机制。加强政府部门与高科技企业、科研机构、物业企业等的沟通合作，构建智慧社区合作共建体系，共同推进社区一体化综合信息平台建设，加速数据平台的技术更新和功能系统的研发，最大限度地整合社区的组织、治理与服务资源，促进不同资源系统之间的技术兼容和信息共享，实现智慧社区建设多方主体资源的有效分配。三是健全民主参与机制。坚持党建引领，从智慧社区的规划设计到实施运行整个过程要积极征求居民意见，通过及时收集、整合、掌握社区居民诉求，使社区智慧化服务精准定位。四是健全绩效评价机制。政府要加强对智慧社区建设过程的监督管理，建立多方力量参与的考核评价机制，要以居民满意度为首要考量因素，确保评价监督过程的公平公正和各方主体利益平衡，为智慧社区治理实践的可持续性提供有效保障。

公共空间是公共领域不可或缺的一部分，德国学者哈贝马斯把公共领域看作是促进市民社会生成的公共场所。公共空间对于社区共同体的形成而言具有正向的促进意义，公共空间本身也成为共同体的一部分而被共同体所界定。

随着现代社会生产和生活方式的复杂化，居民日常生活空间经常重叠，不能再用物理“围墙”对社区进行分割。对于中国的转型社区而言，又面临社区碎片化等问题的叠加。因此，打破“围墙”、突破“分割”对于共同体建设而言非常重要。网络化科技为整合社区内外公共空间提供了技术方案。智慧社区建设能有效整合社区分散化的要素。首先，通过大数据分析，线上线下融合，能够促进社区经济要素的共享。例如，通过智慧社区实现物品（车、工具、宠物）、空间（临时居住）、时间（拼餐）、技能、生活方式等的“共享”。其次，智慧社区还能整合社区服务，促进社区居民生活服务一体化。在互联网大数据的智能时代，社区居民可以通过O2O的方式获得更加便捷的服务。阿里巴巴、腾讯、京东等公司在城乡社区建立了各种线上线下体验店，陆续推出“准时达”“京东到家”等服务，也可以通过“饿了么”“美团”“盒马鲜生”等应用软件，实现客户足不出户订购各种餐饮外卖及农副产品，享受私人定制化的服务。依托微信等应用软件构建起来的社区商业、社群经济也如火如荼。最后，智慧社区建设涉及节能设施、废弃物管理、环境管理、道路交通、智能建筑、健康照护、智慧安防、社区教育、文化服务、社区养老、特殊人群服务、电子政务等各个方面的内容，通过数据化的集成平台建设，智慧社区可以帮助社区居民实现更方便的互动。

当然，社会关系网络是以相互让渡一部分隐私为前提的，高度私密性的封闭式社区不利于私人信息的交换。因此，智慧社区还需要解决外部公共空间的碎片化问题。这方面，虚拟社区或者数字社区可以打破传统社区相对封闭隔绝的空间结构，建立一种交互式的社区网络空间结构，从而提升社区公共参与度，促进社会共同体的形成。

在大数据时代背景下，社区居民时空行为和社区周边设施利用状况能得到迅速有效的获取和整合。同时，通过区块链和分布式记账技术来建立社区之间各方面的广泛联系，实现社区之间的资源整合，也能够在一定程度上解决社区之间的“数据孤岛”问题，有利于跨社区整体治理的实现。此外，数据驱动的社会治理精准化可以帮助提升社区安全管理能力，使得开放式社区建设成为可能。

1.2 数字家庭的概念与内涵

1.2.1 数字家庭概念

2021年4月6日，住房和城乡建设部会同中央网信办、科技部、工业和信息化部、公安部、民政部、市场监管总局、广电总局等16部门联合发布《关于加快发展数字家庭 提高居住品质的指导意见》，对数字家庭概念作出了定义：数字家庭是以住宅为载体，利用物联网、云计算、大数据、移动通信、人工智能等新一代信息技术，实现系统平台、家居产品的互联互通，满足用户信息获取和使用需求的数字化家庭生活服务系统。

从以上定义可以看出，数字家庭是以信息技术为驱动，以软硬件产品为基础，以互联互通为手段，以服务为目的，最终实现居民家庭生活的全面数字化。通过家庭细胞的数字化改造，完成整个社会机体的数字化改造。以居民消费侧的数字化升级，助力我国数字经济的升级。

从技术演进的视角，数字家庭的基本思想是运用各种技术元素，将家庭住宅从纯粹的物理空间升级到能感知、会计算、可进化的数字化系统。

从广义上理解，数字家庭是家庭数字化、智能化的全部过程，包含了业内已存在的智能家居、全屋智能。从狭义上理解，数字家庭是指目前住房和城乡建设部正在统一规划、统一部署、统一实施的家庭数字化新基建。与业内现有的智能家居、全屋智能相比，又有根本性的差异，表现在以下三个方面：

第一是目的不同。数字家庭建设是由政府引导、企业参与的政策性产业集群行为，是从生活服务的角度，对家庭空间进行深度数字化改造，以承载丰富多样的数字化增值服务，强调以服务运营为手段，精准满足人们的各种居家需求。技术元素是各种生活服务能够便捷获取的基础，各种服务聚合带来的便捷生活是运用各种技术元素的目的。智能家居、全屋智能等传统智能只是从用户交互的角度，提升设备操控便捷性，强调场景设置，以完成设备组合之间的联动效果。

第二是内涵不同。数字家庭是带有国家顶层设计和行政规划的系统化工作，通过家庭数字化助力数字社会、数字中国的国家战略，提升国家与地方的数字化治理水平和民生服务水平，提升整个社会的运行效率。智能家居、全屋智能等传统智能是行业演化的阶段性策略，目标是以智能化促成行业扩容。

第三是技术出发点不同。数字家庭的目的是为居民提供舒适便捷的数字化生活。因此，其技术出发点在于打破居民获取各种服务的操作壁垒，提升用户居家生活的便捷性。智能家居、全屋智能等传统智能关注的是家庭系统的自动化水平。

数字家庭主要包含了家庭、社区、城市（政务）三个层面。在家庭层面，数字家庭系统能够感知家居环境，并基于设定场景和居民个人偏好控制所有的家电、照明、安防、能源、空调/新风/供暖、给水排水等设备，实现场景联动、自动执行，营造出一个安全、舒适、健康的智能化家居环境。在社区层面，数字家庭通过与社区物业和社会化服务的连接，可为居民提供各种便捷的生活服务，包括建筑设施维修、家政护理、物业缴费、养老助残、餐饮外卖、快递收寄、交通出行等。在城市（政务）层面，数字家庭可以联动当地政务服务平台，为居民提供各种线上政务服务，包括劳动就业、社会保障、民政事业、住房保障、广播电视、党政宣传等（图1-2）。

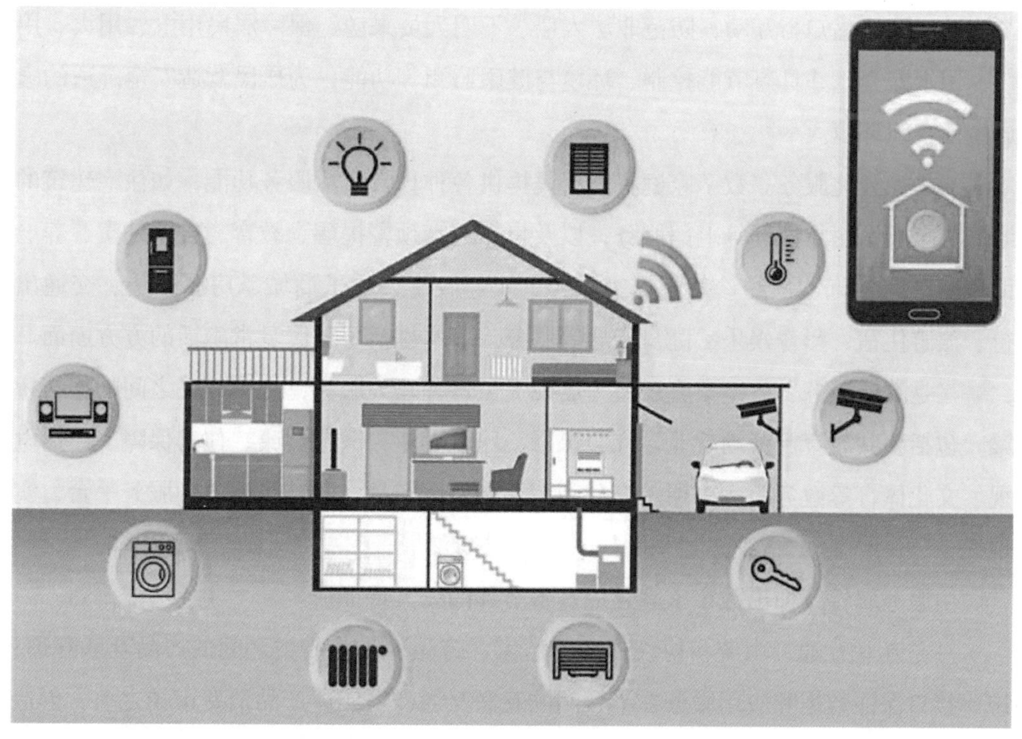

图1-2　数字家庭

1.2.2 数字家庭特征

相较于我们所熟知的智能家居，数字家庭的内涵和外延有了很大扩展。真正的智慧家庭绝不是把不同的家电设备简单地连接起来或实现远程控制，而是打通了家庭中的不同场景，人们可以通过自然语音控制智能设备满足自己的需求，家居设备从独立到连接再到智慧的过程，即设备可以自主完成调试，并增加更多的服务，达到更加智能的阶段。以用户为中心、以家庭场景化需求的痛点为突破口，决定了服务在智慧家庭中的地位非常重要，这种服务不只是传统家电服务业的后市场服务，还包括前端应用服务在内的更广义的服务。数字家庭不只是局限于具体的软硬件设施，而是更宏观的平台和系统。最主要的是基础的完善，框架的搭建，服务体系的强化。要打造以需求为导向的数字家庭生活体验，必须贯彻以人为本的理念。

服务属性是数字家庭的最大特征，也是本次由住房和城乡建设部主导的数字家庭建设的终极目的，即以住房供给侧的技术型改造，为居民提供服务便捷的数字化新生活。以服务为目的的要求，决定了数字家庭需要聚合居民日常生活的各种服务功能，包括以下三个方面。

一是产品智能化服务。数字家庭系统需为居民提供能够统一管理、集中控制家庭内所有终端设备的功能，并具有设置复杂场景、执行复杂任务的能力。借助智能产品与家居环境的感知与互动，防范非法入侵、不明人员来访，保障居民用电、用火、用气、用水安全，并具有节能控制、环境与健康监测等功能，为居民营造安全舒适的家居生活空间环境。

二是社会化服务。数字家庭将为居民提供各种日常生活服务功能，如住宅建筑的维修、家政、医疗护理等上门服务，以及自然灾害预警提醒、教育、餐饮外卖、养老助残、医疗咨询、预约诊疗、居家办公、快递收寄、电子商城、房屋租赁、交通出行、旅游住宿、影音娱乐、健身指导等服务，基本囊括了居民日常生活的方方面面。

三是政务服务。数字家庭还将为居民提供各种政务服务，充当政民之间的连接桥梁，包括公共教育、劳动就业、社会保障、民政事业、医疗健康、住房保障、广播电视、文化体育等政务服务事项。充分利用智能家居产品，联动当地政务服务平台，实现线上“一屏办”“指尖办”“电视办”。

由服务属性延伸出数字家庭还应具备另外的三大特征。

一是互联互通。由统一协议保证跨厂家、跨品牌、跨品类之间的产品互联互通；统一接口保证数据和应用服务在平台间的互联互通，在实体产品消费市场之上，创造家庭物联网数据多维度使用的繁荣商业模式和广阔市场，发挥数据“越用越多、越用越有价值”的内在属性。

二是对家庭算力的前瞻性部署。家庭生活的智能化水平很大程度上取决于数字家庭系统的算力水平。目前以手机APP控制的所谓智能化只解决了远程控制的问题，还仅仅停留在家庭智能化的初级阶段，需要借助已经取得重大成就的各种人工智能技术自主学习用户的生活习惯和作息规律，并能识别出不同的家庭成员，无须人为介入，就能主动调节家居环境，并做到场景和服务的“千户千面、千人千面”，实现真正智能化的数字生活。

三是信息安全。数字家庭系统涉及的产品品类庞杂，数量巨大。服务属性又决定了用户会在多个服务平台之间转换操作，其用户身份信息、操作过程数据会在多个平台之间流转。这必然要求数字家庭系统应具有强大的信息安全能力，防御来自国内外的网络安全攻击。同时，家庭是一个比个人更为高阶的群体维度，其产生的数据也将比现有以个人手机为基础的移动互联网更为多元、更为庞大。数字家庭系统应在保护信息安全的同时，还能保护居民的数据隐私，不被过度收集、肆意滥用等。数字家庭建设强调家庭数据安全方面的标准和使用规范，对数据加密、数据存储、数据归属权、数据交互、数据商用等有关数据安全的各个方面制定出清晰的界限和规则，既满足数据合理的开发使用需求，又能切实保护居民的家庭数据隐私权益。

1.3　智慧社区与数字家庭的关系

在智慧社区的建设中，数字家庭是重要的组成部分。智慧社区服务平台除了对社区内智能终端设备和人员的管理，还具备与各级城市管理部门平台接入的能力，通过数字家庭、社区与城市综合管理等业务平台进行对接，实现集中、高效的管理与资源共享，提高数字家庭和社区综合服务的能力，实现多平台间数据共享、互联互通。智慧社区平台是数字家庭和智慧城市的应用与服务共享的基础。

要实现数字家庭、智慧社区和智慧城市系统的互联互通，需要打通不同平台用户管理的接口、设备管理的接口以及应用服务管理的接口，统一的接口协议、统一的用户、设备和应用管理都将是互联互通推进的重点问题，而这需要通过国家或行业标准的建立来进行统一解决。数字家庭的发展以应用为推动力；智慧社区和智慧城市的发展为数字家庭提供了更多实用的应用场景；数字家庭、智慧社区和智慧城市相互促进，相互提升、共同发展，最终形成共同进化、共同发展的智能生态系统。

《中华人民共和国国民经济和社会发展第十四个五年规划和2035年远景目标纲

要》在第五篇“加快数字化发展　建设数字中国”中对数字家庭做出前瞻性部署，提出要“丰富数字生活体验，发展数字家庭，推动购物消费、居家生活、旅游休闲、交通出行等各类场景数字化，打造智慧共享、和睦共治的新型数字生活。推进智慧社区建设，依托社区数字化平台和线下社区服务机构，建设便民惠民智慧服务圈，提供线上线下融合的社区生活服务、社区治理及公共服务、智能小区等服务”。可以看到，规划已将数字家庭规划为居民生活场景和服务的数字化，以及家庭消费经济的数字化，并将数字家庭和智慧社区相提并论，既指出了智慧社区的建设目的，更可以看出数字家庭与智慧社区之间的有机联系，即同时指向了便民惠民的服务层面。

第2章

智慧社区与数字家庭的起源与现状

2.1 智慧社区的起源与现状

2.1.1 智慧社区发展历程

智慧社区作为智慧城市的重要组成部分，这一概念的雏形最早是来源于西方的。在20世纪80年代，美国宣布成立了“智能化住宅技术合作联盟”，引导采用新技术进行住宅设计和建造。到了1992年，为了应对20世纪后期快速发展的科学技术以及社会需求，圣地亚哥通讯国际中心正式提出了“智慧社区”的口号。我国智慧社区建设随着信息技术的发展快速推进，大概经历了以下四个阶段：

1. 阶段一：2000年之前，小区智能化探索

2000年之前，我国逐步从福利分房向商品房过渡。部分中高端楼盘自发开展小区智能化建设，包括对讲系统、以小区管理中心为核心的通信系统、报警系统、监控系统等。在政策规范上，住宅小区各类强制规范逐步建立。1998年，国家先后出台了《2000年小康型城乡住宅科技产业工程村镇示范小区规划设计导则》《全国住宅小区智能化系统示范工程建设要点与技术导则（试行稿）》等文件，旨在提高商品房的品质。此阶段，小区智能化建设是以非可视楼宇对讲系统的应用为主，采用模拟技术方式，且对讲系统只限于单个家庭，没有集成平台的概念。

2. 阶段二：2000—2010年，数字小区规范建设

各类关于小区数字化的标准规范纷纷出台，包括《智能建筑设计标准》GB/T 50314—2000、《智能建筑工程施工规范》GB 50606—2010等。各新建小区结合自身需求开展建设，一是确保电话线、有线电视、网线入户，弱电箱、基站等基础设施到位；二是楼宇门铃普及；三是小区加强安全防范，包括视频监控、弱电围栏、室内报警等。在数字小区普及建设的同时，国内对社区化发展模式进行了探索，为未来智慧社区深入发展奠定功能框架基础，2001年，《全国城市社区建设示范活动指导纲要》

出台，标志着中国城市社区建设指标体系初步建立，而从2005年开始各类示范市、示范区建设陆续开展，社区组织、人才队伍、服务设施等得到了较快发展。

3．阶段三：2011—2015年，智慧社区概念正式提出

智慧社区概念被正式提出，2013年，上海和北京率先出台各自智慧社区建设指南，2014年，住房和城乡建设部出台了《智慧社区建设指南（试行）》。该阶段的智慧社区以基础设施建设与管理应用为核心。通过综合服务平台及智能化技术，整合社区现有的各类服务资源，为社区群众提供政务、商务、娱乐、教育、医护及生活互助等多种便捷服务的模式。构建以社区居民为服务核心，提供安全、高效、便捷的智慧化服务。

4．阶段四：2016年至今，智慧社区深入发展

智慧社区建设得到进一步重视，政府将其作为基层治理和老旧小区改造等工作的重要抓手；房产企业等将其作为提升小区品质，拓展收入来源的重要途径；各类互联网企业通过基于位置的APP提供社区服务。此阶段，数据成为贯穿智慧社区各层级、各主体的核心脉络，围绕此构建了采集、传输、存储、应用、安全保障等各类应用；产业内各类主体积极参与，智慧社区不断朝着集成化、网络化、数字化、无线化、智能化、模块化发展（表2-1）。

智慧社区发展历程　　表2-1

年代	历程	主要特征
2000 年以前	小区智能化	对讲系统应用
2000—2010 年	数字小区	网络、楼宇对讲等普及，安全防范智慧化应用广泛
2011—2015 年	智慧社区	以基础设施建设与管理应用为核心，综合服务平台建设，各项应用融合发展
2016 至今	智慧社区“六化”发展	智慧社区深入发展，集成化、网络化、数字化、无线化、智能化、模块化

2.1.2 智慧社区国内外建设情况

1．国外情况

国外智慧社区是随着全球信息化的发展而兴起的。20世纪90年代，智慧社区已经成为世界各国信息化发展目标。一些国家将电子政务、电子商务向社区集聚。政府倡导从“以信息技术为中心”转变到“以公民为中心”的战略，这种转变不仅成为建设电子政府的基础，而且也在政府与社区关系上创造了新型模式。但各个国家和地区在

智慧社区发展上呈现出不平衡态势，欧洲、北美和新加坡等国家和地区智慧社区建设已经比较成熟。国外智慧社区的基本运作方式归纳起来主要是：

（1）政府主导，社区主管，企业、非营利部门及居民参与；

（2）政府出台建设指南，社区制定建设纲领与建设方案，对社区资源的组织、管理、有效利用进行评估；

（3）多渠道的融资及对资金的管理，并向社区成员报告使用情况；

（4）政府引导下优化建设效率、效益的有序竞争。

国外智慧社区应用形式较为普遍的有：社区网站、电子商城、远程教学、在线公共服务、电子商务等。智慧社区建设必要的硬件条件是宽带基础设施，在保障企业组织和一般居民都能公平享用宽带设施的前提下，智慧社区的规划才能铺开。

目前，国外在建设智慧社区方面采用最为直接而有效的方法，便是建立社区门户网站。该网站的功能是实现社区自治管理、政府公共服务，以及参与商务贸易等，旨在提高市民的社区意识，繁荣社区的先进文化。较多国家实行由点及面地建设，即由州政府或省政府规划框架，落实到各个社区来具体操作。如澳大利亚维多利亚省政府规划了“连接维多利亚”项目，设立了六个发展主题：建立学习社区、发展未来产业、繁荣电子商务、连接各个社区、改善设施及通路、促成新型政府。再如美国弗吉尼亚州政府规划了“弗吉尼亚州智慧社区建设指导纲要”，为各个社区提供了总体思路，它将“政府、社区、商业、教育”这四块内容定为建立社区门户网站的基本框架。各个社区在执行的过程中，围绕基本框架展开，力图在共性中体现个性，展示各自不同的优势。这种优势体现在社区文化和价值观上，但归根结底的实施原则是“促进就业和改善生活质量”。

2．国内情况

改革开放以来，我国经济飞速发展，科学技术也日新月异。这给智慧社区建设的推进打下了坚实的基础。我国的智慧社区建设一直处于不断发展的过程。党中央、国务院本着以人为本的执政核心，立足于我国信息化和新型城镇化发展实际，为提升基层社会治理和城市管理服务水平不断努力，积极推动智慧社区建设。

在2013年科技部印发的《国家高新技术产业开发区创新驱动战略提升行动实施方案》中提到，要切实关注和改善民生。统筹城乡发展，营造集教育、医疗、金融、文化、体育、购物等多种功能于一体的便捷生活环境；高水准建设花园式休闲社区、数字化学习社区、国际化社区等各类主题社区，提升社区服务功能；健全就业、养老、失地农民安置等社会保障制度，大力改善和提升人民群众的生活水平，使人民群众共享改革发展的成果。加强社会管理创新。推进智能交通、智能电网、智能市政等智慧型基础设施建设，促进高新区向以数字化、网络化、智能化为特征的智慧园区转变；创新管理服务模式，推进电子政务服务，探索建设智能政府；推广物联网、云计算等信息技术在智慧社区、智能医疗、智能家居等服务领域广泛应用。这是国家层面首次提及智慧社区。

2014年5月4日，住房和城乡建设部印发的《智慧社区建设指南（试行）》中明确提到，智慧社区建设是智慧城市建设的重要内容，为指导各地开展智慧社区建设，住房和城乡建设部组织编制了《智慧社区建设指南》。主要内容包括智慧社区的指导思想和发展目标、评价指标体系、总体架构与支撑平台、基础设施与建筑环境、社区治理与公共服务、小区管理服务、便民服务、主题社区、建设运营模式、保障体系建设等。

2014年8月27日，国家发展改革委、工业和信息化部等八部委印发了《关于促进智慧城市健康发展的指导意见》。意见指出要积极运用新技术新业态，推动信息技术集成应用。面向公众实际需要，重点在交通运输联程联运、城市共同配送、灾害防范与应急处置、家居智能管理、居家看护与健康管理、集中养老与远程医疗、智能建筑与智慧社区、室内外统一位置服务、旅游娱乐消费等领域，加强移动互联网、遥感遥测、北斗导航、地理信息等技术的集成应用，创新服务模式，为城市居民提供方便、实用的新型服务。

2016年6月16日，工业和信息化部办公厅印发了《2016年国家信息消费示范城市建设指南》。指南在第二点示范内容里指出，提升公共服务网络化水平。深入推进与民众生活密切相关的公共服务信息化，推动实施智慧医疗和智慧社区，建设民生服务平台，推广便民生活应用。积极推动公共服务平台建设，加快电子政务一体化，优化行政审批流程，提高公共服务水平和群众满意度。实施智能应急、食品药品安全、社会治安防控体系等智慧城市管理措施，推动新一代信息技术在城市建设和管理领域的深度应用。

2016年10月28日，民政部、中央组织部、中央综治办等部门印发的《城乡社区服务体系建设规划（2016—2020年）》，明确提出要推进智慧社区建设。推动"互联网+"与城乡社区服务的深度融合，逐步构建设施智能、服务便捷、管理精细、环境宜居的智慧社区。推进智慧社区信息系统建设，广泛吸纳社区社会组织、社区服务企业信息资源，逐步实现社区公共服务、志愿服务、便民利民服务等社区服务信息资源集成。推动社区养老、社区家政、社区医疗、社区消防等安保服务和社区物业设备设施的智能化改造升级，强化社区治安技防能力。大力发展城乡社区电子商务，发展线上线下相结合的社区服务新模式，依托农村社区综合服务设施和益农信息社，探索农村电子商务与农村社区服务有机结合的推进策略。

2016年12月27日，国务院印发了《“十三五”国家信息化规划》。规划中提到，创新社会治理。以信息化为支撑，加强和创新社会治理，推进社会治理精准化。加快建设安全生产隐患排查治理体系、风险预防控制体系和社会治安立体防控体系，推进网上综合防控体系建设，建立和完善自然灾害综合管理信息系统、重大和重要基础设施综合管理信息系统、安全生产监管信息系统、国家应急平台、社会治安综合治理信息系统和公安大数据中心加强公共安全视频监控联网应用，提升对自然灾害等突发事件和安全生产、社会治安的综合治理水平。推进多元矛盾纠纷化解信息化平台建设，有效预防和妥善化解各类矛盾纠纷，为社会风险防控提供支撑。完善全国信用信息共享平台，整合金融、工商、税收缴纳、交通违法、安全生产、质量监管等领域信用信息，发挥平台在信用信息共享中的“总枢纽”作用，逐步实现跨部门、跨地区信用信息共享与应用。推行网上受理信访、举报制度，拓展网上政民互动，畅通群众利益协调和权益保障渠道。推进智慧社区建设，完善城乡社区公共服务综合信息平台，建立网上社区居委会，发展线上线下结合的社区服务新模式，提高社区治理和服务水平。

2017年6月12日，中共中央、国务院印发实施的《关于加强和完善城乡社区治理的意见》中提到，要增强社区信息化应用能力，不断提升城乡社区治理水平。提高城乡社区信息基础设施和技术装备水平，加强一体化社区信息服务站、社区信息亭、社区信息服务自助终端等公益性信息服务设施建设。依托“互联网+政务服务”相关重点工程，加快城乡社区公共服务综合信息平台建设，实现一号申请、一窗受理、一网通办，强化“一门式”服务模式的社区应用。实施“互联网+社区”行动计划，加快互联网与社区治理和服务体系的深度融合，运用社区论坛、微博、微信、移动客户端等新媒体，引导社区居民密切日常交往、参与公共事务、开展协商活动、组织邻里互助，探索网络化社区治理和服务新模式。发展社区电子商务。按照分级分类推进新型智慧城市建设要求，务实推进智慧社区信息系统建设，积极开发智慧社区移动客户端，实现服务项目、资源和信息的多平台交互和多终端同步。加强农村社区信息化建设，结合信息进村入户和电子商务进农村综合示范。积极发展农产品销售等农民致富服务项目，积极实施“网络扶贫行动计划”，推动扶贫开发兜底政策落地。

2020年3月，民政部办公厅、中央网信办秘书局、工业和信息化部办公厅、国家卫生健康委办公厅联合印发的《新冠肺炎疫情社区防控工作信息化建设和应用指引》中强调，社区防控工作信息化建设和应用的目标是：按照疫情防控总体部署和社区防控工作要求，坚持适用性、便捷性、安全性和前瞻性相统一，发挥互联网、大数据、人工智能等信息技术优势，依托各类现有信息平台特别是社区信息平台，开发适用于社区防控工作全流程和各环节的功能应用，有效支撑社区疫情监测、信息报送、宣传教育、环境整治、困难帮扶等防控任务，统筹发挥城乡社区组织、社区工作者的动员优势和信息化、智能化手段的技术优势，有效支撑省、市、县、乡四级数据联通，构筑起人防、物防、技防、智防相结合的社区防线，形成立体式社区防控数据链路和闭环，提升城乡社区疫情防控工作成效。新冠肺炎疫情防控工作对智慧社区建设提出新的要求。

2020年4月，国家发展改革委印发的《2020年新型城镇化建设和城乡融合发展重点任务》中明确表明要实施新型智慧城市行动。完善城市数字化管理平台和感知系统，打通社区末端、织密数据网格，整合卫生健康、公共安全、应急管理、交通运输等领域信息系统和数据资源，深化政务服务“一网通办”、城市运行“一网统管”，支撑城市健康高效运行和突发事件快速智能响应。

2020年7月，国务院办公厅发布了《关于全面推进城镇老旧小区改造工作的指导意见》，意见指出城镇老旧小区改造是重大民生工程和发展工程，对满足人民群众美好生活需要、推动惠民生扩内需、推进城市更新和开发建设方式转型、促进经济高质量发展具有十分重要的意义。要从人民群众最关心最直接最现实的利益问题出发，征求居民意见并合理确定改造内容，重点改造完善小区配套和市政基础设施，提升社区养老、托育、医疗等公共服务水平，推动建设安全健康、设施完善、管理有序的完整居住社区。

2020年7月，国家发展改革委办公厅发布的《关于加快落实新型城镇化建设补短板强弱项工作　有序推进县城智慧化改造的通知》中指出，以抗击疫情为契机，针对县城基础设施、公共服务、社会治理、产业发展、数字生态等方面存在的短板和薄弱环节，利用大数据、人工智能、5G等数字技术，在具备一定基础的地区推进县城智慧化改造建设，着力补短板、强弱项、重实效。发挥项目的引领示范作用，提升县城数字化、网络化、智能化基础设施水平，有效提高政府公共服务水平、社会治理效能，不断增强人民群众获得感、幸福感、安全感，持续优化产业发展环境，有力支撑新型城镇化建设和县域经济社会高质量发展。

2020年7月，住房和城乡建设部、国家发展和改革委员会、民政部、公安部、生态环境部、国家市场监督管理总局6部门联合印发《绿色社区创建行动方案》，明确提出建立健全社区人居环境建设和整治机制、推进社区基础设施绿色化、营造社区宜居环境、提高社区信息化智能化水平、培育社区绿色文化五条要求。除了要求搭建沟通议事平台，利用“互联网+共建共治共享”等线上线下手段，开展多种形式基层协商和加强社区各类基础设施建设以外，明确要求要提高社区信息化智能化水平。推进社区市政基础设施智能化改造和安防系统智能化建设。搭建社区公共服务综合信息平台，集成不同部门各类业务信息系统。整合社区安保、车辆、公共设施管理、生活垃圾排放登记等数据信息。推动门禁管理、停车管理、公共活动区域监测、公共服务设施监管等领域智能化升级。鼓励物业服务企业大力发展线上线下社区服务。

2020年8月18日，住房和城乡建设部联合多部委发布的《关于开展城市居住社区建设补短板行动的意见》要求以建设安全健康、设施完善、管理有序的完整居住社区为目标，以完善居住社区配套设施为着力点，大力开展居住社区建设补短板行动，提升居住社区建设质量、服务水平和管理能力，增强人民群众获得感、幸福感、安全感。到2025年，基本补齐既有居住社区设施短板，新建居住社区同步配建各类设施，城市居住社区环境明显改善，共建共治共享机制不断健全，全国地级及以上城市完整居住社区覆盖率显著提升。

2020年12月，住房和城乡建设部等部门发布的《关于推动物业服务企业加快发展线上线下生活服务的意见》中提出要推进基于信息化、数字化、智能化的新型城市基础设施建设，对接新型基础设施建设，加快建设智慧物业管理服务平台，补齐居住社区服务短板，推动物业服务线上线下融合发展，满足居民多样化多层次生活服务需求，增强人民群众的获得感、幸福感、安全感。对于推动物业服务企业加快发展线上线下生活服务，要广泛运用5G、互联网、物联网、云计算、大数据、区块链和人工智能等技术，建设智慧物业管理服务平台，对接城市信息模型（CIM）和城市运行管理服务平台，链接各类电子商务平台。以智慧物业管理服务平台为支撑，打造物业管理、政务服务、公共服务和生活服务应用，构建居住社区生活服务生态，为居民提供智慧物业服务。

2020年12月，住房和城乡建设部、中央政法委等部门联合发布的《关于加强和改进住宅物业管理工作的通知》中明确指出要加强智慧物业管理服务能力建设。鼓励物业服务企业运用物联网、云计算、大数据、区块链和人工智能等技术，建设智慧物业管理服务平台，提升物业智慧管理服务水平。提升设施设备智能化管理水平。鼓励物业服务企业以智慧物业管理服务平台为支撑，通过在电梯、消防、给水排水等重要设施设备布设传感器，实现数据实时采集，以及促进线上线下服务融合发展。鼓励有条件的物业服务企业向养老、托幼、家政、文化、健康、房屋经纪、快递收发等领域延伸，探索“物业服务+生活服务”模式，满足居民多样化多层次居住生活需求。

2021年3月，《中华人民共和国国民经济和社会发展第十四个五年规划和2035年远景目标纲要》中明确提到，要推动购物消费、居家生活、旅游休闲、交通出行等各类场景数字化，打造智慧共享、和睦共治的新型数字生活。推进智慧社区建设，依托社区数字化平台和线下社区服务机构，建设便民惠民智慧服务圈，提供线上线下融合的社区生活服务、社区治理及公共服务、智能小区等服务。丰富数字生活体验，发展数字家庭。加强全民数字技能教育和培训，普及提升公民数字素养。加快信息无障碍建设，帮助老年人、残疾人等共享数字生活。

2021年9月，国家发展改革委、住房和城乡建设部印发的《关于加强城镇老旧小区改造配套设施建设的通知》提出，加强城镇老旧小区改造配套设施建设，关乎人民群众生命财产安全，关乎满足人民群众美好生活需要。各级发展改革、住房和城乡建设部门要高度重视城镇老旧小区改造，加强城镇老旧小区改造配套设施建设与排查处理安全隐患相结合工作，强化项目全过程管理，强化事中事后监管，节约集约规范用好中央预算内投资，加快推进城镇老旧小区改造配套设施建设，切实提高人民群众安全感、获得感、幸福感。

2021年12月，国务院办公厅发布的《“十四五”城乡社区服务体系建设规划》中要求加快社区服务数字化建设。明确提出提高数字化政务服务效能以及构筑美好数字服务新场景。充分发挥全国一体化政务服务平台作用，推动“互联网+政务服务”向乡镇（街道）、村（社区）延伸覆盖。

我国智慧社区建设虽然起步较晚，但在政府的积极推动下，完成了“以信息技术为中心”向“以市民服务为中心”的转变，这种转变成为建设新型数字政府的基础，也创建了政府、社区为民服务的新型关系模式。在建设方式上，经历了从政府投资，到 PPP 模式，再到现在的政府指导，共建共享共治的新模式。由政府主管部门、企业、非营利部门及居民共同参与，政府出台建设指南和建设纲领，政府投资或企业带资建设、政府购买服务，统一标准和发展路径，借助企业在资源的组织、管理、运行维护上的优势，高质量、集约化地共同完成社区美丽家园的建设。

2.1.3 智慧社区问题分析

现阶段智慧社区的问题主要有：

一是各地政府难以贯彻智慧社区建设落实。目前，大多数地方政府为响应国家号召，开展智慧社区、智慧城市的建设活动。智慧社区建设的根本目的是让居民享受到更好的服务，体会科技带来的方便快捷的生活方式。但是在现实落实中，某些地区的智慧社区项目高开低走，开始时高调宣传，最后却低调收场。还有一些地区只是为了建设而使用，并没有考虑到社区居民的实际需求和后期运营维护问题，以致后期需要大量的人力、物力进行维护，造成资源的浪费。一般而言，智慧社区的发展纳入地方发展规划中的，都会有比较好的运作，但是总体而言，还处于发展的初期，各个不同服务模块之间的衔接和有效运营尚待提高。

二是社区内的资源、服务整合困难。智慧社区的理想状态，是让社区内的闲置资源、劳动力均能有效地被利用。但是在现实情况中，社区的人员虽然居住比较集中，但是要将社区内的各种资源整合在一起是有难度的。首先，社区内的闲散人员可能经常居家不外出，或不经常接触社区的信息，要统计这类人群的信息是有难度的；其次，社区居民基数庞大，有技术、有服务能力的人群隐藏在社区居民中，挖掘起来有一定困难，将其整合起来更是一项复杂的工作。

三是社区化服务无法形成差异性。当前各个城市的智慧社区服务主要类型有物业管理公司的服务、社区行政管理中心提供的公共服务以及一些社区O2O产品提供的专项到家服务。这些智慧社区服务都打着智慧社区的旗号，但是在社区居民眼中却没有很大的吸引力。特别是一些社区社交产品，想通过线上的社交圈子吸引用户，试图在社区内做一个小圈子类似通信分享工具。但是，微信、微博这些应用程序已经深入市场的环境下，社区社交产品注定会失败。社区化的服务要突出差异性，更多的还是在于如何提供优质的服务。针对社区居民不同的需求，提供差异化、个性化的服务。

2.2　数字家庭的起源与现状

2.2.1　数字家庭发展历程

家庭是社会的基本细胞，数字经济的发展离不开基本单元的构建，数字中国的建设也离不开家庭的基本单位，数字家庭的发展经历了网络化家庭、智能家居、数字家庭三个不同阶段，发展趋势由简单向复杂，由单一品类向包含多种产品的整体解决方案的变化。基于物联网的广泛应用，数字家庭在家庭智能化的基础上，利用新技术将家庭接入一个包含多种社会服务的整体系统。这个系统平台包含了住宅开发与物业服务、产品研发生产、政府基层治理与公共服务、社会化服务等多个领域，包含了居民、生产商、开发商、服务商、政府等多种角色实体，发展的最终目的是家庭接入社区服务，联通智慧城市平台成为一个统一的有机整体。这一发展理念决定了数字家庭产业的创新性、服务性与综合性，该产业需要芯片设计企业、家用智能设备开发商、软件开发商、智能家居厂商、家电企业、系统集成商、网络运营商、内容开发商、服务运营商、地产/物业公司等一系列商家的共同参与和密切合作，共同努力创新业务模式。

家庭网络（Home Network）基于互联网的发展而出现，并仍在不断发展，是互联网发展的一个新阶段。家庭网络指的是融合家庭控制网络和多媒体信息网络于一体的家庭信息化平台，是在家庭范围内实现信息设备、通信设备、娱乐设备、家用电器、自动化设备、照明设备、保安（监控）装置及水电气热表设备、家庭求助报警等设备互联和管理，以及数据和多媒体信息共享的系统。移动互联网（Mobile Internet）的发展拓宽了家庭网络连接的广度和便捷度，家庭住宅与移动网络的连接使用户在家庭生活环境外依旧可以和家庭网络保持连接，相较于单一的家庭局域网，与移动互联网的结合激发出奇妙的化学反应，催生出各种各样便利且个性化的应用，直接推动了智能家居的发展，如网络摄像头对家庭安防的改变，用户离家千万里也能通过网络方便地了解家里的实时情况。

智能家居（Smart Home）是以住宅为平台，兼备建筑、网络通信、信息家电、设备自动化，集系统、结构、服务、管理于一体的高效、舒适、安全、便利、环保的居住环境。智能家居利用先进的计算机技术、网络通信技术、综合布线技术，将与家居生活有关的各种子系统有机地结合在一起，通过统筹管理，让家居更加舒适、安全。国内家庭智能化行业至今已有10年以上的时间，最初从智能硬件单品开始，典型的产品有蓝牙开关、蓝牙音箱等，打造的概念是用手机APP可以远程控制家庭用电设备的通断，监测设备的运行状态等。但很快被市场验证是伪需求而偃旗息鼓。随后出现了门窗磁、烟感声光报警、IP摄像头、智能门锁等家庭安防套装，以及包含灯光照明设备、影音娱乐等功能的智能家居系统，几乎所有的大家电厂家以及互联网平台都投入了智能家居行业的竞争中。在我国信息化和互联网的快速发展下，家居智能化概念逐渐深入人心，从遥不可及的梦想变得日益平民化。

智能家居强调的是家庭设备的连接和控制，而数字家庭强调的是数据和生活服务。数字家庭以智能家居物联网设备接入为基础，利用家庭数据构建数字孪生家庭，在数字空间承载家庭服务。从某种意义上可以说数字家庭是智能家居的升级，更能满足百姓家庭内多种多样的需求。在21世纪初，中国的智能家居市场是一个智能建筑电器行业细分的小众市场，主要应用于别墅和公共建筑装饰装修智能化。2017年以前，国内的市场规模不到一百亿元，主要集中在我国一线城市和发达地区。2017年以后，我国各地房价不断上涨、行业竞争不断加剧，房屋智能化精装修，成为房企竞争的新卖点。万科、绿地等房地产企业，纷纷推出了智能化精装房屋，其他的房企也不断跟进。中国的智能家居市场在房地产开发商的推动下迅速增长。预计近三年，我国智能家居的新增市场，将会达到百亿级的规模。

2.2.2　数字家庭国内外建设情况

1．国外情况

国外欧美发达国家智能家居概念出现较早，1984年美国康涅狄格州福德市就诞生了世界上第一座智能建筑——都市办公大楼（City Place Building），随后智能家居（Smart Home）和家庭自动化（Home Automation）概念的出现为社会需求提出积极的解决方案。巨大的市场潜力吸引科技巨头通过投资及并购等形式涉入智能家居市场，成规模的有亚马逊和谷歌两家，主要产品覆盖了智能音箱、监控、门禁等。从智能家居细分领域市场规模来看，其产品以家庭自动化、家庭安防、家庭娱乐为主。

国外以市场为导向和以互联网巨头为主导，政策因素对数字家庭的影响较小，智能家居的主要产品由谷歌、亚马逊这些巨头主导，从智能音箱的单品市场格局来看，谷歌和亚马逊在市场上占据绝对领导地位，会以领跑优势进入智能家居产品的其他跑道，智能设备单品的销售火爆并没能激起全屋智能浪潮的到来，其他厂商的智能产品主要与谷歌、亚马逊和苹果三家的协议兼容进行生态融入。

数字家庭的发展是对未来生活的愿景，通信协议的统一是行业进入相对成熟阶段的表现，领域内的主要企业结成联盟形成统一标准加快行业内部的发展。2019 年 12 月，亚马逊、谷歌、苹果和Zigbee联盟等联合发起了新的智能家居标准——智能家居互联协议 CHIP（Connected Home over IP）。CHIP 致力于打造一个基于IP协议的开源生态新智能家居连接标准，打破平台间的割裂和开发路径的差异。2021年5月11日，Zigbee 联盟改名为连接标准联盟（Connectivity Standards Alliance），智能家居互联协议（CHIP）正式改名为Matter。Matter可实现智能家居和语音服务的兼容，例如亚马逊的Alexa、苹果HomeKit的Siri、谷歌的Google Assistant等，实现不同生态产品的互联互通。

智能家居建设的最初目的是将家庭中所有和信息相关的通信设备、家用电器、家庭保安装置连接到一个家庭智能化系统上进行集中的或异地的监视、控制和家庭事务性管理，同时保持这些家庭设施与住宅环境的和谐与协调一致。

在美国，乔治亚州大学开发出了一种“aware home”，它基于普适计算，能够探测和预判潜在的危险。佛罗里达大学开发了针对老年人和行动不便者的智能家庭网关技术，它是基于环境传感器，节能舒适、安全、行为监测、提醒和激励技术，摔倒探测系统，智能设备和家电，家庭成员的社会关系挖掘，生理监测的生物技术。PlaceLab使用普适传感器和可穿戴系统监测住户的行为和生命信号，控制能源支出，提供娱乐、学习和通信功能。

欧洲也开发了许多系统，英国为虚弱的老人和行动不便者开发了交互式住宅，一套传感器系统能够评估生命信号和行为，提供安全监测和回应，还包括环境控制技术（门、窗、窗帘等）。捷克的Ostrava大学开发了一种智能公寓能够通过红外传感器研究用户的行为。法国图卢兹的PROSAFE项目旨在支持一种自治生活，在紧急情况下会自动报警，它是将红外传感器内嵌在天花板上，从而能够对行为进行评估，必要时发出警报。在法国的格勒内布尔，HIS项目是一间带有红外传感器的公寓，能对住户的行为进行评估，体重和生命信号传感器通过CAN网络和数据处理中心连接，在紧急情况下能够发出警报。

日本的研究人员通过安装在房间里的红外传感器，门上的磁性开关，浴室里的自动生物医学设备对住户的行为和生命信号进行监测和收集。在大阪，Matsuoka开发了一种智能房屋，能够通过167个传感器自动监测由疾病或意外导致的非正常事件。他们将17个家用电器都安装了传感器，包括电饭煲、空调、冰箱、电视等，每个传感器都和一个或多个动作相关联，如煮饭、洗衣等，他们使用数学模型将原始数据转换为行为数据，这些模型允许对非正常情况进行监测。普适家庭计划作为一个测试工具，通过数据网络将服务和设备、传感器、家电联系起来，传感器系统监视用户的行为，每个房间都有足够多的摄像头用以发现和追踪用户，用麦克风去收集语音数据，在地板上的压力传感器追踪用户的移动和家居的定位，两个RFID系统用于识别用户，普适家庭的目的就是帮助用户充分利用自适应技术。

马萨诸塞大学的多代理系统实验室开发了一种分布式自治家居控制代理，并且模拟智能家庭环境进行了配置。他们的目标是自动实现一些现在由人为操作完成的任务，提高效率和服务质量。模拟的智能家居包括4个由走廊连接的房间：一个卧室、一个客厅、一个卫生间和厨房。各种智能代理控制着房间环境，另外，使用一个机器人来拿取和移动物品。代理负责对分配到的任务进行推理，基于用户的愿望和资源的可用性确定候选动作的数值。智能代理必须能够基于共享资源进行交互和协作。任务建模、配置框架模型、确定资源、代理交互、任务交互和主要动作的性能特征都被代理用于推理动作的路线和适应环境改变所做的动作。实验室还设计建造了多代理生存模拟器（MASS）和Java代理框架作为评估代理的工具。

乔治亚技术研究所的“Aware Home Research Initiative”是一个集合了各学科研究人员的团队，构建了一个三层、468m²的家居环境，作为家居实验室用以设计、开发和评估新技术。智能地板能够探测到个人的脚步，把房间构建成一个基于用户习惯和行为的模型。他们使用了大量的数学工具去创造和评估行为模型：隐藏的Markov模型，简单的特征-向量平均值和神经网络。他们的主要目标是使用户在他们上了年纪以后还能够居住在相似的家庭环境里，不仅仅可以提高他们的生活质量，还可延长他们的生命。Aware Home计划的研究人员还开发了一系列的追踪和传感技术去帮助用户寻找那些容易频繁丢失的物品，如钱包、眼镜等，并且为他们进行指引。每件物品都贴了一个小的Radio-frequency标签，用户能够通过室内的LCD触摸板和系统交互，系统会通过音频提示引导用户找到丢失的物品。

2. 国内情况

数字家庭是由国家一系列政策文件规划提出的一个全新概念，是对业内早已存在的智能家居的一次升级和迭代，具有其特定的概念和意义，更有一套完整、独创、全新的技术方案体系。

为完善数字家庭的内涵，指导数字家庭产业发展，规划数字家庭建设目标，2021年4月6日，住房和城乡建设部会同工业和信息化部、科技部、公安部、民政部、广电总局、中央网信办、市场监管总局等16部门联合发布《关于加快发展数字家庭　提高居住品质的指导意见》以下简称《指导意见》)。作为数字家庭建设的纲领性文件,《指导意见》明确了数字家庭的概念、内涵，以及建设目标、实施路径、支撑措施等，并明确了数字家庭应“满足居民获得家居产品智能化服务的需求、满足居民线上获得社会化服务的需求、满足居民线上申办政务服务的需求”三大服务功能。由此界定了数字家庭是由国家统一规划、政企协力，并有着明确的建设目标、建设内容、建设要求的一场“家庭数字化新基建行动”，也为家庭相关产业的未来发展指明了清晰的方向。

紧随《指导意见》之后，新疆、安徽、山东、江西、陕西等地相继出台促进当地数字家庭发展的政策意见，将数字家庭建设、家庭数字化产业视为当地经济发展的新动力、新方向。多地还出台了与家庭智能化、数字化产业相关的支撑配套政策。如上海市于2022年6月24日发布的《上海市促进智能终端产业高质量发展等行动方案（2022—2025年）》，将智能家居终端作为重要培育的产业之一，提出“丰富家居单品供给。支持企业围绕智能家电领域，发展智能音箱、智能厨电等产品，提升居民生活品质；围绕智能安防领域，发展智能门锁等产品，满足居家安全需要；围绕智能照明领域，发展智能灯泡等产品，提高居住舒适度。打造终端融合生态。鼓励企业与成熟平台开展生态合作，探索建立统一平台体系和认证模式，实现互联互通、相互调用，打造以用户为中心的全场景智能服务”。深圳市于2022年6月6日发布的《深圳市培育发展智能终端产业集群行动计划（2022—2025年）》，提出“鼓励发展定制化、智能化、场景化的全屋智能整体解决方案，推广智能照明、智能音响、智能安防等新型数字家庭产品。鼓励率先在智慧家庭领域拓展开展试点示范，适时推进智慧社区、智慧办公、智慧工厂、智慧城市等全场景智慧空间建设。推进终端产品设备统一互联标准，在用户接入、设备接入、服务接口、信息安全等方面打破产品品牌和品类屏障，实现智能终端设备互联互通与数据共享”。

针对政策文件，尤其是《指导意见》这一纲领性文件中提出的数字家庭内涵，实现数字家庭服务融合、生活便捷的最终目的，其技术方案需采用新的架构，技术研发的出发点须从“面向控制”升级转换到“面向数据、面向任务、面向服务”。

根据《指导意见》中提出的“推广住宅户内综合信息箱应用”，数字家庭系统将采用以信息箱为核心的算力集中式、节点分布式的架构，信息箱作为家庭本地网络中心、控制中心、数据中心和计算中心，对内管理所有智能设备，并具有基于数字孪生的设备功能增强能力。借助信息箱的算力，将算力赋能给弱算能的终端设备，提升终端设备的算力和AI能力，在做到算力集约化、高效化使用的同时，提升整个家居系统的智能水平。

《指导意见》指出，要加快发展数字家庭，提高居住品质。重点强调要满足居民智能化服务、社会化服务、政务服务的需求，加强数字家庭系统基础平台建设，推进数字家庭系统基础平台与新型智慧城市“一网通办”、“一网统管”、智慧物业管理、智慧社区信息系统以及社会化专业服务等平台的对接，完善标准体系建设。

住房和城乡建设部印发的《“十四五”住房和城乡建设科技发展规划》指出，开发数字家庭系统关键技术、应用标准和平台，开展基于云服务和大数据的智慧社区与数字家庭示范应用。

国务院印发的《“十四五”数字经济发展规划》指出，打造智慧共享的新型数字生活。加快既有住宅和社区设施数字化改造，鼓励新建小区同步规划建设智能系统，打造智能楼宇、智能停车场、智能充电桩、智能垃圾箱等公共设施。引导智能家居产品互联互通，促进家居产品与家居环境智能互动，丰富“一键控制”“一声响应”的数字家庭生活应用。

中共中央、国务院印发的《国家标准化发展纲要》指出，加快城乡建设和社会建设标准化进程。住房和城乡建设部印发的《住房和城乡建设领域贯彻落实〈国家标准化发展纲要〉工作方案》指出，研究构建数字家庭标准体系，完善综合信息箱等设施配置标准，制定修订智能产品技术要求、物联网智能家居等系列标准，推动城市运行管理服务精细化。

2020年12月1日，开放智联联盟（Open Link Association，OLA）在北京成立，该联盟旨在充分发挥国内物联网产业优势，构建符合中国产业特点的、技术领先的物联网统一连接标准和产业生态圈，并向全球开放和推广。

各项政策的推动，产业联盟的形成和标准制定等工作的开展，多方通力协作使数字家庭建设进入了新阶段，但当前，我国数字家庭网络标准建设才刚起步，还存在着许多互不兼容的技术标准，各种标准和媒体格式让数字家庭网络处于各自为政的无序状态。各个标准化组织均代表着不同的利益集团，为了各自的知识产权和核心技术优势，进而引领整个产业的发展潮流，从中获得巨大的市场和经济利益，都不肯轻易让步。同时，各个标准体系也都存在着一些不完善或缺陷的地方，这在一定程度上增大了数字家庭网络终端设置和管理的复杂程度。加快家居产业数字化绿色化转型，支持生态培育并向数字家庭发展。

数字家庭产业不仅仅需要解决“设备与产品间的互联互通及互操作性”问题，产业关键问题在于“如何在互联互通的基础上创造用户价值，提供全面满足用户现代化生活需求的融合性服务”。现在提供的内容和服务大多由终端设备制造商提供，比较单一。这个环节的滞后，也导致了“数字家庭”一定程度上无法完全真正进入人们的生活。

2.2.3　数字家庭问题分析

1．智能化水平低

数字家庭需要人和智能设备真正实现“互联、互通、互动”，提供AI主动式全屋智能的解决方案，绝不是只做单品硬件，除了硬件实力外，还需要以规则云和AI云为主的PaaS平台的技术支撑，否则无法真正实现主动智能、安全、稳定、系统化的深度定制解决方案。由于智能家居系统个性化比较强，很难采用统一的智能化方案。目前家居中的智能产品通常是简单的传感安防照明品类，所能够提供的智能化功能也偏弱，用户体验差。

虽然智能家居系统数据能够反映用户生活场景信息，但若智能化系统产生的数据不能和社区平台打通，数据没有转化为可驱动社区服务的能力，势必造成数据资源浪费，阻碍社区服务业繁荣发展。

2．缺乏标准体系

标准体系的建设对未来新兴产业的发展起到非常重要的推动作用，现阶段数字家庭行业内缺乏主导和承担推动数字家庭行业标准制定的领导者，设备互联、服务共享等关键技术缺少标准支撑，不同厂商生产的智能设备上没有统一的物联网协议标准，平台建设各自为政，接口壁垒重重，无法自由接入，互联互通举步维艰；不同品牌设备芯片、模组等上游云端和硬件产品等下游设备产业分散，无法形成完善的质检、品控体系，导致数字家庭的质量、故障问题突出；从施工安装速度到交付验收流程，再到后续故障报修和运维升级，需要建立一套智能化的服务、过程监管和服务质量评估体系，做到交付质量可监管、服务质量可量化，真正地为用户提供放心便捷的解决方案。产品评价规范和部署实施规范缺乏，服务质量和消费者权益无法得到保障，制约了整个行业的发展速度。

3．数据隐私泄露存在安全风险

用户在使用数字家庭中的智能设备时面临两个问题：企业内部未经授权收集用户数据，并把数据交由或售卖给其他企业；外来入侵者可以通过不法手段查看、存储用户私人数据，包含用户的个人信息、位置、联系方式，同时，还能通过该漏洞控制家庭网络中的所有设备。所以，解决安全问题，让用户放心是数字家庭解决方案服务商需要进一步努力的方向。

4．售后服务不完善缺乏渠道的支撑

目前数字家庭售后服务主要采用两种模式：一是厂商自己搭建专业团队；二是与第三方公司合作，对方负责组织人员，厂商进行培训，前者需要大量技术人员投入，后者需要高昂经济投入，这对于提供服务的解决方案商是不愿意选择的方式，过度地依赖于智能设备厂商提供售后服务，造成服务不完善。无法兼容后加装产品，用户入住以后新购买的家电产品，由于不能和前装的智能化系统互联互通，很难融入已有系统中形成场景化的应用。

5．知识产权未能自主可控

在目前智能家居行业大量使用的Zigbee、LoRa，其底层技术和知识产权均属于国外，在行业通信标准层面也面临国外势力的强力竞争。当前，Zigbee联盟全力推进智能家居Matter标准，力图统一智能家居领域的通信标准体系。据公开的信息显示，CSA联盟核心的24家推进者企业涵盖了业内重量级巨头，如国外的苹果、谷歌、亚马逊、三星、英飞凌、恩智浦、德州仪器、意法半导体、宜家、施耐德等，国内的华为、OPPO、涂鸦智能、南京物联。而Matter标准参与者企业已达到220多家，包括小米、vivo、荣耀、海美、松下、西门子、高通、联发科、ARM等，涵盖从芯片到终端产品再到系统各个环节。

因此，立足于数字家庭行业快速推进的发展阶段，抓住行业从无序到统一有序进化的机会窗口期，建立国家自主可控的数字家庭标准体系，保障家庭数字化的战略安全，已变得刻不容缓（图2-1）。

图2-1　数字家庭信息类型

第3章 智慧社区与数字家庭的关键技术

3.1 物联网技术

物联网即为“万物互联的互联网”。早期物联网技术是通过射频识别（RFID）、红外感应器、全球定位系统、激光扫描器等信息感知设备，按约定的协议，把任一物品接入互联网，进行信息交换和通信，以实现对物品的智能化识别、定位、跟踪、监控和管理的一种网络。物联网是通信网和互联网的拓展应用与网络延伸，它利用感知技术和智能装置对物理世界进行感知识别，通过网络传输互联，进行计算、处理和知识挖掘，实现人与物、物与物信息交互和无缝对接，达到对物理世界实时控制、精准管理和科学决策目的。

3.1.1 物联网关键技术

3.1.1.1 物联网四层架构

物联网发展的产业架构主要分为四层：感知层、传输层、平台层和应用层。

感知层：感知及执行，感知层是整个物联网系统的数据基础。

传输层：也叫网络层，负责通过各种协议传递和处理感知层获取的信息。

平台层：承上启下，构建设备和业务的端到端通道，提供业务融合及数据价值，为提升产业整体价值奠定基础。

应用层：丰富的应用是物联网的最终目标，未来将衍生出多样化的物联网应用，创造巨大社会价值。

随着云端数据处理能力开始下沉，更加贴近数据源头，边缘计算成为物联网产业的重要关口；未来，将有超过75%的数据需要在网络边缘侧分析、处理、存储，“云-管-边-端”协同实现的纵向数据赋能是边缘计算在物联网的最大价值。

3.1.1.2　物联网通信协议

随着物联网设备数量的爆发式增长，物联设备之间的通信或连接已成为一个重要的思考课题。物联网通信协议分为两大类：

接入协议：通常负责子网内设备间的组网及通信。

通信协议：主要是运行在传统互联网TCP/IP之上的设备通信协议，负责设备通过互联网进行数据交换及通信。

物理层、数据链路层主要协议包括：

（1）远距离蜂窝通信：2G/3G/4G/eMTC/NB-IoT/5G

（2）远距离非蜂窝通信：LoRa/Sigfox

（3）近距离通信：Wi-Fi/UWB/Bluetooth/ Zigbee/ RFID/NFC

（4）有线通信：RS-232/RS-422/RS-485/MBus/以太网

网络层、传输层协议包括：

IPV4/IPv6/TCP/6LoWPAN

应用层协议包括：

MQTT/CoAP/REST/HTTP/DDS/AMQP/XMPP

物联网平台：

物联网平台按照功能可分为：连接管理平台（CMP）、设备管理平台（DMP）、应用使能平台（AEP）和业务分析平台（BAP），见图3-1。

CMP	DMP	AEP	BAP
应用于运营商网络上，通过连接物联网卡，该平台可以实现对物联网连接管理、故障管理、网络资源用量管理、资费管理、账单管理以及服务托管等	对物联网终端进行远程监控、配置调整、软件升级、故障排查以及生命周期管理等功能，并通过提供开放的 API 调用接口帮助客户实现系统集成和增值开发等，所有设备的数据存储在云端	该层是能够快速开发部署物联网应用的云平台，同时能够为客户提供完整、具有动态扩展、按需服务以及高可用性的物联网应用，是一个结合应用场景的系统开发平台	该层包括基础大数据服务和机器学习等两大功能。大数据服务是指将数据采集、分析、处理，并实现可视化的过程。而机器学习是将数据进行训练，形成具有预测性功能的业务分析逻辑
运营商主导，全球形成思科 Jasper、爱立信 DCP、沃达丰 DSP 三大阵营	通信模组、通信设备提供商主导，运营商逐步进入该领域	竞争激烈，成为大中小初创企业的竞争焦点	暂未形成垄断性阵营，通用、IBM 在做探索性尝试

图3-1　物联网平台介绍

3.1.2 物联网核心应用

近年来，随着社区的不断变化和发展，社区治理中的问题事件类型、事件数量不断增加，社区巡查人员数量不足、发现问题不及时、数据不精确等问题愈加凸显，严重阻碍社区发展。物联网技术凭借其经济性、及时性、准确性的技术优势，快速融入智慧社区的发展进程，通过计算机/手机/PAD、智能摄像头、智能机器人、智慧路灯、智能井盖、智能门禁、智能灯具、智能窗帘、智能家电等各类智能传感器及设备，全面连接社区内人、机、物，使得科技与人文的结合全面渗透到社区的生活、服务、治理各方面，让未来社区成为万物互联的社区，见图3-2。

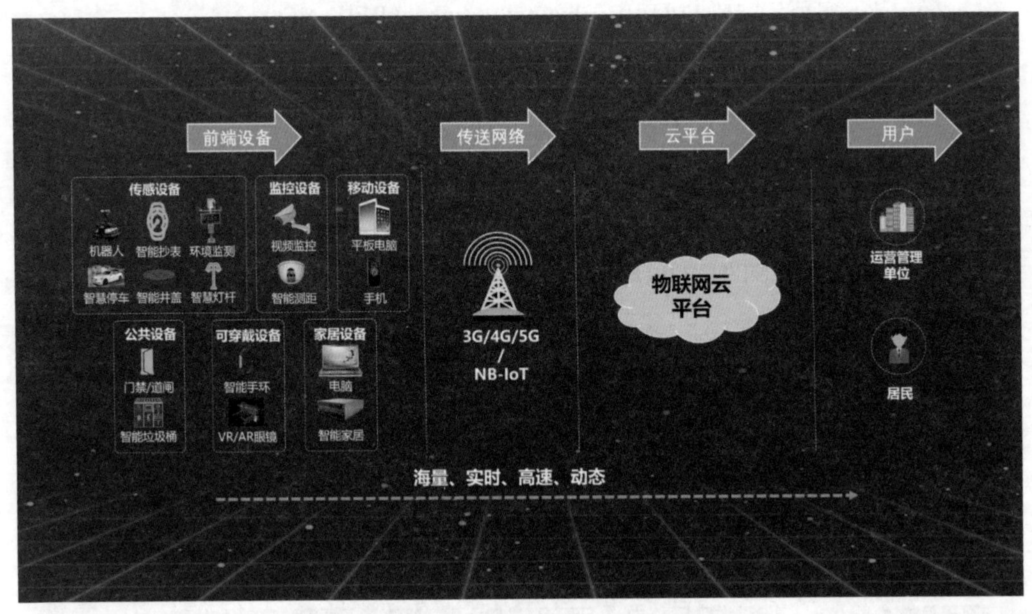

图3-2 物联网在智慧社区中的应用

具体业务应用：

（1）射频识别：RFID是一种简单的无线系统，由一个询问器（或阅读器）和若干应答器（或标签）组成。

标签由耦合元件及芯片组成，标签具有唯一性，是证明物体身份的唯一的电子编码，附着在物体上标识目标对象，它通过天线将射频信息传递给阅读器，阅读器即读取信息的设备。RFID技术赋予了物品可跟踪性，用户可随时掌握物品准确位置及其周边环境。

（2）物联感知：一体化微型器件系统，由微感知器、微执行器、信号处理和控制电路、通信接口和电源等部件组成，可实现信息的获取、处理和执行环节。通过把若干单元集成在一起，组成具有多功能的微型系统。若集成于大尺寸系统中，可大幅度地提高系统的自动化、智能化和可靠性水平。MEMS技术赋予普通物体专属数据传输通路，并且具备了存储功能、操作系统和专用应用程序，从而形成一个庞大的感知网。

（3）M2M：M2M是Machine-to-Machine/Man的简称，是一种以机器终端智能交互为核心的、网络化的应用与服务，使对象实现智能化的控制。M2M技术涉及5个重要的技术部分：机器、M2M硬件、通信网络、中间件、应用。基于云计算平台和智能网络，可依据感知器网络获取的数据进行决策，改变对象的行为进行控制和反馈。

例如，在智能停车场的场景下，当该车辆驶入或离开天线通信区时，天线以微波通信的方式与电子识别卡进行双向数据交换，从电子车卡上读取车辆的相关信息，在司机卡上读取司机的相关信息，自动识别电子车卡和司机卡，并判断电子车卡是否有效和司机卡的合法性，核对车道控制计算机显示与该电子车卡和司机卡一一对应的车牌号码及驾驶员等资料信息；车道控制计算机自动将通过时间、车辆和驾驶员的有关信息存入数据库中，车道控制电脑根据读到的数据判断是正常卡、未授权卡、无卡还是非法卡，据此做出相应的回应和提示。

此外，家中老人戴上嵌入智能感知器的手表，在外地的子女可以随时通过手机查询父母的血压、心跳是否稳定；智能化的住宅在主人上班时，感知器自动关闭水电气和门窗，定时向主人的手机发送消息，汇报安全情况。

3.2　云计算技术应用

云计算是继互联网、计算机技术进步后的一大技术革新，云计算的核心原理是协调若干计算机的存储和计算资源，并将巨大的数据计算处理程序分解成无数个小程序，然后通过多部服务器组成的系统对这些小程序进行处理和分析，将得到的结果返回给用户，使用户通过网络就能获取大量的计算、存储资源，使得每个用户都可以使用庞大的数据中心。

未来几十年，受益于技术驱动加快、产业需求增加和新基建进程推进，云计算将迎来普惠应用高速增长的黄金发展时期。在政策层面，中央和地方都对云计算发展维持充分支持，尤其在大力发展新基建背景下，国家从宏观层面规范和引导云计算基础设施建设、提升云计算服务能力水平、规范市场秩序，鼓励运用大数据、人工智能、云计算等数字技术，在应急管理、疫情防控、资源调配、社会管理等方面更好地发挥作用，鼓励并推动中小企业业务向云端迁移，加快云计算金融应用规范落地实施等行动和规划，都将加快整体社会经济数字化转型，为云计算提供更广阔的应用领域和发展空间。

3.2.1 云计算关键技术

1．关键技术

（1）云计算平台管理技术：云计算系统的平台管理技术能够使大量的服务器协同工作，方便进行业务部署和开通，快速发现并恢复系统故障。

（2）分布式计算的编程模式：云计算采用了一种逻辑简洁的分布式并行编程模型MapReduce。该模型是一种编程模型和任务调度模型，主要用于数据集的并行运算和并行任务的调度处理。

（3）分布式海量数据存储：云计算系统采用分布式存储的方式存储数据，用冗余存储的方式保证数据的可靠性。冗余的方式通过任务分解和集群，用低配机器替代超级计算机的性能来保证低成本，这种方式保证分布式数据的高可用性、高可靠性和经济性，即为同一份数据存储多个副本。

（4）海量数据管理技术：云计算系统中利用有限的软件硬件资源，对海量数据进行管理的技术。

（5）虚拟化技术：通常指计算元件在虚拟的基础上而不是真实的基础上运行，它可以扩大硬件的容量，简化软件的重新配置过程，减少软件虚拟机相关开销并支持更广泛的操作系统。

2．优势特点

（1）突破界限。虚拟化是云计算最为显著的特点，虚拟化技术突破了时间、空间的界限。通过虚拟平台对相应终端操作完成数据备份、迁移和扩展。

（2）动态可扩展。云计算具有高效的运算能力，在原有服务器基础上增加云计算功能能够使计算速度迅速提高，最终实现动态扩展虚拟化的层次达到对应用进行扩展的目的。

（3）按需部署。计算机包含多种应用、程序软件，不同的应用对应的数据资源库不同，所以用户运行不同的应用需要较强的计算能力对资源进行部署，而云计算平台能够根据用户的需求快速配备计算能力及资源。

（4）灵活性高。虚拟化技术已相对成熟，云计算可依托云系统资源虚拟池兼容多厂商硬件产品，还可获得更高性能的计算能力。

（5）可靠性高。即使服务器故障也不影响计算与应用的正常运行。因为单点服务器出现故障可以通过虚拟化技术将分布在不同物理服务器上的应用进行恢复或利用动态扩展功能部署新的服务器进行计算。

（6）性价比高。将资源放在虚拟资源池中统一管理在一定程度上优化了物理资源，用户不再需要昂贵、存储空间大的主机，可以选择相对廉价的PC组成云，既可减少费用，也可提升计算能力。

（7）可扩展性。用户可以利用应用软件的快速部署条件，更为简单快捷地对自身所需的已有业务以及新业务进行扩展。例如，倘若用户所用的计算机云计算系统中出现设备故障，丝毫不会对用户产生影响，平台可利用云计算具有的动态扩展功能来对其他服务器进行有效扩展，可确保任务得以有序完成。

3.2.2　云计算核心应用

从产业发展角度来看，近年来随着消费互联网产品趋于稳定饱和、人口红利逐步消退，流量互联网开始转向产业互联网，新的企业利润从ToC转向ToB，在经济下行压力下，企业也更加关注云计算如何直接降本增效，疫情催化的全面线上办公也使得更多企业事务部署在云端展开，这都将增加云计算市场规模和渗透率，云计算正在逐渐脱离概念炒作阶段，客户和市场愈加成熟，未来的云计算将不只是执行数据连接，而要更多考虑性能和成本优化，帮助企业构建业务竞争力，这将推动云厂商拥有更加精细化和多样化的服务能力。技术驱动层面，多种能够对整个行业起到推动作用的颠覆性技术被预测在不同阶段达到成熟，如6G技术、AI云计算、边缘计算和物联网技术、云原生技术、量子计算技术等，将与云计算技术融合以形成新的发展动力。

在智慧社区和数字家庭的海量数据存储计算的需求推动下，云计算更将发挥强大的计算能力，深度挖掘数据价值，在智慧家居、数字家庭健康、智慧教育、社区养老、社区交通、社区创业等场景解决自动化程度不高、供需关系矛盾等痛点，提升社区和家庭幸福感。以“按需分配，弹性服务”原则为智慧社区各系统提供网络、计算和存储等资源服务，实现基础云平台资源共享共用，为数据资源汇聚共享、业务应用高效协同提供基础支撑。今后云计算亦将从原来集中式计算向边缘延伸，以满足大量低时延应用需求所需要的轻量级计算能力、存储能力和高效的能耗要求，实现未来社区的各类本地化应用快速协同处理，降低人、物、社区之间的联系时延，为未来社区新一代信息基础设施建设和高质量数据服务提供保障。云计算技术在智慧社区中的应用见图3-3。

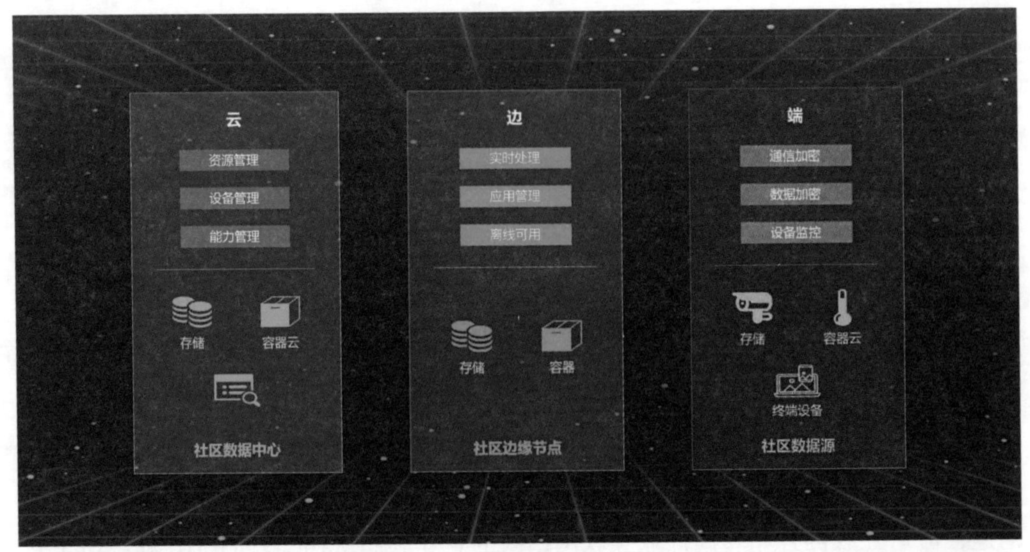

图3-3　云计算技术在智慧社区中的应用

3.3　大数据技术应用

大数据技术是对数据进行挖掘治理的技术抽象，可在应用侧提供良好的数据分析及展现能力。大数据技术具有以下特点和趋势：

1．数据的资源化

指大数据成为企业和社会关注的重要战略资源，并已成为大家争相抢夺的新焦点。因而，企业必须要提前制定大数据营销战略计划，抢占市场先机。

2．与云计算的深度结合

大数据离不开云计算，云计算为大数据提供了弹性可拓展的基础设备，是产生大数据的平台之一。自2013年起，大数据技术已开始和云计算技术紧密结合。除此之外，物联网、移动互联网等新兴计算形态，也将一起助力大数据革命，让大数据营销发挥出更大的影响力。

3．科学理论的突破

随着大数据的快速发展，伴随数据挖掘、机器学习和人工智能等相关技术，可能会改变数据世界里的很多算法和基础理论，实现科学技术上的突破。

4．数据科学和数据联盟的成立

数据科学已经成为一门专业学科，被越来越多的人所认知，随之也会催生一批与之相关的新的就业岗位，并且基于数据基础平台，也将建立起跨领域的数据联盟，数据共享将扩展到企业层面，成为未来产业的核心一环。

5．数据管理成为核心竞争力

自从“数据资产是企业核心资产”的概念深入人心之后，企业对于数据管理便有了更清晰的界定，将数据管理作为企业核心竞争力，持续发展，战略性规划与运用数据资产，成为企业数据管理的核心。数据资产管理效率与主营业务收入增长率、销售收入增长率显著正相关；此外，对于具有互联网思维的企业而言，数据资产竞争力所占比重为36.8%，数据资产的管理效果将直接影响企业的财务表现。

6．数据质量是BI（商业智能）成功的关键

采用自助式商业智能工具进行大数据处理的企业将会脱颖而出。其中要面临的一个挑战是，很多数据源会带来大量低质量数据，企业需要理解原始数据与数据分析之间的差距，从而消除低质量数据并通过BI获得更佳决策。

7．数据生态系统复合化程度加强

大数据的世界并不是简单地由单一、巨大的计算机网络构成，而是一个由大量活动构件与多元参与者元素所构成的生态系统，由终端设备提供商、基础设施提供商、网络服务提供商、网络接入服务提供商、数据服务使能者、数据服务提供商、触点服务、数据服务零售商等一系列的参与者共同构建的生态系统。目前，这样一套数据生态系统的基本雏形已然形成，接下来的发展将趋向于系统内部角色的细分，也就是市场的细分；系统机制的调整，也就是商业模式的创新；系统结构的调整，也就是竞争环境的调整等，从而使得数据生态系统复合化程度逐渐增强。

8．数据要素价值化是未来发展趋势

2020年4月9日，中央第一份关于要素市场化配置的文件《关于构建更加完善的要素市场化配置体制机制的意见》正式发布，明确提出了土地、劳动力、资本、技术、数据这五个生产要素。农业社会生产要素的核心是土地和劳动力；人类社会发展到两三百年前，资本和技术变成越来越重要的生产要素；随着数字经济时代到来，数据一跃成为新的生产要素。数据正推动着农业、制造业、生活性服务业等传统经济活动和

商业模式向数字化、智能化转变，为数字经济的高质量发展提供新的能源。与此同时，以大数据为驱动，新型智慧城市、数字乡村、智慧交通、智慧医疗等数字社会正在形成。数据作为“未来社会的石油”，是数字经济时代最活跃、最核心的生产要素，数据要素价值释放成为重要命题。数据要素价值化可分为数据资源化、数据资产化和数据资本化三个阶段。

（1）资源化是激发数据价值的基础

现实生活中的数据是离散的、碎片化的，在不经过任何处理的情况下，无法直接利用以产生价值。对这些“原料”状态的数据进行初步加工，最后形成可采、可见、互通、可信的高质量数据，就是数据资源化过程。类比于土地，就是土地整理的过程；类比于劳动力，就是提升人力资本的过程；类比于资本，就是改善资本结构的过程。要实现数据的资源化，需要经历数据采集、标注、集成、汇聚和标准化等过程。没有经过数据资源化提升数据质量的过程，数据无法发挥其价值。

（2）资产化是实现数据价值的核心

数据蕴含着产业运行的规律，具有非常重要的潜在价值，但数据本身并不能产生价值，只有把数据与具体的业务融合，才能在引导业务效率改善中实现这些潜在价值，这个过程就是资产化。其本质就是数据驱动业务变革，实现数据价值的过程，更多体现为一个产业经济过程。类比于劳动力，就是把劳动力组织起来，与生产工具、生产资料相结合的过程；类比于资本，就是把资本引入产业，转换为能够带来价值增值的机器、设备、厂房、技术等过程。数据资产化是数据价值创造过程中的一种质变，真正体现和实现了数据的价值。数据资产化还需要解决一些根本性的问题，如资产属性、数据确权、数据价值评估等相关问题。

（3）资本化是拓展数据价值的途径

数据应用不能局限于单个业务、单个企业或单个产业，否则数据就只是一种有用的资源和资产，而无法成为一种通用的关键生产要素。数据作为资本的价值需要在数据交易和流通中体现，因为当数据可以跨企业、跨产业在社会中有序流通时，数据就能流向其可以产生最大价值的地方，继而把对经济社会的乘数效应推到最大。因此，数据的资本化可以概括为通过数据交易、流通等活动实现数据要素的社会化配置的过程。这更多体现为一个经济社会的过程，能够极大地提升数据的使用价值和交换价值。从资产到资本，是数据要素化过程中的一次“质的飞跃”，类比于资本，就是马克思在资本论中所说的从商品到货币的“惊险一跃”。数据资本化关乎数据价值的全面升级，是实现数据要素市场化配置的关键所在。

3.3.1　大数据关键技术

1．数据收集

大数据时代，数据的来源极其广泛，数据有多种类型和格式，同时呈现爆发性增长的态势，这些特性对数据收集技术也提出了更高的要求。数据收集需要从不同的数据源实时地或及时地收集不同类型的数据并发送给存储系统或数据中间件系统进行后续处理。

2．数据预处理

数据的质量对数据的价值大小有直接影响，低质量数据将导致低质量的分析和挖掘结果。广义的数据质量涉及许多因素，如数据的准确性、完整性、一致性、时效性、可信性与可解释性等。

3．数据存储

分布式存储与访问是大数据存储的关键技术，它具有经济、高效、容错性高等特点。分布式存储技术与数据存储介质的类型和数据的组织管理形式直接相关。

4．数据处理

分布式数据处理技术一方面与分布式存储形式直接相关，另一方面也与业务数据的温度类型（冷数据、热数据）相关。目前主要的数据处理计算模型包括MapReduce计算模型、DAG计算模型、BSP计算模型等。

3.3.2　大数据核心应用

在打造智慧社区时，我们可以建立共融互通的社区数据平台，将人、空间、社区逐步交互融合，对人文关怀、管理服务、数字化治理全面提升给予支撑。海量大数据服务依靠高效网络，赋能到社区场景的各个环节。将数字科技与人文生活实时结合，从社区的基础设施、人、车、建筑到邻里、产业、消费、服务，再到治理、运维、管理等多维度多场景多事物，将以全面数字化形式存储于数字平台中并加以充分利用，为社区管理者提供科学决策、精准管理、有效服务的数据支撑，让社区的每个角色都能感受到数据带给未来生活的变化，如图3-4所示。

具体业务应用：

（1）数据可视化：数据可视化展示旨在帮助非专业人员通过图形化的界面轻松搭建专业水准的可视化应用，满足各类大数据业务的展示需求。相比于传统图表与数据仪表盘，数据可视化致力于用更生动、友好的形式，即时呈现隐藏在瞬息万变且庞杂数据背后的业务洞察，通过交互式实时数据可视化帮助业务人员发现、诊断业务问题。同时针对业务需求构建自助BI系统，此系统基于OLAP技术完成数据联系、数据

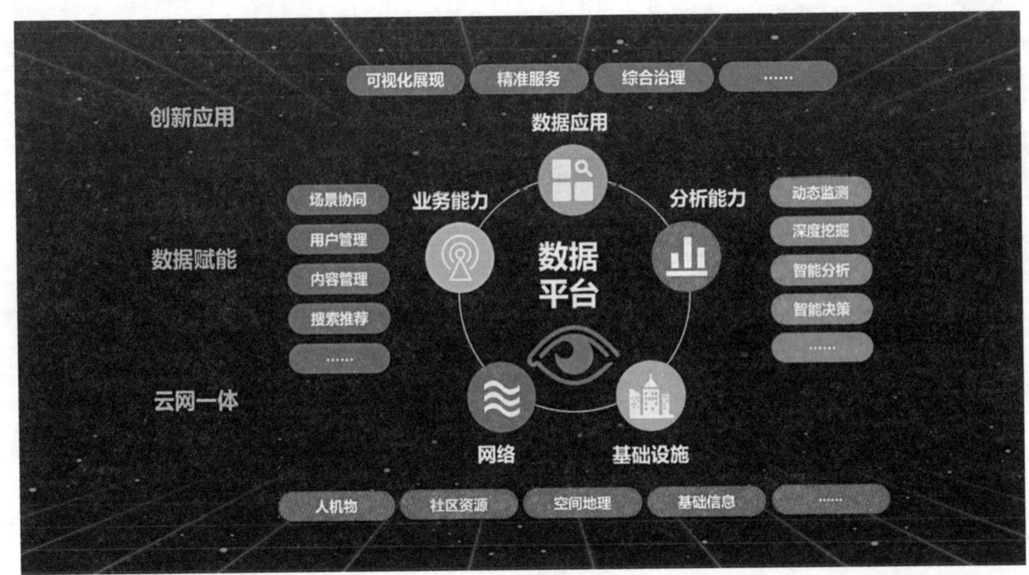

图3-4　大数据技术在智慧社区中的应用

描述及报表制作的整体过程，实现数据连接、数据汇总、数据处理、数据统计、数据分析、数据展示、数据挖掘及权限管理。另外在空间大数据分析工具中，高级分析工具和空间大数据技术与现有网格化管理模式结合，对动态、每日更新的各类事件大数据进行空间、时间、人物、事件等多维度的分析，将社区网格化管理提升到一个新的高度。

（2）用户标签：用户标签产品作为大数据的基础功能，一个社区将具有多个大类、上千个标签构成的强大的标签体系，对全网用户的基础信息和行为数据的归纳和分析结果，以此来实现对用户以及各种情况的全方位的精准定位。

（3）征信：根据征信类需求，在充分保障用户隐私安全的前提下，利用脱敏数据提供金融行业数据验证和征信评估服务，为专业化的授信机构提供一个征信平台。征信产品主要针对金融行业征信类大数据应用，通过运营商真实全面的用户信息大数据资产，为金融类行业提供贷前、贷中、贷后等服务，帮助其降低风险。其中身份三元素验证、信用评估、二次卡清理为其主要功能。

（4）精准营销：概括来说，这是一个由精准用户提取、精准营销计划制定和多渠道精准触达用户三方面组成的平台。用户筛选功能便是基于用户标签上开发的功能，以此为出发点筛选出的目标用户，在制定了营销计划之后，通过短信渠道，邮箱渠道，以及语音外呼平台来进行精准的用户触达。这样不仅节省了营销成本，更是大幅缩短了运营时间，同时提高了收益。

（5）智慧足迹：作为一个划时代产品，智慧足迹可以高效计算用户每天的驻留、出行、兴趣点、兴趣路线、出行目的、出行时间等，输出指标包括工作地、居住地、出行轨迹、出行交通方式等。在一定意义上实现了“谁，在哪，做什么，怎么做”这几项指标的追踪。在标签定义上可以理解为时空标签，能快速满足行业应用场景需求。掌握了足迹，就能够洞察行为，研其踪而知其人。主要功能包括动态人流统计、区域围栏预警、店铺选址、户外传媒选择等。

（6）大数据指数：将其他大数据产品以报告的形式体现，包括行业指数和市场洞察两个部分，行业指数结合海量数据的处理能力，洞察报告利用大数据平台为客户所在的行业、市场进行洞察、分析、评估，从而帮助客户快速识别并把握市场机会。

（7）能力开放平台：将其理解为大数据平台开放给客户使用，让客户在大数据平台上进行数据的筛选与提取。在提取数据的时候，需要对数据进行审核，避免敏感数据的外泄。

3.4　CIM技术应用

国家发展改革委、自然资源部等28部门在2021年3月25日联合发布通知，印发了《加快培育新型消费实施方案》。其中提出要加强新一代信息基础设施建设，包括推动城市信息模型（CIM）基础平台建设，支持城市规划建设管理多场景应用，促进城市基础设施数字化和城市建设数据汇聚。

随着智慧社区、数字家庭进程的推进，CIM已经被提到新一代信息基础设施的高度，CIM既是数字孪生城市跨行业融合的基石和底板，也是推动城市高质量发展的重要抓手。CIM以空间为核心，与城市生长规律相契合，实现数字城市与现实城市同步规划、同步建设，不断地进行全要素迭代、全开放赋能各行各业，最终形成超越现实城市的数字超级系统，与现实城市共同演进。

城市信息模型平台CIM是数字孪生城市建设的核心，是刻画城市细节、呈现城市趋势、推演未来趋势的综合信息载体，它与泛在感知和智能设施管理平台、城市大数据平台、共性技术赋能与应用支撑平台共同构成数字孪生城市的中枢平台。CIM平台以三维模型为骨架，以物理实体映射的数字孪生体为对象，将城市大数据作为对象的属性进行叠加，通过与城市大数据平台对接，整合城市规划、建设、运营管理等数据，实现城市数据的深度共享应用。同时，通过融入物联网感知与设施运行数据，实现各类数据在模型平台上快速加载、融合和呈现，全面激活数据资源价值，助力模拟仿真城市运行状态，并可根据仿真模拟结果和基于数据驱动的科学决策建议及时反馈到设备管理层，实现反向智能控制。在此基础上，通过与共性技术赋能与应用支撑平台相互协同，共同形成以城市信息模型为孪生载体、向下连接底层终端设施、向上驱动上层行业应用的中枢平台，共同赋能上层数字孪生各行业应用。

3.4.1 CIM关键技术

1．实现实体城市空间数字化

CIM的核心特点是可以实现实体城市空间的数字化。城市三维信息模型（CIM）是大场景的GIS数据、小场景的BIM数据、IoT感知数据等的有机结合。其中BIM技术是以三维数字化为载体，关联整合了城市建筑物从设计、施工、运维到拆除等全生命周期各阶段空间及语义信息，可以提供丰富的建筑物、构筑物信息，并细致地关注到建构筑物内部的情况。GIS是以空间数据库作为基础，对城市三维空间数据加以分析管理，可以实现对城市道路、桥梁、管廊等市政基础设施、植被、水体、景观、地形、地质进行数字化三维模拟。CIM将单体BIM和宏观GIS数据相结合，同时融合实时感知的动态信息。一方面实现了空间数据在各层次的无缝衔接，另一方面也将传统的静态模型升级为鲜活开放、实时感知、虚实映射的动态模型，从而全面实现实体城市空间的数字化。

2．实现城市时空数据资产化

CIM平台包含海量的城市时空数据源：基础地理信息、BIM 信息、地形高程信息、卫星遥感信息、倾斜摄影、物联网实时数据等。通过GIS引擎、BIM引擎实现空间数据的接入和计算，通过物联网连接器将实时数据接入CIM平台，并进一步提供基于空间数据的图纸浏览服务、视频服务、文件存取、图像识别、结构化数据访问和模型浏览服务等。CIM具有灵活的数据访问配置，并提供便捷的开发接口，更便于城市时空数据在数据拥有者和数据使用者间的双向流动，从而实现城市范围内海量时空数据由资源向资产的转变。

3.4.2 CIM技术核心应用

基于智慧社区的建设，我们可以打造数字孪生社区。数字孪生社区并没有脱离智慧社区的总体架构布局，由新型基础设施、智能运行中枢、智慧应用体系三大横向层，以及城市安全防线和标准规范两大纵向层构成。与智慧社区架构的区别在于，新增强化了新型测绘、标识感知、三维建模、仿真模拟等技术应用，核心平台能力增强，强化了全要素数字表达、大数据模型驱动与反向智能控制，应用体系更强调集约一体，突出跨领域、跨行业、全域视角的社区综合应用地位。以数字化、可视化、集成化的数字孪生体系为核心，通过高速网络，依托三维信息模型，对社区内人、车、设施、楼宇、产业、网络等所涉及的各类基础设施数据进行收集、处理和分析，构建与物理社区虚实映射、融合共生的数字孪生社区，打造人、空间、社区全连接，实现数据全融合、状态全可视、业务全可管、事件全可控，进而全方位重塑社区的运营、治理、服务，如图3-5所示。

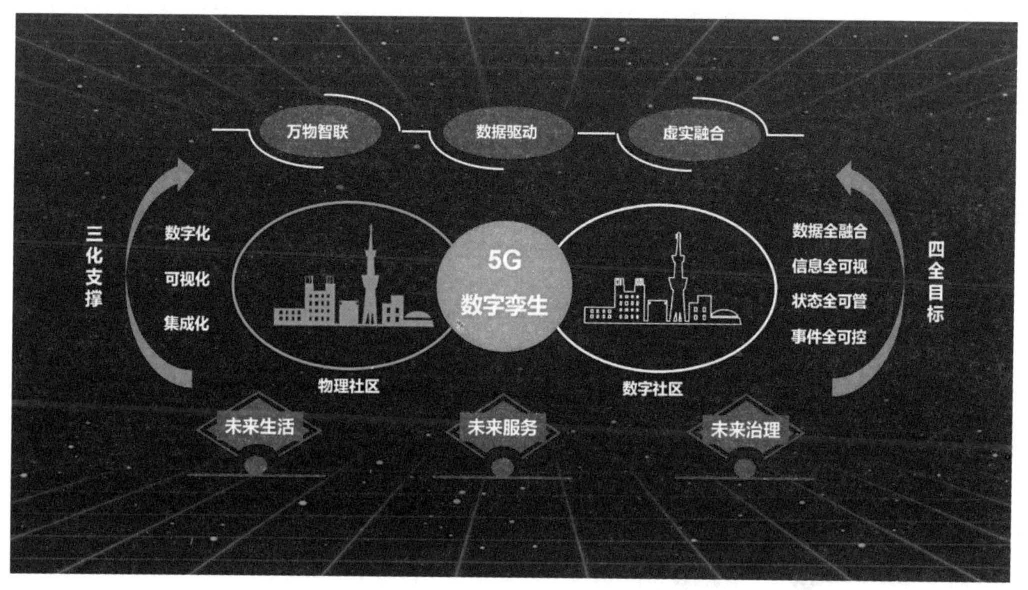

图3-5　数字孪生技术在智慧社区中的应用

具体业务应用：

CIM 凭借强大的时空属性，能够实现城市数据时空关联与汇聚、数据时空查询与追溯，有效整合分散异构系统的信息资源，实现城市数据资源的高效管理与应用，最终打造基于时空模型的场景化应用，实现应用快速搭建，丰富城市应用生态，尤其在空间区位、用地经济、公共服务、空间形态、开放空间、道路交通、生态消耗等诸多领域，提供有关邻里面积与区位、住房成本、公共服务设施、建筑类型与布局、城市绿地与街道、交通服务能力、建筑能耗等城市典型时空模型的精细化、场景化应用，如图3-6所示。

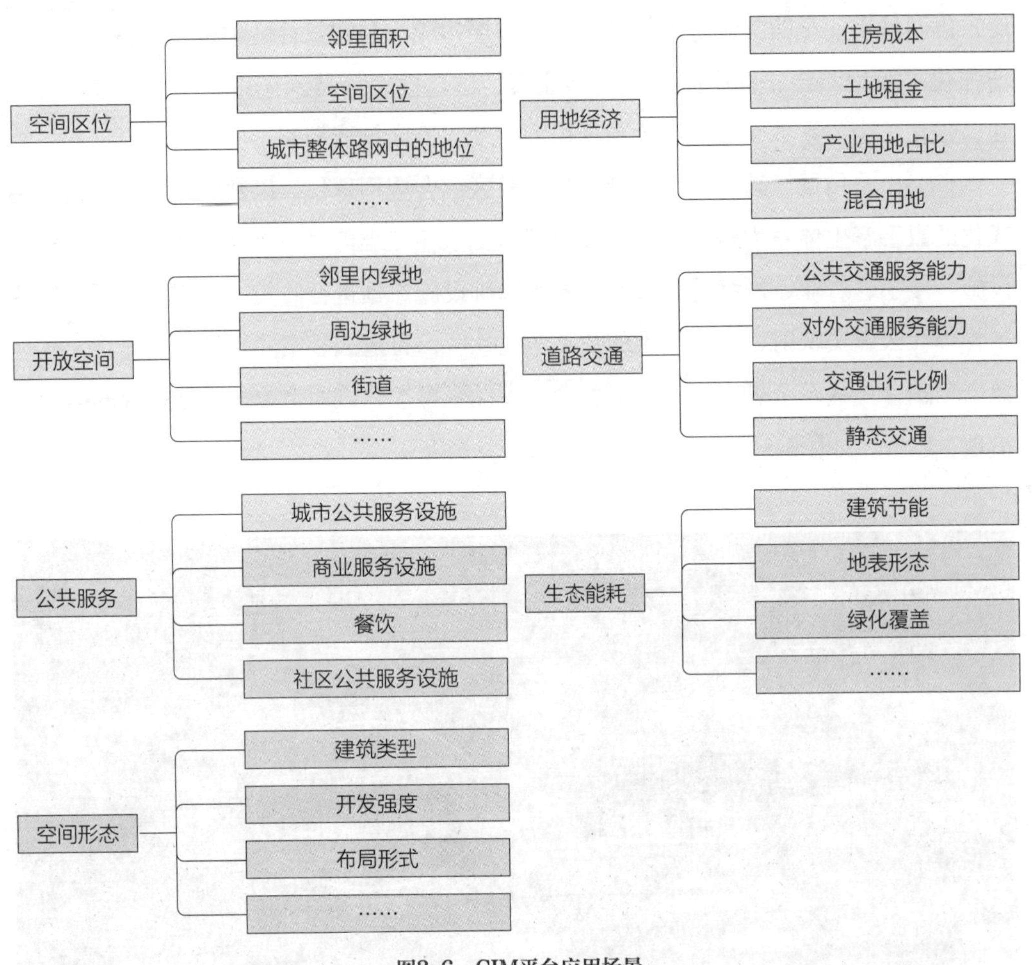

图3-6 CIM平台应用场景

3.5 区块链技术应用

区块链本质上是一个共享数据库，存储于其中的数据或信息，具有“不可伪造”“全程留痕”“可以追溯”“公开透明”“集体维护”等特征。基于这些特征，区块链技术奠定了坚实的“信任”基础，创造了可靠的“合作”机制，具有广阔的应用前景。随着区块链技术取得实质性的突破，区块链技术正在成为数据可信流转的解决方案。

智慧社区和数字家庭场景未来会产生海量的支付、授信、加密需求，这就对社区和家庭内人、车、设施、楼宇、产业、网络等所涉及的各类基础设施数据和行为数据进行收集、处理、分析、监管和保护水平提出了更高的要求，区块链技术可以为居民提供便捷的同时也为隐私和安全提供有效防护，今后将与智慧社区和数字家庭场景深度融合，打造更加宜居智能的生活环境。

我国在区块链相关标准建设方面已有一定基础，相关标准化组织、联盟协会、研究机构等已将区块链标准化提上议事日程，开展了组织建设、标准预研等一系列工作，并取得了一定的进展。2017年12月，中国区块链生态联盟发布了《中国区块链生态联盟团体标准管理办法（试行）》。2018年3月，工业和信息化部宣布筹建全国区块链和分布式记账技术标准化技术委员会。2018年4月，中国区块链生态联盟宣布成立《区块链平台一般技术要求（暂定名）》和《区块链企业服务能力一般要求（暂定名）》标准起草工作组，推动区块链相关标准研制工作。2020年10月，中国电子技术标准化研究院推出《区块链　版权存证应用指南》《区块链　企业级平台运维指南》《区块链　供应链金融服务应用指南》，分别围绕区块链的版权存证、企业级平台运维、供应链金融服务三个领域，进一步完善我国区块链标准。

区块链应用的传统领域是金融，该领域应用起步较早，相关应用以支付交易和资产管理为代表，但由于场景复杂、监管严格等原因，区块链在部分业务场景方面并未得到深入应用，应用模式受限且较为单一。而以医疗、存证、慈善、通信、供应链、域名、征信、股票为代表的非金融领域，由于场景简单，不涉及过多的政府监管，现阶段已经相继取到突破，相关应用如雨后春笋般爆发，如电子存证领域的“法链”、医疗领域的区块链在线医疗平台、慈善领域的支付宝爱心捐赠平台和征信领域的甜橙信用征信平台等。

产业规模将爆发式增长。赛迪区块链研究院在发布的《2021年中国区块链年度发展白皮书》（以下简称《白皮书》）中称，我国区块链产业加速发展，产业规模不断攀升，产业规模由2016年的1亿元增加至2021年的65亿元。2021年，工业区块链市场规模增长明显，增加值规模为3.41万亿元，带动第二产业增加值规模达1.78万亿元。区块链应用已在金融、政务、物流溯源、司法、医疗、公益慈善、社区管理、交通出行和征信等领域落地，2021年全年落地的应用项目为336个。从投融资来看，2021年我国区块链企业投融资情况有所回暖，投融资金额大幅上升，截至2021年底，区块链行业累计投融资事件共883笔。《白皮书》指出，我国区块链发展还面临缺少自主研发的区块链硬件技术体系，底层创新平台应用推广有待深入，各地区块链发展相对独立，区块链应用平台技术标准不统一，在实体经济领域可推广的成功案例较少等问题。当然，我国区块链技术发展仍然处在相对早期阶段，受限于区块链基础设施不完善、相关技术不成熟，区块链产业的发展仍然有较长路要走。

区块链正在以前所未有的速度被探索和应用。早在2016年的新兴技术报告中，就提出了技术成熟度曲线，当时区块链处于技术萌芽期。然而，仅仅经过几年的技术进步和社会发展，区块链现在已经达到了报告中膨胀预期的顶峰值，但是区块链成为主流应用仍然需要若干年的发展时间。

3.5.1 区块链核心技术

区块链主要有四大核心技术（分布式存储技术、密码学、智能合约、共识机制）和三种区块链结构（公有链、私有链、联盟链）。

1．分布式存储技术

第一种核心技术被称为分布式存储技术。例如Peer-to-Peer（P2P）技术。这种技术依赖于使用者和带宽，不再依赖于少数的服务器。这保证了数据存储的效率，可靠性以及安全性，有效防止了系统单点崩溃。

2．密码学

第二种核心技术是密码学。其中非常著名的技术就包括非对称加密技术和哈希算法。在这种非对称加密技术中，加密和解密使用的将是不同的密钥，加密时使用公钥，解密则使用私钥，保证了用户信息的安全性，也提高了效率。

哈希算法，也称为散列算法。散列算法可以将信息以更高的效率转换为二进制，同时也可以保证信息的安全。

3．智能合约

第三种核心技术是智能合约。智能合约（Smart Contract）是一种旨在以信息化方式传播、验证或执行合同的计算机协议。智能合约允许在没有第三方的情况下进行可信交易，这些交易可追踪且不可逆转。

4．共识机制

第四种核心技术被称为共识机制，这种方法可以在非常短的时间内通过投票对交易进行确认，具体操作方法是：对于一个交易，如果若干个利益不相干的节点可以达成共识，则全网可以达成共识。

根据应用场景和网络去中心化程度的差异，区块链一般分为公有链、私有链和联盟链（行业链）。

1．公有链

任意区块链服务客户均可使用，任意节点均可接入，无须再通过额外授权，所有接入节点均可参与读写数据的一类区块链部署模型。

此种方式去中心化程度最高，适用于社会生活和现代商业领域。

2. 私有链

仅限单个客户使用，仅获得授权的节点才可接入其中，接入节点可按规则参与读写数据的一类区块链部署模型。

此种方式去中心化程度最低，适用于企业数据库管理、审计等内部工作环节，还可被应用于政务场景。

3. 联盟链（行业链）

仅限一组特定客户使用，仅授权节点可接入其中，接入节点可按规则参与读写数据的一类区块链部署模型。

此种方式去中心化程度介于公有链和私有链之间，适用于供应链金融、电子取证等业务。

智慧社区和数字家庭的场景一般为有限区域的小区自我管理，故适合采用联盟链的方式，在物业费用使用、审查等场景可赋予个人或者家庭授权，组成有限区域、有限授权节点的联盟链。

3.5.2　区块链技术核心应用

在一些社区项目中区块链将在智慧社区领域中的物业管理信息透明化、共管资金使用合理高效化、维修基金的动支申请、业主决策投票等方面提供极大助力。

1. 物业管理信息透明化

物业请款、业委会审批、业主投票、资金使用等全流程数据都记录在区块链上，安全、透明；基于区块链去中心化的技术特点，彻底屏蔽单方作弊的嫌疑和可能，增强各方信任。所有信息都在区块链上保存，更换物业、更换账户、更换业委会等，都不影响信息的记录和追溯。任何时候都可以查询任意时间的资金使用信息。

2. 共管资金使用高效化、维修基金的动支申请

传统社区物业管理存在两大难题：财权和表决权。财权的难点表现在业主缴纳物业费后不知其费用究竟花在何处，同时无法对其流向进行有效监管。另外，在业主缴纳维修基金后，因为复杂的动支流程无法高效使用，导致基金无法被“解冻”以用在居民所需之处。

以物业申请资金预算为例：首先物业服务企业把银行账户加入社区联盟链，并引入银行作为监督方，物业的每次动支都需要经过业主的投票表决，表决通过后由物业在预算内发起动支，结果由银行回传到区块链上。所有请款、审批、动支直接在线上完成，并同步上传区块链，受各方监督。

3．业务决策投票

物业、业委会、政府监管部门、仲裁机构等第三方机构共同建立社区联盟链；通过引入公安信息实名认证确保信息真实，业主投票信息直接上传到区块链上，并同步到各节点；投票的规则，最低投票率，最低投票通过率，截止日期等，也预先设定在智能合约里。

投票触发后，智能合约根据链上数据，自动运行投票规则，判断投票结果，并生成投票文件，进行信息公示。整个过程无须人工干涉，任何一方都无法篡改投票数据，影响投票结果。这很好地结合了区块链的不可篡改和公开透明等特点，使投票结果的真实性得到保障，居民业主的表决权也得到了保护。区块链决策投票服务大大促进了社区共商共建共治。

3.6 人工智能技术应用

人工智能作为新一轮产业变革的核心驱动力，将进一步释放历次科技革命和产业变革积蓄的巨大能量，并创造新的强大引擎，重构生产、分配、交换、消费等经济活动各环节，形成从宏观到微观各领域的智能化新需求，催生新技术、新产品、新产业、新业态、新模式，引发经济结构重大变革，深刻改变人类生产生活方式和思维模式，实现社会生产力的整体跃升。我国经济发展进入新常态，深化供给侧结构性改革任务非常艰巨，必须加快人工智能深度应用，培育壮大人工智能产业，为我国经济发展注入新动能。人工智能带来社会建设的新机遇。我国人口老龄化、资源环境约束等挑战依然严峻，人工智能在教育、医疗、养老、环境保护、城市运行、司法服务等领域广泛应用，将极大提高公共服务精准化水平，全面提升人民生活品质。人工智能技术可准确感知、预测、预警基础设施和社会安全运行的重大态势，及时把握群体认知及心理变化，主动决策反应，将显著提高社会治理的能力和水平，对有效维护社会稳定具有不可替代的作用。人工智能发展的不确定性带来新挑战。人工智能是影响面广的颠覆性技术，可能带来改变就业结构、冲击法律与社会伦理、侵犯个人隐私、挑战国际关系准则等问题，将对政府管理、经济安全和社会稳定乃至全球治理产生深远影响。在大力发展人工智能的同时，必须高度重视可能带来的安全风险挑战，加强前瞻预防与约束引导，最大限度降低风险，确保人工智能安全、可靠、可控发展。

为引导人工智能技术高速有序健康发展，由科技部主导，共15个国家部门构成的新一代人工智能发展规划推进办公室，着力推进项目、基地、人才统筹布局，打造国家级专家库，成立新一代人工智能战略咨询委员会。科技部于2019年8月1日发布的《国家新一代人工智能开放创新平台建设工作指引》，指明新一代人工智能开放创新平台是聚焦人工智能重点细分领域，充分发挥行业领军企业、研究机构的引领示范作用，有效整合技术资源、产业链资源和金融资源，持续输出人工智能核心研发能力和服务能力的重要创新载体。目前国家新一代人工智能开放创新平台已形成五大主力平台和众多新平台，五大主力平台有自动驾驶平台、城市大脑平台、医疗影像平台、智能语音平台和智能视觉平台，除此之外的新平台涵盖基础软硬件、AI芯片、图像感知、视觉计算、视频感知、营销智能、普惠金融、智能供应链、安全大脑、智慧教育、智能家居等众多领域。

3.6.1　人工智能关键技术

人工智能的发展依托关键技术的进步，计算机视觉、机器学习、自然语言处理、机器人、语音识别等技术共同推动人工智能快速发展。

1．计算机视觉

计算机视觉是指计算机从图像中识别出物体、场景和活动的能力。计算机视觉技术运用由图像处理操作及其他技术所组成的序列，将图像分析任务分解为便于管理的小块任务。例如，一些技术能够从图像中检测到物体的边缘及纹理，分类技术可被用作确定识别到的特征是否能够代表系统已知的一类物体。

计算机视觉有着广泛的应用，其中包括：医疗成像分析被用来提高疾病预测、诊断和治疗效率；人脸识别被社交软件用来自动识别照片里的人物；在安防及监控领域被用来指认嫌疑人；在购物方面，消费者现在可以用智能手机拍摄产品以获得更多购买选择。

机器视觉作为相关学科，泛指在工业自动化领域的视觉应用。在这些应用里，计算机在高度受限的工厂环境里识别诸如生产零件一类的物体，因此相对于寻求在非受限环境里操作的计算机视觉来说目标更为简单。计算机视觉是一个正在进行中的研究，而机器视觉则是“已经解决的问题”，是系统工程方面的课题而非研究层面的课题。

2．机器学习

机器学习指的是计算机系统无须遵照显式的程序指令，而只依靠数据来提升自身性能的能力。其核心在于，机器学习是从数据中自动发现模式，模式一旦被发现便可用于预测。比如，给予机器学习系统一个关于交易时间、商家、地点、价格及交易是否正当等信用卡交易信息的数据库，系统就会学习到可用来预测信用卡欺诈的模式，随着机器学习进程的推进，可有效降低针对老年人诈骗成功率。处理的交易数据越多，预测就会越准确。

机器学习的应用范围非常广泛，尤其针对产生庞大数据的活动，机器学习具备巨大的改进提升的潜力。除了欺诈甄别之外，这些活动还包括销售预测、库存管理、社区养老以及公共卫生等。机器学习技术在其他的认知技术领域也扮演着重要角色，比如计算机视觉，它能在海量图像中通过不断训练和改进视觉模型来提高其识别对象的能力，在数字家庭中，人工智能就可通过识别老人动作来进行摔倒告警，增加老人被短时间救助的机会。

3．自然语言处理

自然语言处理技术可极大提升人机交互的智能化水平。自然语言处理是指计算机拥有的人类般的文本处理的能力。比如，从文本中提取意义，甚至从那些可读的、风格自然、语法正确的文本中自主解读出含义。一个自然语言处理系统并不了解人类处理文本的方式，但是它却可以用非常复杂与成熟的手段巧妙处理文本。例如，自动识别一份文档中所有被提及的人与地点；识别文档的核心议题；在一堆仅人类可读的合同中，将各种条款与条件提取出来并制作成表。以上这些任务通过传统的文本处理软件根本不可能完成，自然语言处理技术仅针对简单的文本匹配与模式就能进行操作。

自然语言处理像计算机视觉技术一样，将有助于实现目标的多种技术进行了融合。建立语言模型来预测语言表达的概率分布，举例来说，就是某一串给定字符或单词表达某一特定语义的最大可能性。选定的特征可以和文中的某些元素结合来识别一段文字，通过识别这些元素可以把某类文字同其他文字区别开来，比如垃圾邮件同正常邮件。以机器学习为驱动的分类方法将成为筛选的标准，用来决定一封邮件是否属于垃圾邮件。

4．机器人技术

将机器视觉、自动规划等认知技术整合至极小却高性能的传感器、制动器以及设计巧妙的硬件中，这就催生了新一代的机器人，它有能力与人类一起工作，能在各种未知环境中灵活处理不同的任务。例如，无人机、无人巡逻车可以在智慧社区应用场景中，代替人工的大量巡视和告警工作，提升了巡视效率且降低巡视成本。

5．语音识别

语音识别主要是关注自动且准确地转录人类的语音技术。该技术必须面对一些与自然语言处理类似的问题，在不同口音的处理、背景噪声、区分同音异形（异义）词方面存在一些困难，同时还需要具有能够跟上正常语速的工作速度。语音识别系统使用一些与自然语言处理系统相同的技术，再辅以其他技术，比如描述声音和其出现在特定序列与语言中概率的声学模型等。语音识别的主要应用包括医疗听写、语音书写、电脑系统声控、电话客服等。

3.6.2　人工智能核心应用

从未来生活的智能化改善、未来服务的智能化升级，到未来治理的智能化改造、未来产业的智能化驱动，都离不开人工智能技术所带来的变革。伴随5G时代的到来，智慧社区大量人机物互动的毫秒级响应及并发性接入将推动多场景融合的AI应用落地，同时利用AI算法和相关数据分析，建立社区民众生活、商家运营、物业服务的全场景连接，全面提升未来社区的便捷智能感受。人工智能技术在智慧社区中的应用见图3-7。

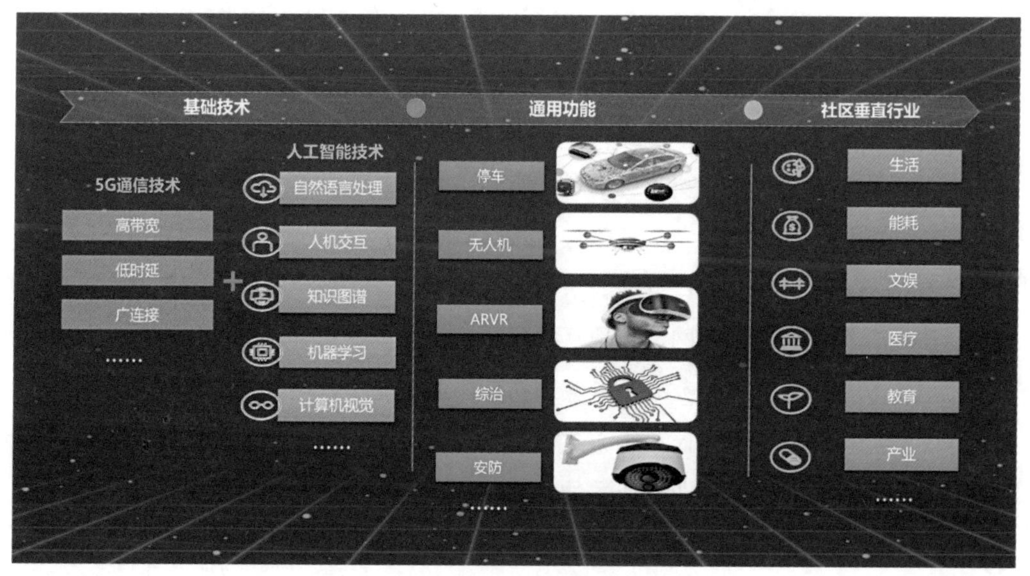

图3-7　人工智能技术在智慧社区中的应用

具体业务应用：

1．访客管理

传统的社区：随着新一代信息技术的发展，通过人脸识别、车牌识别等人工智能技术的应用，可以实现访客通过住房验证码/远程访问。例如，住户通过社区APP上的访客通行码发送验证码，访客可以通过验证码或远程视频开门。

2．智慧养老

5G时代，智能家居发展非常迅速，如智能门锁、智能电视、智能手镯、可穿戴智能设备等。比如智能手镯，可以在老人有急事时一键报警，让物业人员能够联动监控和现场图像监控，第一时间赶到现场实施救助。

智慧社区建设与物业合作是密不可分的，物业服务的实现也需要基于人工智能的智慧社区平台的支持。为大多数社区居民提供服务，提高物业管理能效，为物业公司提供智慧社区生态系统，以帮助物业高效化、信息化、智能化。

3．智能安防

在传统社区场景中，盗窃案会经常出现，从而对居民的生命和财产安全构成重大威胁。但在智慧社区和数字家庭场景中，AI视频控防设备比普通的网络视频监控设备具有更强大的视频处理和分析功能，可为用户提供更先进的视频分析处理功能，提高视频控防系统的能力和效率，降低了监控系统的成本，同时实现视频资源发挥更大的作用。AI视频控防“可以理解”的需求，是基于“看什么，看得远，看得清”的基础。只要非社区或者警报人员直接进入，数据库就会给保安、物业人员发送报警信息。后端服务器和网络摄像机等进行视频分析，并传送唯一有用的画面和报警信息到屏幕上，这样可以大大降低数据传输的量，同时也降低了后备存储器的负担。

4．安全守护

依托网格管理平台，构建智能门禁系统、车辆门禁管理系统、视频联网、人脸识别和云服务，构建社区物联网，实现互联互通、信息资源共享、标准化和统一化，并完成物联网安全社区管理服务系统的应用功能。通过这些系统的建设，住户还可以通过刷卡、二维码和应用程序遥控等方式开门，方便居民出入。利用信息技术实现视频联网，可以实现对公安、物业、业主的可视化管控。在社区和重点监控区出入口进行黑白表单识别、预警和关键报警，确保出入社区各类人员的安全、方便，保障人民群众生命和财产安全。

5．垃圾分类

社区生活中每天都会产生大量的垃圾，在智慧社区中，可利用人工智能垃圾桶，通过传感器、摄像头、AI图像识别算法等程序对垃圾进行识别、压缩，再分类放置，智能垃圾桶还能将垃圾情况上传到系统云端，从而更高效地进行垃圾处理。

6．社区管理

人工智能技术在社区的电子围栏、楼宇对讲、烟雾报警、设备异常等管理工作中也发挥了重要作用，AI一般用于对社区中异动情况的抓拍，例如监测摔倒、斗殴、破坏公物、高空坠物等行为，并马上通知管理员处理；定期检查门禁、停车场、电梯、楼栋呼叫机等高频使用的硬件设备的使用情况，记录维修情况，发现水管破裂、电路故障、排水异常等问题发出警报，可极大地提升社区管理效率，缩减隐患和告警的响应时间。

2

建设篇

第4章

智慧社区与数字家庭的规划与建设

4.1 智慧社区与数字家庭规划建设原则

4.1.1 精治善治

社区是社会治理的基本单元。社区治理事关党和国家大政方针贯彻落实，事关居民群众切身利益，事关城乡基层和谐稳定。习近平总书记指出，社会治理的重心必须落到城乡社区，社区服务和管理能力强了，社会治理的基础就实了。

伴随着我国社会的转型以及城市化步伐的不断加快，各种城市治理问题日益凸显，传统社区治理难以承担现代城市治理的重任，智慧社区成为现代社区治理的破题方式。相较于传统社区，智慧社区是社区的高级阶段，是社区治理的一种新理念，是新形势下社会管理创新的一种新模式。《中华人民共和国国民经济和社会发展第十四个五年规划和2035年远景目标纲要》提出，要推进智慧社区建设，依托社区数字化和线下社区服务机构，建设便民惠民智慧服务圈，提供线上线下融合的社区生活服务、社区治理及公共服务、智能小区等服务。如何运用新一代智能科技构建智慧社区新型治理模式，推进社区治理能力现代化，提高社区服务精准化水平，成为智慧社区建设的核心诉求之一。

考虑到社区治理已经成为智慧社区建设一个绕不开的关键发力点，新形势下推进智慧社区建设，应以“精治善治”为原则，聚焦党建引领、立足基层、科技赋能，构建高效、精准、智慧的基层治理体系，为社区居民提供精准化、精细化的管理和服务，满足人民日益增长的美好生活需要。

坚持党建引领，推动多元主体共治。社区治理的主体是多元的，包括基层政府、街道、社区党组织、社区委员会、社区工作（服务）站、业主委员会、物业服务企业、社区社会组织、驻社区党委、社区居民或业主、社区内的商户以及开发商等。在社区中，不同的主体，有着不同的作用和生态位。与之相对应，社区治理主体的利益、价值以及认知也是多元的。只有坚持党的领导，各种治理主体才能形成合力。通过党建引领智慧社区治理，发挥党总揽全局、协调各方的作用，凝聚和引导各方治理主体共同参与，建立党委领导、政府主导、社会协同、公众参与、法治保障的社会治理体制，形成多元共治的城市治理格局。

智慧赋能立足基层，实现社区治理从“精治”到“善治”的转变。基层治理是国家治理的基石，党的工作最坚实的力量支撑在基层，经济社会发展和民生最突出的矛盾和问题也在基层。一方面，智慧社区治理要聚焦群众急难愁盼问题，为社区居民提供便民、惠民举措，实现服务精准投送、治理精准落地。另一方面，智慧社区治理要瞄准并打通影响基层治理效率的痛点、堵点，助力民生政策精准直达，让基层治理的效率和精准度大幅提升，把有限的人力资源从纷繁复杂的事务性工作中解脱出来，切实减轻基层工作负担。

强化科技赋能，推动社区共同体建设。在数字化时代，数字技术不仅是劳动力和生产力，还是智治力和善治力。通过数字技术构建社区治理和服务平台，强化对技术层、业务层、应用层的顶层设计能力，加强基础设施建设，利用5G、物联网、人工智能、云计算等技术，提高系统集成、设备管理、风险监测能力。推进无线识别技术、传感器、无线网络等新技术的广泛应用，跨越数字鸿沟，实现数据互联互通和跨区域、跨层级的业务协同。建立数据分析模型，深入挖掘数据价值，达到信息资源的充分利用与最大增值，为决策智能化、服务精细化、治理精准化提供支撑，从而提升社区治理智能化、专业化水平。通过社区治理和服务平台，不仅能够疏通和拓宽社区多元主体利益诉求的表达渠道，形成多元主体间理性表达、平等协商、合作治理的共同体关系，也能够促进社区治理方式的多样化，进一步激发社区治理活力，最终建成人人有责、人人尽责、人人享有的社区治理共同体。

4.1.2　以人为本

社区是城市治理的“最后一公里”，是国家治理的最末端，也是服务群众的最前沿，它连着千家万户，关系到广大人民群众的切身利益。智慧社区是新形势下探索社区建设的一种新理念、新模式，以实现“提高政务办事效率，改善人民生活质量，打造家庭智能生活，提升社区生活品质”为目标。近年来，受益于国家政策支持和各地创新引导，国内智慧社区建设取得较为显著的成绩，也涌现出了一批智慧社区成功案例。但是市场上也存在一种现象，部分智慧社区停留在软件和硬件的简单堆砌与叠加，停留在对单品设备的噱头营销。这样的智慧社区，徒有技术的外壳，而无智慧的灵魂。

“人”是智慧社区的灵魂和核心。智慧社区建设应遵循“以人为本”的原则，以为民、便民、惠民为导向，利用先进科技和信息化手段为人民服务，满足人民群众对美好生活的向往。从人的体验、感受和行为方式出发，整合社区现有的各类服务资源，为社区群众提供政务、商务、娱乐、教育、医疗及生活互助等多种便捷服务，提升居民的获得感、幸福感和安全感。

一方面，智慧社区建设需要统筹规划社区治理和公共服务新体系，通过数字化和信息化技术实现流程优化和用户体验优化，解决城市治理与群众对高效、便捷的迫切需求的矛盾，提升城市综合治理水平和政务服务水平。比如多地推行的“一网通办”“一窗式办理”等政务服务，就是面向企业和群众的所有线上线下服务事项，做到一网受理、只跑一次、一次办成，争取“让数据多跑路，让百姓少跑腿”，为企业工作人员和办事群众带来了实实在在的便利，极大地提高了社区服务效率和质量。

另一方面，智慧社区建设要聚焦保障和改善民生，积极推动解决人民群众的基本民生问题，构建生活、工作、学习、医疗、娱乐等社区生活消费新场景，营造有情怀、有温度、有品质的居住环境和生活体验。以医疗场景为例，将家庭终端与社区卫生服务系统进行对接，社区卫生服务系统为社区居民建立家庭电子医疗档案，配备先进的医疗检测设备和专业的医护人员，随时满足社区居民的健康需求；社区居民可以在线预约挂号、健康咨询、远程医疗、查看检查检验结果等，做到“小病不出户，大病不出区”，让社区居民享受到数字化、信息化带来的便捷性、高效性。

4.1.3 绿色低碳

2020年9月，习近平总书记在第七十五届联合国大会上向世界宣布了中国2030年“碳达峰”目标与2060年“碳中和”愿景。在2021年全国两会中，“碳达峰、碳中和”被首次写入国务院政府工作报告，“做好碳达峰、碳中和工作”被列为2021年八项重点任务之一。在2021年3月15日召开的中央财经委员会第九次会议上，习近平总书记指出，实现碳达峰、碳中和是一场广泛而深刻的经济社会系统性变革，要把碳达峰、碳中和纳入生态文明建设整体布局。坚持绿色低碳发展，落实“双碳”目标，既是我国为应对全球气候变化作出积极努力和贡献的国际承诺，也是在新发展阶段、新发展格局下大力推进生态文明建设、实现经济社会可持续发展的必然选择。

智慧社区与生态环境天然具备相辅相成、互相促进的关系，二者密不可分。一方面，中国碳排放量中城市占了近80%，城市的绿色低碳转型是中国碳减排的一个主战场。而智慧社区是城市的微型单元，是智慧城市最为关键和重要的环节，在实施“双碳”目标中扮演着重要角色。同时，智慧社区离不开新一代信息技术的支撑和赋能，以大数据、人工智能、5G互联网、物联网和云计算为代表的多方面新技术有利于推动优政、惠民、兴业等多场景节能减排，为全面推进“双碳”目标的落地提供重要抓手。另一方面，生态环境的可持续性发展是衡量一个社区生活质量的决定性因素，是保证智慧社区良性可持续发展的前提。

在“双碳”背景下，智慧社区建设应遵循绿色低碳发展原则，充分运用环保生态、新材料、新能源、生物工程、绿色建筑、资源循环利用等新技术、新科技，实现生活、生产多场景节能减排，形成低消耗、少排放、能循环、可持续的绿色低碳发展方式。目前智慧社区在绿色低碳方面已形成一套较为成熟的实施路径，主要包括对社区内的能源、水资源、生态环境、固体废物、建筑、交通等方面进行有效的规划，以及对相关设备进行管理和监测，从而达到节能减排的目的。如在能源规划方面，对太阳能光伏、地热能等再生资源的应用；在水资源规划方面，对中水、雨水回收处理进行循环利用、智能灌溉节约水资源等；在生态环境规划方面，对环境噪声、空气质量、绿植覆盖率的改善和提升等；在固体废物规划方面，通过垃圾处理、垃圾分类实现废弃物再利用等。

当然，我们也要认识到，推动智慧社区绿色低碳发展不是一朝一夕的事情，而是一项长期的任务，需要调动起社会全部力量，将绿色低碳的发展思路和发展理念渗透到生活和生产等各个方面。因此，除了新材料、新技术的应用外，还应当做好政府层面的顶层设计和面向家庭、个人的宣传教育工作。

一是做好绿色低碳智慧社区建设的顶层设计，构建具有前瞻性的绿色低碳社区建设标准体系。当前，随着绿色低碳发展理念的深入人心，多地政府均将绿色低碳纳入当地社区建设规划体系内，比如，在浙江省政府发布的《浙江省未来社区建设试点工作方案》中，未来低碳场景要求建设“光伏建筑一体化+储能”的供电系统；再比如，2022年7月成都市住房和城乡建设局发布的《成都市未来公园社区建设导则（2022年版）》，以“安全、宜人、智慧、低碳、健康、共享”为目标指引，聚焦“绿色建筑、生态融合、低碳生活、海绵城市”等20项核心建设内容，其中绿色建筑的建设指标包括绿色建筑、光伏建筑、装配式建筑，低碳生活的建设指标包括新能源停车位、绿色开放空间、社区水资源利用。

二是要构建智慧社区绿色低碳生活方式宣导体系，引导社区居民转变生活消费理念，倡导绿色节能环保的生态理念、生活方式和消费模式。中央财经委员会第九次会议提出，要倡导绿色低碳生活，反对奢侈浪费，鼓励绿色出行，营造绿色低碳生活新时尚。只有每个家庭、每个人从点点滴滴的小事做起，践行绿色低碳、简约适度的生活方式，才有可能走出一条中国特色社会主义生态文明建设之路。

4.2 智慧社区技术路线

4.2.1 智慧社区总体技术框架

智慧社区总体技术框架由基础设施层、平台层、应用层、安全保障与运行维护组成。以社区居民需求为导向推动政府及社会资源整合的集成，以社区为主要服务对象，提供全面的社区信息化的解决方案，满足社区政务、社区管理、社区服务、小区服务等多种信息化需求，以“资源共享、协同服务、便民利民”为核心理念，消除社区条线分割的弊端，打造“一站式”社区管理与服务体系，满足居民多元的服务需求。为社区管理和服务提供标准化的接口，并集社区政务、公共服务、商业及生活服务等多平台于一体，实现用户一站式服务，如图4-1所示。

智慧社区基础设施层包括建筑及市政配套基础设施、信息基础设施、计算存储设施和物联感知设施。智慧社区平台层包括数据服务、数据库及应用支撑。智慧社区应用层包括社区治理、公共服务、物业管理与便民服务。安全保障在系统物理安全、网络安全、数据安全、应用安全等方面对信息和系统的安全属性、功能、效率进行保障，应满足现行国家标准《信息技术　安全技术　信息技术安全保障框架》GB/Z 29830、《信息安全技术　网络安全等级保护基本要求》GB/T 22239及《信息安全技术　政府部门信息安全管理基本要求》GB/T 29245等的相关要求。运行维护包括资产管理、日志管理、运维策略设置、设施异常监测、告警管理等内容，保障整个系统的运维稳定、持续、有效，应满足现行国家标准《信息技术服务　运行维护　第1部分：通用要求》GB/T 28827.1与《信息安全技术　信息系统安全运维管理指南》GB/T 36626等的相关要求。

4.2.1.1 基础设施层

智慧社区内的建筑自动化应符合现行国家标准《智能建筑设计标准》GB 50314的相关要求，智慧社区内的供水、排水、电力、燃气、通信、热力、环卫、停车等市政配套基础设施建设应符合国家现行的城市居住区和完整社区的基础设施建设相关标准的要求，并符合智慧社区建设的相关技术要求，综合应用各类智能化信息技术，为人们提供安全高效、便利及可持续发展的社区环境。建筑及市政配套基础设施满足但不限于如下要求：

政府
物业
居民
企业
应用层
社区治理
人口管理
车辆管理
房屋管理
单位管理
综合执法
社区矫正
群防群治
特殊人群管理
矛盾调解
消防安全隐患管理
公共设施安全隐患管理
高空抛物安全隐患管理
疫情防控及其他应急事件处理
公共服务
社区就业
社区养老
社区医疗
社区文体
政务服务
法律服务
物业管理
电梯运行
入侵报警
环境卫生
访客管理
停车库（场）
电动自行车管理
便民服务
信息发布
生活缴费
报事报修
投诉建议
邻里互动
数字家庭
平台层
应用支撑
统一门户
用户管理
资源管理
角色管理
API 管理
权限管理
数据库
人口数据库
空间数据库
建筑数据库
设备数据库
消息数据库
事项数据库
数据服务
数据汇聚
数据存储
数据检索
数据分析
数据建模
数据交换
基础设施层
通信基础设施
以太网
移动通信网
无线局域网
有线电视网
计算和存储设施
边缘计算节点
存储设施
云计算设施
物联感知设施
视频安防监控设施
出入口控制设施
火灾探测报警设施
周界防范设施
垃圾分类监测与收集设施
建筑及市政配套基础设施
建筑
给水排水
供配电
燃气
供热
道路
照明
消防
安全保障
运行维护

图4-1　总体技术框架

宜建设小区内部的电力、燃气、热力、供水、排水等管道和设施射频识别系统及保障安全的系统；为小区服务的周边道路停车设施宜与小区停车设施进行统筹管理，实现资源分时共享和智能缴费；小区地面停车设施可设置统一编号的射频地锁或感应设施，机械停车设施设置空位识别装置，实现停车位的分时共享和统筹配置空位资源功能，在小区停车管理系统中进行配置管理和智能缴费；楼宇内宜设置电力、燃气、热力、供水分户计量智能收费系统，有条件的楼宇可设置建筑能源管理系统和资源管理能效监管系统；楼宇中的公共服务设施（如电梯、电子公告屏、电力、供水、燃气、热力等）宜建立统一的信息采集或监控系统和设施，并接入社区大数据中心，有效支撑各类楼宇设施的日常安全管理和应急处理处置；实现社区移动通信Wi-Fi户内和户外环境全覆盖，应根据小区面积规模和场地特征，预留5G组网信号设施的实体空间；宜采用智能灯杆、智能井盖、智能储物柜、智能充电桩等智能化社区设备，提升社区服务居民的响应速度和针对性，提高居民生活的便利性。

1．信息基础设施

信息基础设施满足但不限于如下要求：宜覆盖光纤通信网、移动通信网、公共Wi-Fi、低功耗广域网、广播电视网、无线宽带网络等网络设备及核心机房等多种通信网络基础设施；网络带宽应支持高清视频图像数据、图片数据、结构化数据等多维数据的高并发和低延时传输；通信基础设施应明确网络架构具体组网方式，宜将光纤部署至房间，提供可持续、可升级的稳定带宽需求；通信网络设施应考虑近期和中远期使用的需要，移动通信网宜采用5G技术，社区内的视频监控、商业场所和办公场所等宜采用基于F5G的无源光局域网技术；宜采用NB-IoT物联网实现智能设备之间的连接。

2．计算存储设施

计算存储设施部署符合下列要求：应结合实际社区规模情况，灵活部署本地存储机房，与其他专业机房或社区公共设施共建；应根据多个社区共同设置边缘节点，改进网络架构；宜同步部署省/市/区云计算资源，与边缘节点接入同一架构，形成资源协同、安全策略协同、应用管理协同、业务管理协同的云边协同模式；具备计算资源的能力，可选择本地计算设施或云计算设施；数据留痕可追溯原则，存储时间宜为1个月。

边缘计算节点符合下列要求：宜具有数据资源传送处理的双向性，数据可采用云服务下行数据，也可采用智能感知设备、物联设备的上行数据；宜支持处理云计算资源下发的计算任务，也支持向云计算资源发出请求；宜集成本地存储和外扩存储功能，同时可分担计算需求，在物联网边缘节点实现数据优化、实时响应、敏捷连接、模型分析等功能；宜具备数据预测预警功能；宜具备智能分析功能；宜具备标准化接口以及兼容多种通信方式；宜根据社区实际情况，灵活增减边缘计算节点，可扩展；宜定期与云端同步；宜具备节点故障恢复能力，保障业务连续性。

本地计算存储设施，可对边缘端计算存储能力补充，同时满足云端对本地数据的调用要求，本地计算存储设施符合下列要求：本地计算存储设施建设应根据需求和规模，选择与弱电机房合建或单独建立机房模式；本地计算存储设施宜用于社区或街镇级别数据存储和计算，包括视频数据、音频数据、图片数据、文本数据，以及结构化数据等，应满足相应的周期存储要求；应具备故障恢复能力，保障业务连续性。

云计算设施承载海量数据信息的汇聚计算，可完成边缘计算节点及本地计算存储设施无法处理的数据计算任务。云计算设施应设置在省/市/区一级。符合下列要求：应包括计算设施、存储设施和网络设施；应提供实时交互与协作能力、提供配置和使用计算资源能力及提供传输连接和网络能力等；应具备高可靠、高可用的分布式文件系统；应具备支持容灾、备份、恢复、监控、迁移等功能的高可靠性、高性能云数据库；应支持根据实际业务需求和策略，经济地自动调整弹性计算资源；应支持服务负载均衡能力；应支持专有网络配置；应支持海量日志数据采集、订阅与查询功能；应支持业务实时监控能力。

3．物联感知设施

视频安防监控设施应符合国家现行标准《安全防范视频监控摄像机通用技术要求》GA/T 1127、《公共安全视频监控联网系统信息传输、交换、控制技术要求》GB/T 28181相关规定，并符合以下要求：监控范围应覆盖小区出入口、楼栋单元门出入口、停车库（场）出入口、小区主干道、消防通道、小区重点公共区域等关键位置；宜支持人群聚集报警、移动侦测报警、周界入侵报警、遮挡报警等视频智能分析功能；录像存储周期应不小于30天；应建设小区视频监控中心，监控中心具备实时视频浏览、录像下载回放等基础视频监控功能。

出入口控制设施建设应符合现行国家标准《出入口控制系统工程设计规范》GB 50396相关规定，并符合下列要求：出入口控制设施应包括人员出入口控制设施、建筑物出入口控制设施和车辆出入口控制设施；人员出入口控制设施应对人员通行进行授权认证，包括但不限于IC卡授权认证、APP授权认证、密码授权认证等方式；建筑物出入口控制设施应具备语音呼叫对讲功能；车辆出入口控制设施应对机动车通行进行授权认证，包括但不限于车牌识别授权认证方式；当发生消防等紧急事件时，出入口控制系统应自动开启通行功能。

火灾探测报警设施建设应符合现行国家标准《建筑设计防火规范》GB 50016、《火灾自动报警系统设计规范》GB 50116的有关规定，并符合以下要求：社区应按照要求配建消防控制室（中心）；消防控制室（中心）应有相应的竣工图纸、各分系统控制逻辑关系说明、系统操作规程、应急预案、值班制度、维护保养制度及值班记录的文件资料；消防控制室（中心）应能与城市消防管理系统联网并及时报警；火灾自动报警系统能与视频安防监控系统联动，火灾时能自动打开疏散通道上的门禁系统并可调用火灾现场及消防通道的图像，与消防控制室（中心）统一协调指挥。

周界防范设施建设应符合现行国家标准《入侵报警系统工程设计规范》GB 50394的有关规定，并符合下列要求：周界宜包括建筑物、建筑群外围周界、建筑物周边外墙、建筑物顶层等，前端报警设备安装应无盲区、无死角；应根据社区的防护需求、环境条件、功能要求、安全管理要求和建设投资等因素，确定系统的规模、系统模式及应采取的综合防护措施；周界入侵探测器宜配合视频安防监控系统设置监控摄像机；应与视频安防监控系统、出入口控制系统等联动。

垃圾分类监测与收集设施建设符合以下要求：宜通过物联网、大数据和人工智能技术对垃圾实现分类智能识别、重量或者容积自动计量，根据识别分类实现自动开箱、收储、关闭，实现分类收集；应通过物联网、人工智能技术对垃圾箱工作状态进行监测和判别，对垃圾箱正常工作、满载、泄漏、工作故障或被移动等情况进行监测，并应对上述情况有指示和警示；垃圾分类箱选型宜选取智能垃圾分类箱，并应符合相关标准要求；应在来自楼宇的生活垃圾分类基础上，实现社区内的垃圾分类输运，分类输运设施宜满足相关智能化技术要求；建设有真空入户收集生活垃圾的社区，宜开展智慧计量与分类收集管理。

4.2.1.2 平台层

1．数据服务

数据汇聚符合以下要求：应具备视频数据、音频数据、图片数据、建筑物BIM模型数据等非结构化数据，以及结构化数据的接入能力；应具备提供标准化API接口或按第三方非标准协议进行数据接入的能力；应具备设备接入、系统接入及数据文件导入等多种数据接入方式；应具备支持海量多源异构异网数据的接入能力。

数据存储符合以下要求：应支持对视频数据、音频数据和图片数据等非结构化数据及结构化数据存储能力；宜支持分布式关系型数据库、分布式列式数据库、分布式图数据库、分布式文件系统等多种数据存储方式；宜采用国家密码管理局鉴定的密码算法，采用多重密钥保护机制对数据存储加密保护；平台业务数据存储容量和性能应可靠，且支持水平扩展，应支持数据冗余多节点可靠存储，支持单节点故障业务不中断；应提供数据的容错和高可用机制，包括数据的备份和快速恢复；应支持设置数据存储策略，并自动执行存储策略；宜优化数据组织方式，按照用途、用户、权限等维度对数据封装打包，进行分布式文件存储。

数据检索符合以下要求：宜支持对结构化数据和非结构化数据的精确检索及模糊检索；宜支持全文检索功能；宜支持布尔逻辑运算、截词检索等检索技术；应支持千万级数据的秒级检索能力；应支持多用户并发检索能力。

数据分析符合以下要求：宜支持对视频数据及图片数据等非结构化数据智能分析处理能力，包括视频结构化处理，图片特征提取等；宜支持对结构化数据及非结构化图片数据比对分析能力；应支持对数据统计分析功能，支持从多个维度对数据统计分析；应支持对空间地理信息数据的统计分析功能，支持从区域、时间等多个维度的分析；应支持对多维数据关联分析能力，包括数据相关性分析和因果分析等；应支持数据实时分析和离线分析等分析模式；应支持数据批处理、流处理、图计算、内存计算等大数据处理框架；宜支持多层次的数据分析能力，包括描述性分析、预测性分析、因果性分析等能力。

数据建模符合以下要求：宜利用数据挖掘技术，基于社区场景下的业务，建立常用的数据算法模型库；宜提供数据建模可视化的工具，实现对数据建模的可视化编排。

数据共享交换符合以下要求：应符合现行国家标准《信息技术　大数据　政务数据开放共享》GB/T 38664及相关地方标准的要求，应定义统一的数据共享交换接口；应设定注册认证与鉴权机制；应支持接口访问负载均衡、流量控制等机制；应提供对外共享交换的数据目录管理功能；应支持对数据共享交换API接口的异常状态监测；应支持在多用户并发调用场景下，保持接口稳定性和可用性；应遵循国家关于数据保护和个人隐私的法律法规以及信息安全规章制度；宜在安全可信环境下进行数据交换共享。

2．数据库

人口数据库符合以下要求：人口数据应包括常住人口信息、暂住人口信息、流动人口信息及重点人口信息等；人口信息应包括人员身份信息、居住地址、户籍地址及登记照片等基本信息以及动态标签等信息项；应标识入库时间和数据来源信息；应定期或实时对数据更新。

空间数据库应符合现行国家标准《城市地理信息系统设计规范》GB/T 18578及《基础地理信息城市数据库建设规范》GB/T 21740的规定。

建筑数据库符合以下要求：建筑信息数据应包括建筑基本信息及建筑标准地址信息；建筑基本信息应包括建筑编号、建筑名称、平面位置、建造年代、建筑状态、使用年限、主要用途、结构类型、建筑层数、建筑高度、总建筑面积等信息项；建筑标准地址信息应包括门牌号信息、地理坐标信息、所属区县信息、所属公安机构信息、所属街镇信息、所属社区信息、门牌号信息等信息项；应标识数据入库时间和数据来源；应定期对数据更新。

设备数据库符合以下要求：设备信息数据应包括设施基本信息及扩展信息；基本信息应包括编号、名称、类别、厂家、安装位置、安装时间等信息项；扩展信息应包括地理坐标、所属单位、维护责任人等信息项；应标识数据入库时间和数据来源；应定期或实时对数据更新。

消息数据库符合以下要求：应支持通过多种采集方式，获取相关信息；应包括社区就业服务信息数据、社区养老信息数据、社区医疗信息数据、政务服务信息数据、生活缴费信息数据、综合执法信息数据、环境卫生信息数据、物业管理信息数据、社区医疗信息数据、社区警务信息数据、社区商业信息数据、社区文化体育信息数据等；应标识数据入库时间和数据来源；应定期或实时对数据更新。

事项数据库符合以下要求：应包括市民热线上报、网格员巡查上报、智能设备及数据智能研判等多种途径采集的社区事件信息等；应包括事件基本信息和事件处置全流程信息；事件基本信息应包括事件编号、事件名称、事件类型、事件描述等属性；事件全流程信息应包括各环节的处置单位、处置人、处置时间、反馈内容等信息项；应标识数据入库时间和数据来源；应定期或实时对数据更新。

3．应用支撑

统一门户管理符合以下要求：兼容通用市场主流浏览器；支持统一鉴权。

用户管理符合以下要求：应支持对系统用户增删改查操作；新增用户信息应包括用户账号、登录密码、用户姓名、电话号码、有效期、超时时间、最大登录次数、用户角色等信息项；应支持按用户账号、用户姓名等条件检索用户信息；应支持对用户信息修改、删除；应支持对用户登录密码重置。

资源管理符合以下要求：应包括数据资源管理和设备资源管理；应支持对资源的增删改查操作；应支持提供数据Excel模板下载、Excel导入功能。

角色管理符合以下要求：应支持系统管理员用户角色的自定义管理，支持角色信息的增删改查操作；应支持系统管理员用户自由添加角色名称、角色描述等信息。

API管理符合以下要求：应支持对API增删改查管理；应支持对API分组管理；应

支持对API授权管理；应支持对API调用情况统计；应支持对API访问流量控制；应支持对API访问黑名单IP管理。

权限管理符合以下要求：应支持对不同角色分配不同的功能权限；应支持对不同角色分配不同的数据资源权限；应支持对不同角色分配不同的表单与API操作权限。

4.2.1.3 应用层

1．社区治理

人口管理应用符合以下功能要求：应支持建立人口信息实时档案，做到一人一档；应支持建立常住人口、暂住人口、流动人口、重点人口的分类分级管理；应支持建立人与网格、人与房屋、人与企业、人与组织、人与车辆的信息关联；应支持对社区人口的身份信息、人口居住地址信息、人脸照片信息进行采集和审核；宜支持对社区人口异常行为的智能分析预警，包括但不限于人口久出未归、人口久居未出、实有人口未登记、实有人口离开未注销、重点人口聚集等；宜支持对社区人口进出小区记录进行检索和统计分析；宜支持基于BIM或GIS地图对社区居住人口轨迹进行标绘、查询和回放。

车辆管理应用符合以下功能要求：应支持建立车辆信息实时档案，做到一车一档；应支持对重点车辆进行布控管理，支持实时布控、告警推送及告警查询统计功能；应支持对车辆通行记录进行检索和统计分析；宜支持对行为异常车辆的智能分析预警，包括套牌车、昼伏夜出车、“僵尸车”、频繁出入车等；宜支持基于GIS地图对车辆轨迹进行标绘、查询和回放。

房屋管理应用符合以下功能要求：应支持建立房屋信息档案，做到一房一档；应支持对房屋进行标准地址编码，并建立房屋与网格的信息关联；应支持对出租房进行管理，包括房东登记、租客登记、文明评级等；应支持建立房屋与入住人员的信息关联，并支持可追溯；宜支持基于BIM或GIS地图查看楼栋房屋和居住人员信息；宜支持对房屋登记入住人员进行实时在房状态研判；宜支持基于房屋用水、用电、用气、门禁刷卡等数据对房屋异常状态分析预警；宜支持对房屋消防安全进行监测预警。

单位管理应用符合以下功能要求：应支持建立单位的信息档案，做到一企一档；应支持对单位信息进行基本统计分析；应支持建立单位与网格的信息关联；宜支持对单位的大规模人员流动进行预警；宜支持基于单位的用水、用电等数据对单位的经营状况进行分析预警；宜支持对单位的各类隐患进行分析预警。

综合执法应用符合以下功能要求：应支持建立个体经营户的信息档案，包括个体商铺、小餐饮店等；社区对个体经营户进行卫生健康检查、消防检查时，宜支持拍照、摄像、录音、GPS和现场文书打印，宜支持信息自动上报、整改跟踪和考核评价；宜支持社区使用视频分析对占道经营、非法聚集、乱摆乱卖者等进行事件发现、上报和处置；宜支持社区对黄、赌、毒违法事件的发现和处理结果的跟踪；宜支持社区对发现事件进行处理或分拨给对应的处理部门，并支持对事件进行汇总、统计和处理状态查询。

社区矫正应用符合以下功能要求：应支持对社区矫正人员进行信息化管理，建档立卡；宜支持对社区矫正人员的活动轨迹的标绘、查询和回放；宜支持通过电子围栏、视频点名对社区矫正对象进行监控，对矫正对象的异常行为及时发现和预警；宜支持社区对矫正对象进行考核评价；宜支持基于BIM或GIS地图查看楼栋房屋和矫正对象信息。

群防群治应用符合以下功能要求：应支持对群防群治力量进行管理和基本的统计分析；宜支持对群防群治力量的个人成员进行行为跟踪和评价；应支持社区及时向社区居民发布治安防范预警信息和消息推送；宜支持警民互动，支持警情发布、社区居民自主上报和社情共享；宜支持基于BIM或GIS地图查看群防群治力量信息。

特殊人群管理应用符合以下功能要求：应支持对刑满释放人员、吸毒人员、精神病人、问题青少年和其他特殊人群进行信息化管理，建档立卡；应支持向特殊人群实时推送相关国家政策和方针信息；宜支持多渠道收集特殊人群的行为异常信息、活动轨迹，并能及时核对和上报；宜支持社区对精神病人建立健康档案，提供定期随访，并将随访结果进行登记和上报。

矛盾调解应用符合以下功能要求：应支持对社区调解员信息和调解记录进行管理；应支持对矛盾纠纷进行查询、分类分级和统计分析；应支持建立调解登记电子文书的查看、上传和状态跟踪；应支持对不属于社区调解范畴或调解不成功的纠纷，转派给相关部门或责任人进行跟踪处理。

消防安全隐患管理应用符合以下功能要求：应支持通过智能设备监测等方式，对小区火灾、防火门打开、消火栓异常、消防通道堵塞、电瓶车进楼充电、电气设施异常等消防安全隐患进行采集和上报；宜支持基于BIM或GIS地图对消防安全智能监测设备实时在线定位；宜支持对消防安全隐患事件基于BIM或GIS地图实时展示，并查看事件详情和处理进度；宜支持对消防安全隐患事件及时启动相关处置流程，并推送给相关处置人员；应支持对消防安全隐患事件的追溯检索和统计分析。

公共设施安全隐患管理应用符合以下功能要求：应支持对公共设施的智能监测设备进行统一管理；应支持通过智能设备监测等方式，对社区窨井盖、照明路灯、电梯等公共设施安全隐患事件进行采集和上报；宜支持基于BIM或GIS地图对公共安全智能监测设备实时在线定位；宜支持基于BIM或GIS地图对公共安全隐患事件实时展示，并查看事件详情；宜支持公共安全隐患的告警联动，能及时启动相关处置流程，并推送给相关处置人员；应支持对公共设施安全隐患事件的追溯检索和统计分析。

高空抛物安全隐患管理应用符合以下功能要求：应支持对高空抛物的智能监测设备进行统一管理；应支持通过智能设备监测等方式，对高空抛物行为事件进行识别并上报；应支持基于BIM或GIS地图，定位高空抛物事件发生位置，并查看事件录像；应支持高空抛物发生后的告警联动，能及时启动相关处置流程，并推送给相关处置人员；应支持高空抛物事件的追溯检索和统计分析。

疫情防控及其他应急事件处理应用符合以下功能要求：应具备通过非接触感知设备、人工填报、与专门管理机构平台对接等方式收集必要的疫情或应急事件相关情况的能力；应具备疫情或事件动态公布的能力，包括但不限于防控或事件处理等级及措施公告、面向公众及管理者的疫情或事件详情查询等；应具备针对疫情或事件防控通行管理能力，包括申请、分类管理、标识互认等；应具备个人及家庭申报处理能力，包括个人主动申报、隔离等特殊管控人群动态自动收集、居民服务请求应急处理等；应具备社区防疫或事件信息上报能力，包括人员及车辆出入情况，公开监督信息上报等；宜具备综合指挥能力，包括数据统计、多终端显示、综合信息查询、任务分派及统一管理等。

2．公共服务

社区就业应用符合以下功能要求：应支持建立社区待业人员基本信息档案和就业需求档案，提供线上就业政策查询、劳动法规咨询和就业培训课程；应支持建立社区就业信息发布，向社区待业人员提供就业信息。

社区养老应用符合以下功能要求：应支持建立老龄人员基本信息档案和健康档案；宜支持社区对特殊老龄人员状态进行实时监测，对老人的异常状态及时预警；宜支持向社区老龄人员提供点餐及配送服务。

社区医疗应用符合以下功能要求：宜支持社区建立慢性病居民的电子健康档案；宜支持社区建立在线医疗咨询及求助、远程问诊、自助健康检查等服务。

社区文体应用符合以下功能要求：应支持社区对辖区内文化体育场馆、图书馆、娱乐馆建立基本信息档案；应支持社区对辖区内的文体活动进行审批登记、现场监管、社区宣传和效果评价；宜支持社区居民对社区内的各种文体活动进行网上查询、在线订票和参与报名；宜支持社区建立一公里文化圈，并支持信息查询和定位。

政务服务应用符合以下功能要求：宜支持社区居民在线上进行各种行政申请的提

交和进度查询，支持通过快递邮寄相关审批件；需要社区居民现场办理的行政审批事项，支持网上预约和就近办理，对于需要多部门联动的行政事项，需要支持数据网上流转，让民众一次性办理；宜建设社区小站自助服务点，包括但不限于身份证/居住证办理、港澳通行证办理、驾驶证换领、银行卡办理等；宜通过线上线下向居民生活中的行政事项办理提供政策宣告、流程说明和操作指引。

法律服务应用符合以下功能要求：宜支持社区通过信息化创新，向社区居民提供普法宣传，根据社区居民需求，精准推送普法知识；宜支持社区建立法律援助通道，提供援助律师与社区居民的网上咨询、答疑互动、法律课堂、法律调解和法律公证服务。

3．物业管理

电梯运行应用符合以下功能要求：宜支持通过物联网技术对电梯运行故障状态智能监测，并产生告警；应支持基于电子地图对电梯运行告警信息进行管理；宜支持对告警进行接收、处置、结束等全流程闭环管理；宜支持告警与视频、声光联动；应支持对电梯运行告警信息进行回溯检索。

入侵报警应用符合以下功能要求：应支持通过物联网技术对入侵行为进行智能监测，并产生报警；应支持基于电子地图对入侵报警信息进行管理；宜支持对告警进行接收、处置、结束等全流程闭环管理；宜支持告警与视频、声光联动；应支持对入侵报警信息进行回溯检索；其他功能应符合现行国家标准《脉冲电子围栏及其安装和安全运行》GB/T 7946、《住宅小区安全防范系统通用技术要求》GB/T 21741的相关规定。

环境卫生管理应用符合以下功能要求：宜支持对社区内重点部位的空气质量、温湿度、污染物、水体等环境要素进行监测；宜支持通过PC端或移动端应用发布社区环境监测数据；宜支持对环境参数设置阈值，当监测指标超出阈值，系统产生告警，并推送给相关物业管理人员；宜支持对社区垃圾进行分类引导，对垃圾乱扔、不按规定投放等行为进行实时监测、报警提示；宜支持对社区垃圾量和排污情况进行动态监控，设备满溢报警，并将数据推送给相关工作人员，提醒工作人员进行满溢清理、现场巡检等处理。

访客管理应用符合以下功能要求：应支持对访客的个人信息、来访时间、拜访对象等信息进行预约登记，并进行审核；应支持对访客进行出入口通行授权认证，审核通过的访客自动放行；应支持对访客预约记录、通行记录进行回溯检索。

停车库（场）应用符合以下功能要求：应支持对机动车信息及车主信息进行录入登记，并支持设置通行有效期；应支持车牌比对授权认证功能，对录入登记且在通行有效期内的机动车进行自动授权通行；机动车通行记录数据存储周期不应小于180天；

应支持对机动车通行记录进行回溯检索；其他功能应符合国家现行标准《机动车号牌图像自动识别技术规范》GA/T 833、《机动车号牌自动识别系统》GB/T 28649、《道路车辆智能监测记录系统通用技术条件》GA/T 497、《住宅小区安全防范系统通用技术要求》GB/T 21741的相关规定。

电动自行车管理应用符合以下功能要求：宜支持对电动自行车乱停放、进楼道等行为进行智能识别，并产生告警；宜支持基于电子地图对电动自行车乱停放告警信息进行管理；宜支持对告警进行在线接收、处置反馈、结束等全流程闭环管理；宜支持对告警信息进行回溯检索；宜规划电动自行车集中充电或布设充换电设施的预留场地或空间；应预设电动自行车充换电设施电力输入接口，充换电设施满足输入电压额定值220V ± 20%，输入额定功率50Hz ± 2%；电动自行车充换电设施的指令控制、数据传输、充电服务认证、充电设施联网应使用符合国家密码管理局鉴定的密码算法，采用多重密钥保护机制进行加密保护；电动自行车充换电设施设备应符合现行国家标准《音视频、信息技术和通信技术设备　第1部分：安全要求》GB 4943.1的相关规定。

4．便民服务

信息发布服务应用符合以下功能要求：宜支持推送各类政务服务信息、政务公开信息、政策法规信息、监督机制信息等；宜支持推送各类服务信息，包括智慧家庭、报事报修、便民商业等信息；宜支持发布社区内各种便民信息、社会招商广告信息、应急信息等；宜支持发布监督公开类信息，如服务类机构评价信息等；宜支持对街道、居委会、社区、物业的通知公告、社区动态信息、邻里互动等信息进行及时发布，并为社区居民提供在线查询社区信息的服务。

生活缴费服务应用符合以下功能要求：宜支持社区居民在线进行物业费、停车费等费用的缴费；宜支持社区居民在线查询缴费记录，并打印电子收据。

报事报修服务应用符合以下功能要求：宜支持社区居民在线上报社区事件，上报公共设施和物业设备维修；宜支持社区居民在线选择设施维修的商业服务；宜支持社区居民查询报事报修事项的记录和处置情况；宜支持物业管理员处理上报的社区事件和报修事项，并反馈事件和维修事项进展状态。

投诉建议服务应用符合以下功能要求：宜支持社区居民在线实时反馈对社区管理方面的投诉与建议；宜支持社区居民线上查看上报的投诉与建议记录及反馈情况；宜支持物业管理员处理社区居民的投诉与建议，并反馈社区居民。

邻里互动服务应用符合以下功能要求：宜支持以社区生活场景为中心，构建居民与居民、居民与商家之间的连接关系，实现物品交换、回收利用等服务；宜提供线下分时共享邻里活动空间，满足社区午托、老年人活动、年轻人阅读空间等多种需求；宜支持定期开展社区互通有无类型的活动，搭建平台促进更多的社区居民参与；宜支持对弱势群体关爱提醒、紧急救助、异常提醒等特殊关注服务。

数字家庭服务应用符合以下功能要求：宜支持智能家居网关、智能家居设备联动，实现智能照明、智能安防、智能环境条件、智能影音娱乐、智能厨卫等家居生活智能化场景体验；宜支持社区家庭联动，对家中各种场景模式的实时在线监控、远程监控，以及非法闯入等危情报警，报警推送等功能，实现智能家居系统、智慧建筑系统、社区服务系统互联互通等；宜采用开放的设备及服务互联接口，通过行业设备互联平台及智慧社区公共服务平台，实现跨厂商的设备及服务互联；其他功能宜符合国家现行标准《居家安防智能管理系统技术要求》GB/T 37845、《信息技术　智能语音交互系统　第2部分：智能家居设计　第1部分：通用要求》GB/T 36464.2、《物联网智能家居　设备描述方法》GB/T 35134、《智能家居自动控制设备通用技术要求》GB/T 35136及《智能家居系统》DL/T 1398等相关规定。

4.2.1.4　安全保障

智慧社区系统物理安全应符合现行国家标准《信息安全技术　网络安全等级保护基本要求》GB/T 22239的规定，并符合以下要求：计算机、操作系统、办公软件等系统设施，应符合现行国家标准《信息安全技术　办公信息系统安全基本技术要求》GB/T 37095的规定；物联网感知层网关，宜符合现行国家标准《信息安全技术　物联网感知层网关安全技术要求》GB/T 37024的规定；密码设备应采用国家密码管理局行政批准的品种和型号；其他设备应确保供应链安全。

智慧社区系统网络安全要求应符合现行国家标准《信息安全技术　网络安全等级保护基本要求》GB/T 22239的规定，视频监控部分应符合现行国家标准《公共安全视频监控联网系统信息传输、交换、控制技术要求》GB/T 28181的规定，并符合以下要求：非涉密信息系统网络及其他公共信息网络应实行逻辑隔离，对涉密信息系统与网络及其他公共信息网络实行物理隔离；涉及政府部门的网络边界防护应符合现行国家标准《信息安全技术　政府部门信息安全管理基本要求》GB/T 29245的规定，应对网络设备和安全事件监测、监控及审计；涉及网络安全中使用的商用密码技术，应符合现行国家标准《信息安全技术　信息系统密码应用基本要求》GB/T 39786的规定；与其他政府部门或公共信息网络联网时，应防范外界对社区局域网络及数据资源的非法访问及攻击；智慧社区应采用统一出口提供与政府部门或其他公共网络的对外联网，应采用安全联网设备防范外界对社区内部局域网的非法访问或攻击。安全联网设备与接口协议，应符合国家现行标准《住宅小区安全防范系统通用技术要求》GB/T 21741、《公共安全社会视频资源安全联网设备技术要求》GA/T 1781、《公安视频图像信息应用系统　第4部分：接口协议要求》GA/T 1400.4的相关技术要求；智慧社区对外提供视频、图像及结构化数据的共享或上传服务，应采用安全联网设备所携带的数字证书对数据进行加密传输，密码算法应采用符合国家密码管理局认证通过的国产算法。

智慧社区系统的数据安全应遵守国家相关法律、法规，并符合以下要求：应明确数据资产所有者以及最终责任人，经数据所有者授权，指定负责数据授权管理的责任人，实现数据安全防护责任追溯；应制定数据分类分级规则、数据安全管理策略和隐私保护策略，根据数据分类和管理策略对存储数据及应用实行分级保护；宜支持多种数据容灾备份方式，关键数据存储采用高安全性的数据备份保护机制；应确保社区业务数据处理与存储设备位于中国境内；应在跨部门、跨行业、跨系统数据交互时，防止高等级安全的数据信息向低等级的区域流动；涉及涉密数据的采集存储和应用管理，应遵守国家相关保密的法律、法规和技术规范标准；智慧社区内不同平台之间数据传输，宜采用数字证书对上传的所有数据进行签名与加密；智慧社区内设备与平台之间数据传输，宜采用数字证书对上传的所有数据进行签名与加密；智慧社区建设密钥管理服务，其服务宜实现数字证书的申请、注册、获取、更新或销毁。

智慧社区应用系统应符合现行国家标准《信息安全技术　网络安全等级保护基本要求》GB/T 22239的规定，智慧社区Web应用、物联网终端应用符合以下要求：智慧社区系统平台Web应用可参照现行国家标准《信息安全技术　Web应用安全检测系统安全技术要求和测试评价方法》GB/T 37931执行，宜符合增强级要求；物联网终端应用应符合现行国家标准《信息安全技术　物联网感知终端应用安全技术要求》GB/T 36951的规定。

4.2.1.5　运行维护

资产管理应符合现行国家标准《信息安全技术　信息系统安全运维管理指南》GB/T 36626的规定，并符合以下要求：系统资产应建立统一标识；系统资产应明确所有权、使用权、运维权；系统资产应建立管理台账，覆盖设备使用的全生命周期；系统资产台账应具有明确的资产状态标记；针对重点资产可实现老化诊断、维保提示和故障预警。

日志管理应符合现行国家标准《信息安全技术　信息系统安全运维管理指南》GB/T 36626的规定，并符合以下要求：系统应建立完备的运维日志体系；运维日志应包括操作时间、操作者、操作类型等信息；运维日志应根据用户设置审计策略；运维日志应包括主机系统日志、应用日志、数据库日志和平台日志。

智慧社区应建立完善的运维策略体系，并符合以下要求：系统应建立完整、统一的运维策略体系，并符合现行国家标准《信息技术服务　运行维护　第1部分：通用要求》GB/T 28827.1和《信息安全技术　信息系统安全运维管理指南》GB/T 36626的规定；系统应建立统一的运维策略标识；系统的运维策略应涵盖主机、接口、资产、日志、备份、组织要求、安全策略等要求。

风险评估过程符合以下要求：策划建立信息安全管理体系：宜构建信息安全管理系统，包括建立安全管理组织、落实信息安全负责人、制定总体安全策略，并且根据当前的信息安全问题，提出安全解决方案；实施和运行信息安全管理体系：宜根据当前信息安全问题的安全解决方案进行实施，妥善处理信息安全问题；检查监视和评审信息安全管理体系：宜通过专业的安全评估来检查信息安全问题是否得到了有效管理；保持和改进信息安全管理体系：宜根据安全事件处理经验教训和安全风险评估的结果，对信息安全管理策略进行修改，对信息安全管理范围进行调整。

智慧社区运维体系支持常规运维要求，同时可建立智能运维功能，智能运维功能符合以下要求：智能运维体系可与智慧社区基础设施建立多样数据采集源，用于采集智慧社区基础设施实时数据和历史数据；智能运维体系可建立大数据基础平台，用于存储、处理采集的历史和实时数据；智能运维体系可建立数据计算和分析模型，用于对运维数据进行清洗、去噪等数据处理；智能运维体系可建立基于各类数据模型的算法模块，用于面向各类主题的数据计算，算法可支持机器学习；智能运维体系可建立多维度体系化的可视化界面；智能运维体系可建立自动化响应控制机制，通过策略联动实现系统受到外部攻击时，能够及时阻断外部攻击。

4.2.2　智慧社区系统组成

智慧社区系统具备高度开放的架构，与子系统连接采用标准的接口和国际通用的通信协议。具备与各级城市管理部门平台接入的能力，结合目前城市精细化管理的实际需求，社区需与城市综合管理、城市体检等业务平台进行对接关联；具有整合物业、商业、便民服务的能力，具有集成社区内各智能化应用子系统，实现集中、高效的管理与资源共享，提高社区综合服务能力，实现多平台间数据共享、互联互通。

智慧社区系统的建设考虑互联要求，平台的数据、功能根据社区业务属性抽象形成高内聚低耦合的组件，使其具备良好的复用性，并使用软件开发技术将组件封装成符合标准的接口。

4.3　数字家庭技术路线

4.3.1　数字家庭总体技术框架

数字家庭总体技术框架整体遵从分层设计，由下往上分为智能设备层、平台层和应用层三个相对独立却又紧密连接的部分。在不同应用场景中，可以根据实际需求对部分平台进行调整。总体技术框架如图4-2所示。

智能设备层包括各种智能硬件及网络基础设施，分为家庭和社区两个部分。家庭智能硬件包括各种智能设备终端，如智能门锁、智能照明、智能电视等；社区智能硬件包括智能门禁、智能路灯、智能监控等，社区硬件部分与社区管理系统相连接。同时设备层的所有设备都需要取得加密系统平台的证书认证，以确保设备和整体系统的安全性。

平台层是建立在基础层之上的中间层，连接应用层承上启下，包括设备互联互通平台和服务开放平台。设备互联互通平台与不同设备厂家的云平台进行对接，间接与设备层的不同家庭硬件设备进行连接。服务开放平台与不同地方政务平台、第三方社

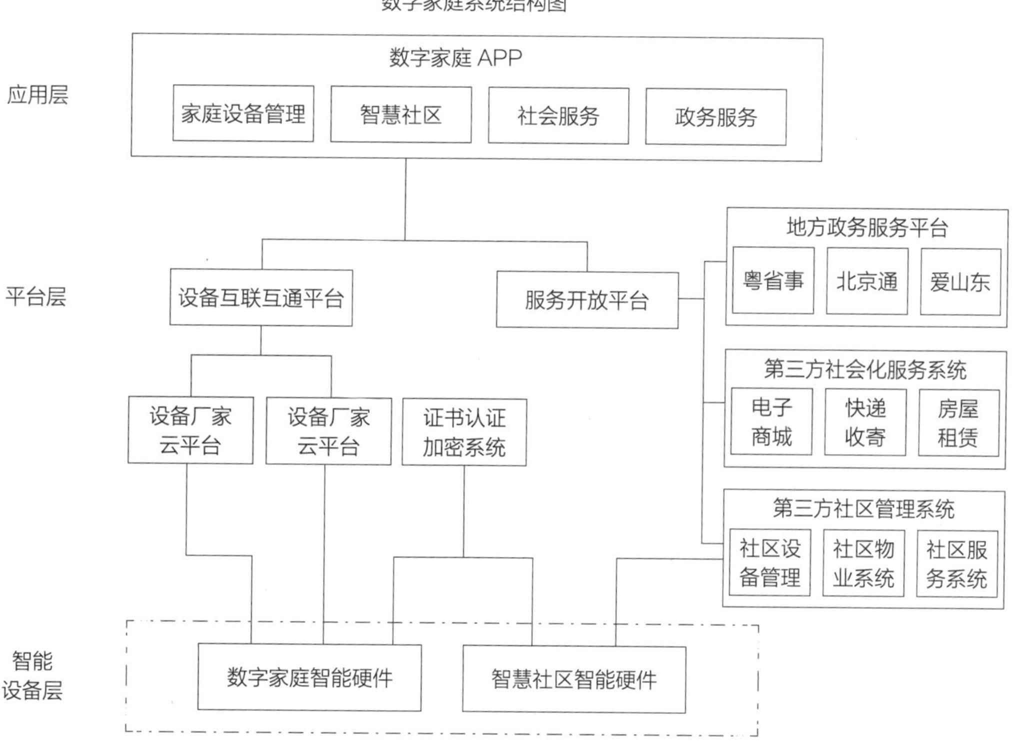

图4-2　数字家庭总体技术框架

会化服务系统、社区管理系统进行对接，使各种服务可以通过平台进入数字家庭。

应用层与平台层进行对接，包含所有应用，处于技术框架的最上层，能够实现特定的业务功能，为用户提供高效一致的服务体验。应用层主要通过数字家庭应用软件与用户实现交互，其提供的服务主要分为家庭设备管理、智慧社区、社会服务和政务服务四大部分。家庭设备管理功能可以使用户利用数字家庭软件对数字家庭内的智能设备进行控制管理；智慧社区可以使用户通过软件应用获得家庭所在社区所提供的相关服务；社会服务可以使用户获得电子商务、快递收寄、房屋租赁等第三方商业公司提供的便利服务；政务服务使用户可以获得当地政务平台所提供的便利政务服务。

4.3.2 数字家庭系统组成

4.3.2.1 综合信息箱

数字家庭系统的组成以家庭信息箱为核心，通过综合信息箱对接数字家庭服务平台并和家庭内的各种智能家居设备进行连接，用户通过数字家庭APP等控制终端与综合信息箱进行连接，可以实现用户的主动交互，如图4-3所示。

综合信息箱内部连接家庭空间内的物联网设备，外部连接社区和智慧城市服务平台，保证住建国密应用下沉到终端设备，并实现家庭网络/设备互联互通。综合信息

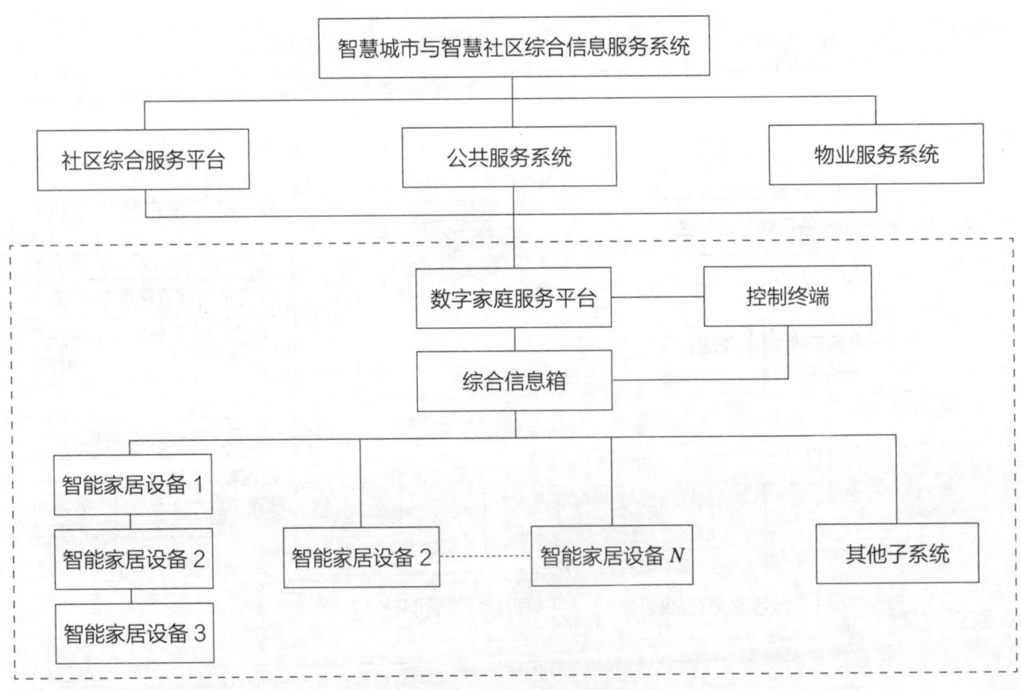

图4-3 数字家庭系统架构

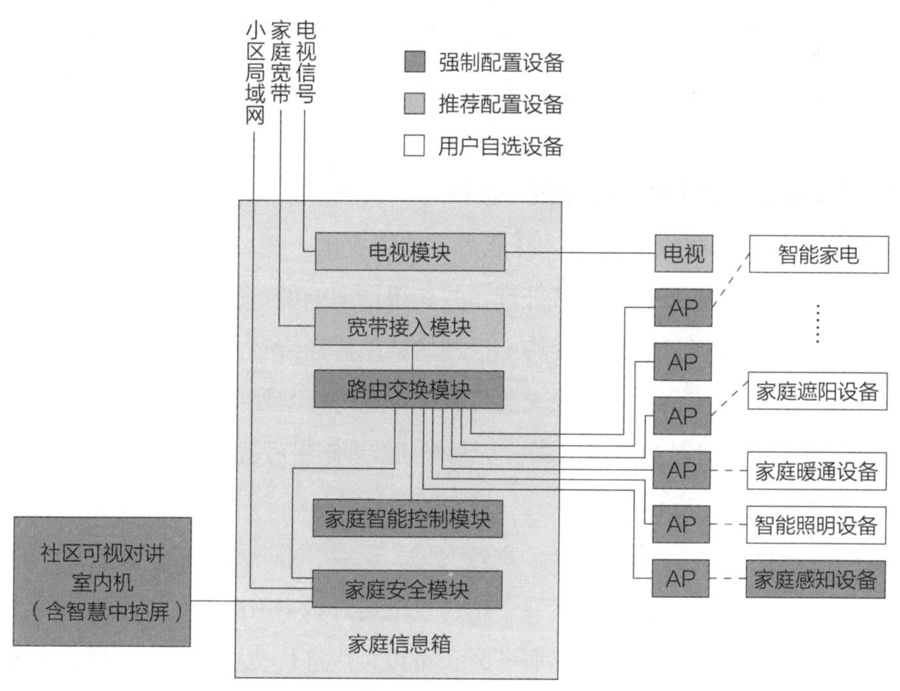

图4-4　家庭综合信息箱及参考配置

箱采用标准尺寸和模块化设计。综合信息箱的模块可以根据用户的实际需求进行选配，信息箱的模块按功能分类包含直流电源模块、家庭安全模块、智能家居中控模块、宽带接入模块、路由交换模块及无线AP（接入面板）、有线电视接入模块、语音配线模块、数据配线模块、控制协议转换模块、家庭存储模块、家庭娱乐模块等，涵盖了数字家庭生活娱乐各个方面需求，灵活地满足不同家庭的实际需求。

如图4-4所示，家庭安全模块须同时接入小区局域网和家庭宽带。数字家庭应配置物联网接入点（AP）。家庭内物联网设备通过AP接入家庭网络，并采用分布式多接入点架构，以保证物联网无线信号的全屋覆盖。

综合信息箱具备驻留服务，是信息箱进行数据交互的开放接口，按照数据类型和服务类型的区别可以分为数字家庭数据统一接口、数字家庭智慧AI推理结果统一接口、数字家庭统一支付接口、数字家庭消息通知接口、智慧AI能力接口和数据存储能力接口。

1. 数字家庭数据统一接口

综合信息箱工作时会通过软总线对家庭环境信息、家庭人员信息等数据进行采集和存储，当接入数字家庭的服务提供商需要家庭数据信息提供服务时，就可以通过数据统一接口与综合信息箱进行交互，综合信息箱就可以通过数据总线将家庭数据信息提供给服务选择使用。如智能空调需要自动开启时，它就可以通过综合信息箱获取室内温湿度、人员所在位置等数据信息进行一些决策，如：是否开启空调，温度设置为多少，风向朝向哪边等。

2．数字家庭智慧AI推理结果统一接口

综合信息箱具备强大的边缘计算能力，并内置了一些AI计算推理模型。可以对采集存储的家庭信息数据进行直接处理，并获得推理结果。通过推理结果统一接口，综合信息箱可以直接通过数据总线将AI推理的结果传输给服务提供方。如综合信息箱通过对采集到的温湿度信息、室内人员位置等信息进行AI处理后得到结论表明现在该打开空调了，它就会把结果传给空调，空调得到推理结果后就会执行打开的操作了。

3．数字家庭统一支付接口

数字家庭对接了统一支付平台，具备支付、退款、查账等功能，支付服务需要调用数字家庭统一支付平台的相关接口，用户可以通过数字家庭系统方便地进行支付服务，如通过家庭语音助手获取外卖服务时，可以直接进行费用支付，无缝体验人性化服务。

4．数字家庭消息通知接口

服务提供商通过消息通知接口可以向家庭内部推送消息通知，为了防止消息通知的滥用，该接口目前只对物业、社区服务开放，用户可以通过该接口在家庭范围内，及时收到物业和社区推送的相关信息，比如物业费用的缴纳，社区活动的举办通知等。

5．智慧AI能力接口

与AI推理结果统一接口不同的是通过智慧AI能力接口，第三方服务提供商可以直接调用综合信息箱的边缘计算能力，将自家的AI模型部署到综合信息箱中，通过边缘计算获取更为精准的结果，使自家的产品能为用户提供更好的服务。

6．数据存储能力接口

通过存储能力接口，第三方服务提供商可以调用综合信息箱的存储功能，利用综合信息箱本身的数据存储能力，可以将部分数据存放在数字家庭本地，在无外网连接的情况下数字家庭部分功能依旧可以正常运行，提升用户的使用体验。

4.3.2.2 基础平台

数字家庭基础平台是数字家庭平台基础的一部分，它与本地服务和地方电子政务平台进行对接，如图4-5所示。数字家庭基础平台具有“互联互通子平台接口”和“社区开放服务子平台接口”。其中，通过“互联互通子平台接口”实现所有厂家设备之间的互联互通和数据交互。“社区开放服务子平台接口”可连接社区级物业管理系统和政府级社区管理系统，分别提供给社区物业公司和政府物业管理部门，实现“家庭—社区—城市”三级数据融合。通过“社区开放服务子平台接口”还可连接各种社会化服务子系统及各地电子政务子系统，如餐饮外卖、快递收寄、交通出行及社会保障、民政事业、公共住房等。

数字家庭基础平台中数字家庭互联互通子平台已经由住建行业建设完成，试点项目只需要建设边缘端的硬件设施。社区开放服务子平台已经完成基础部分的建设，试点项目需要对接当地政务服务和按需定制物业服务，以及医养等社会化服务，如图4-6所示。

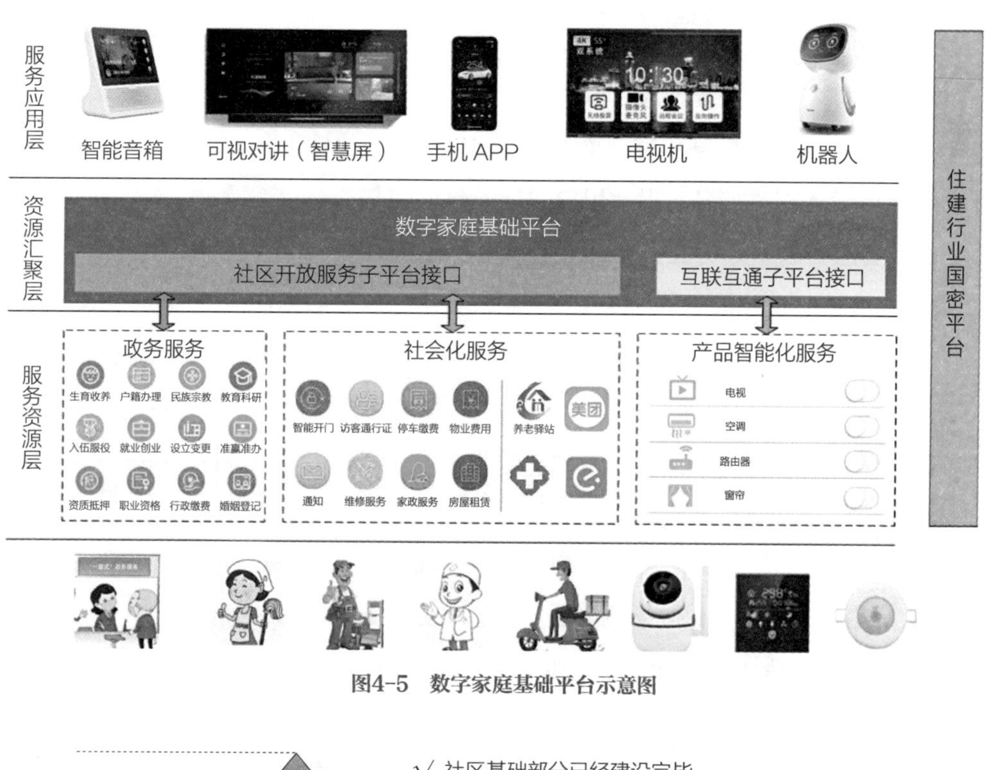

图4-5　数字家庭基础平台示意图

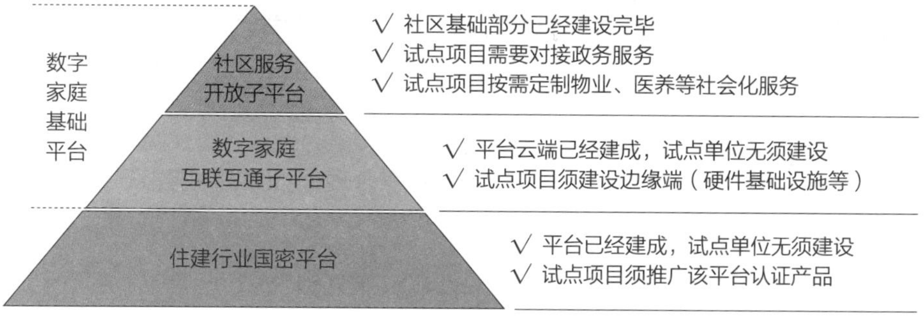

数字家庭基础平台

社区服务开放子平台
√ 社区基础部分已经建设完毕
√ 试点项目需要对接政务服务
√ 试点项目按需定制物业、医养等社会化服务

数字家庭互联互通子平台
√ 平台云端已经建成，试点单位无须建设
√ 试点项目须建设边缘端（硬件基础设施等）

住建行业国密平台
√ 平台已经建成，试点单位无须建设
√ 试点项目须推广该平台认证产品

图4-6　数字家庭基础平台建设示意图

4.3.2.3　平台应用

各种必要服务功能通过开放接口接入数字家庭基础平台。在应用层，通过人机交互软件（如手机APP），用户可获取以下服务：

1．家居设备智能化服务功能

通过配置综合信息箱、家庭布线和家庭网络终端等，实现智能设备的连接和控制功能。配置的家庭终端设备包括楼宇对讲、入侵预警、火灾报警等基本智能安防产品；健康、舒适、节能类智能家电产品；居家异常行为监控、紧急呼叫、健康管理等适老化智能产品；门窗、遮阳、照明等智能家居产品。典型应用如下：

设备管理：对家庭设备进行添加、删除和更改等操作。如在手机APP中增加空调设备、照明设备等。

设备控制：远程控制家庭设备的状态；通过设置场景，集中控制多种设备联动运行。如通过手机打开或关闭空调、地暖等。

报警反馈：当家庭内部传感器检测到预警信号，或终端设备出现状态异常时，自动向手机APP发送报警信息，提示用户进行干预。

2．政务服务居家办功能

通过连接各地政务服务平台，实现居家线上申办政务服务功能，如公共教育、劳动教育、社会保障、民政事业、医疗健康、住房保障、文化体育等。典型应用如下：

政务服务：包括社会保障、住房保障、户籍及出入境管理、生育收养、证件办理、政务线上预约等政务服务功能及政府公告、市民热线、咨询建议、随手拍等政民网上互动功能。

公共服务：包括不动产登记/查询、社保/公积金查询、医疗急救、就医线上挂号、职业资格考试查询、市政缴费等公共信息服务。

基层治理：包括社区/居委会信息通告、管理措施发布、居民投诉/建议等。

3．社会化服务线上办功能

通过对接物业管理、社区信息系统以及社会化服务平台，满足居民线上获取社会化服务的需求，包括餐饮外卖、医疗咨询、快递收寄、房屋租赁、健身指导等服务。典型应用如下：

物业服务：物业费用缴纳、停车/充电、访客管理、社区意见/建议反馈，以及对物业服务质量进行评价等。

家庭报修：当家庭设备出现功能异常，或传感器侦测到水浸、火灾等预警信息时，用户可提交报修申请，也可授权数字家庭系统自动生成服务工单，提交给物业服务单位及时处理并反馈结果。

家政服务：住户发布家政服务需求，在线与注册登记的家政服务人员或商业家政服务机构商洽，并线上完成服务委托、确认、评价等全流程。

商业服务：家用消费品的社区本地化购买及配送，社区周边的教育、娱乐、健康等各种生活服务。

4.3.3　数字家庭产品实现

4.3.3.1　数字家庭产品分类

数字家庭产品可分为社区关联类产品和家庭类产品两大部分。

社区关联类产品包括智慧屏、智能门禁、智能对讲、智能视频监控等与社区局域网连接、交互的设备。家庭类产品包括综合信息箱、无线AP主机、智慧中控屏、智能传感器、智能面板、智能语音、智能暖通、智能门锁、智能魔镜、智能背景音乐、智能空开、智能电动窗帘、智能照明、智能家电、智能安防、智能健康、数字家庭APP等产品。以下重点介绍家庭类产品。

1．综合信息箱

家庭综合信息箱是数字家庭的信息中枢，作为家庭本地网络中心、控制中心、数据中心和计算中心。对内管理所有智能设备，对外接入各电信运营商网络、有线电视信号及社区局域网，并与各种服务平台实现信息交互、数据交换。家庭综合信息箱应符合国家相关标准，采用标准尺寸、模块化设计，配置电源模块、宽带接入模块、数据安全模块、路由AC模块等。

其中，电源模块为综合信息箱内部各模块提供相互独立的直流电源供电，并具备过压、过流、过载、短路保护，以及防雷击保护等功能；宽带接入模块完成移动、电信、联通、广电光纤宽带网络及IPTV输入转换功能，实现真正的四网合一；安全模块实现了家庭数据本地化处理/存储，保护家庭信息安全和数据隐私。路由AC模块实现宽带互联网与家庭内部物联网之间的路由交换。家庭综合信息箱外观及内部结构示意图见图4-7。

2．无线AP主机

安装在家庭每个房间的墙壁上，一般与开关面板并排安装，保证家庭物联网无线信号全屋覆盖，各种网络终端设备通过AP接入家庭网络和信息箱。产品应采用Wi-Fi双频通信与IoT射频一体设计方案，符合《智能家居自动控制设备通用技术要求》GB/T 35136—2017的要求（图4-8）。

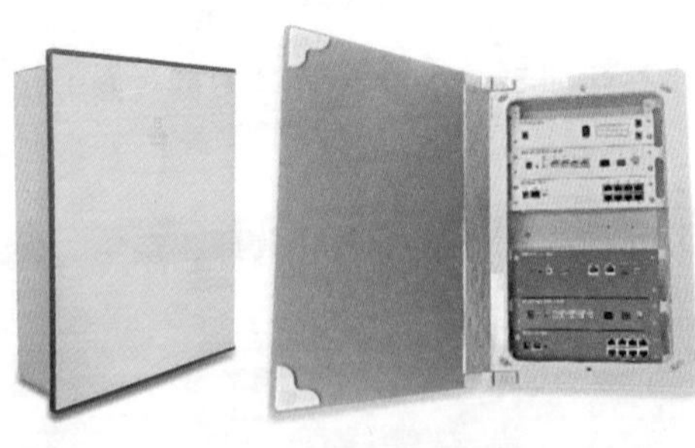

图4-7　家庭综合信息箱外观及内部结构示意图

图4-8　无线AP主机外观示意图

3．智慧中控屏

智慧中控屏是数字家庭系统中央控制的屏幕交互入口，融合了智能开关面板、智能音箱、可视对讲、智能网关等设备的管理控制功能，用户可通过该产品查看终端设备的运行状态、一键设置场景模式等，见图4-9。

4．智能传感器

采集家庭内各种信息数据，为数字家庭系统自动化运行提供必要的数据基础。根据其感知模式，传感器可分为热敏元件、光敏元件、气敏元件、力敏元件、磁敏元件、湿敏元件、声敏元件、放射线敏感元件、色敏元件和味敏元件等十大类。可采集的信息数据包括温湿度、光照、CO_2浓度、各种有毒/有害气体含量等家庭空间环境信息，人体（包括宠物）存在/状态、运动轨迹等人员信息，以及其他信息等（图4-10）。数字家庭系统可根据这些信息控制相关设备运行到合理状态，营造出一个舒适、温馨、安全的家庭生活空间。

图4-9　智慧中控屏外观示意图

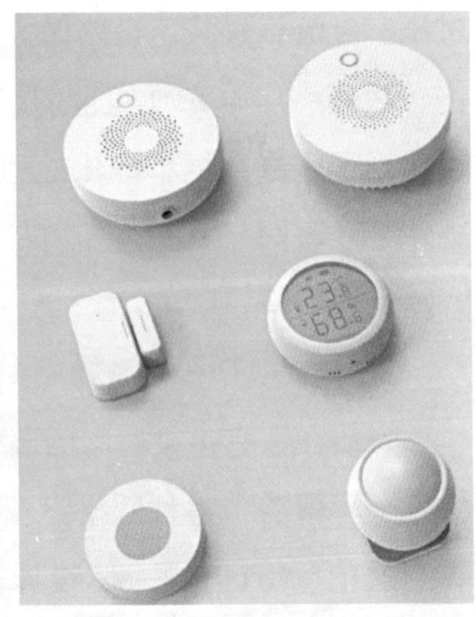

图4-10　智能传感器外观示意图

5．智能面板

实现一个面板控制多个设备、多种模式和场景。可控制的设备包括灯具、窗帘、单体空调、多联机中央空调、新风机、地暖、影音等，一键营造设定的家居氛围（图4-11）。无论是温暖的回家场景、温馨的晚餐模式还是静谧的睡眠场景，均可轻松一键切换，具有安全、节能、舒适、高效的特点。

6．智能语音

将语音识别、自然语言处理NLP、语义识别、声纹识别、语音合成TTS、多轮对话等智能语音交互技术运用到数字家庭系统中，为多种实际应用场景赋予产品“能听、会说、懂你”式的智能人机交互体验，促进设备操控、交互方式从按键、触摸、触屏等初级形态升级到语音对话的高级形态，给用户带来简单、便捷的交互体验。可适用于多个应用场景中，包括语音控制开关、语音控制情景模式等，如图4-12所示。

7．智能暖通

将IoT技术应用于传统暖通设备，形成可根据家庭环境状况自动运行、自动调节的智能暖通设备。如根据传感器感知的温度自动运行；当环境气体传感器检测到CO_2浓度或甲醛浓度超标时，新风设备自动开启；由人体感知设备精准识别出用户身份，控制暖通设备自动运行，将环境温湿度调节至此用户更适宜的区间，满足不同家庭成员的个性化偏好等，见图4-13。

8．智能门锁

该产品可取代传统机械门锁，辅以多种开锁方式，如指纹识别、指静脉识别、掌

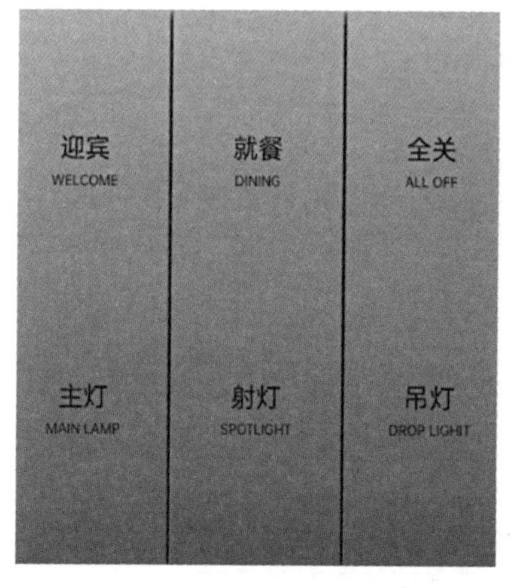

图4-11　智能面板外观示意图

图4-12　智能语音示意图

图4-13　智能暖通控制面板外观示意图

纹识别、掌静脉识别、语音识别、密码、IC卡、人脸识别等，免去带钥匙或钥匙丢失须重配的烦恼。更为重要的是，智能门锁可与家庭内其他设备组合联动，形成更为智能化的场景应用，如进门时自动打开房间灯光、窗帘，或更进一步，识别出具体的家庭成员，开启该用户偏好的场景模式，如背景音乐等，见图4-14。

考虑到设备安全性，智能门锁一般配有多重电子报警功能，如面板防撬报警、试错报警、低电量报警、现场声光报警、远程手机报警等，比机械锁的安全性更高。该产品将门锁从一个静态的、无法与外界产生任何关联和互动的机械设备，升级成可与外界系统交互的电子设备，可为用户带来更为完整、便捷的生活体验。

9．智能魔镜

该产品将触摸交互技术应用于普通镜子上，将传统只能用来照相的玻璃镜升级成可运行数字家庭系统的智能显示器，可显示时间、日期、天气、日程提醒等基本信息，还可通过该产品控制家居终端设备，可视为一块“可用来照镜子的中控屏”（图4-15）。根据安置的位置不同，衍生出更细分的品类，如：

智能卫浴镜：除基本的信息显示功能外，搭配智能电子秤使用，还可显示用户的体重、BMI指数、体脂率等健康信息，成为用户健康管理的“指导员”。

智能中控镜：一般安置在玄关、客厅位置，作为日常生活必要信息栏，显示日期、天气、日程安排、路况等信息，还可作为家居管理中心。

智能健身镜：安置在客厅、卧室等位置，以健身为主要功能，搭配丰富的健身内容，可矫正用户的健身动作姿势，满足用户健身锻炼需求。

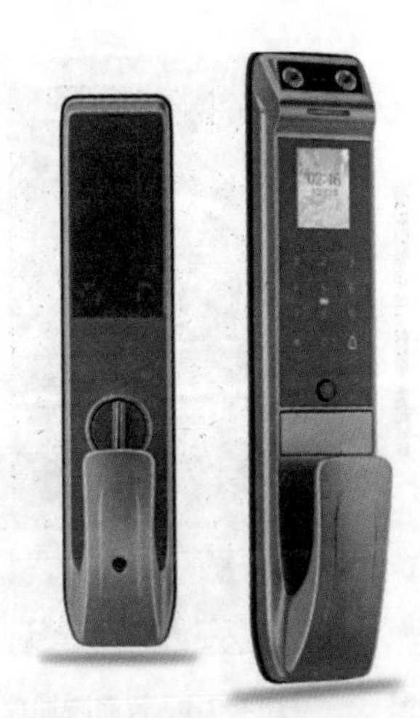

图4-14　智能门锁外观示意图

图4-15　智能魔镜外观示意图

10．智能背景音乐

该产品可将音乐以背景播放的形式融入家庭环境中，让用户在家中的每个房间、每个角落都能随时听到美妙的音乐。每个房间都可单独安装控制器，可以独立控制该房间的音乐曲目和音量大小，可同时满足家庭不同成员的音乐欣赏需求。智能背景音乐包括分布式智能背景音乐系统、分布式数字音乐系统等，见图4-16。

11．智能空开

该产品利用IoT技术，将空气开关与物联网模组结合，对家庭设备的运行性能电参数进行实时监测，如电压、电流、功率等，家庭线路发生短路、过压、过载、漏电等电气危险时自动断电，同时将报警信息以短信或APP信息的形式推送给用户，实现对配电设备和运行线路的在线监管及数据处理，电力监测过程变得更加智能化、更加精准，见图4-17。

图4-16　智能背景音乐示意图

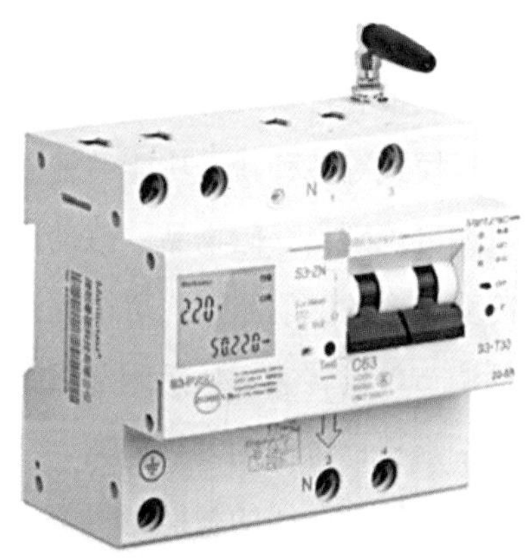

图4-17　智能空开外观示意图

12．智能电动窗帘

该窗帘配有电机，可无线控制、远程控制、自动开合，免去了用户必须走到窗帘前手动拉动窗帘的麻烦（图4-18）。搭配其他设备，可实现更多场景应用。如配合光照传感器，在光照特别强烈时，自动关上窗帘，可节省室内空调的用电量；搭配中控屏，可实现一键窗帘关闭的睡眠模式等。

13．智能照明

利用IoT技术，配合智能开关、智能面板等控制设备，可远程控制全屋灯光，并与其他电器设备组合联动，呈现更加人性化、智能的生活体验（图4-19），如：

灯光调节：单独控制每个电灯的开、关、调光等功能，也能对多个电灯进行分组控制，方便用不同灯光编排组合形式营造出特定的气氛。

智能调光：随意进行个性化的灯光设置；电灯开启时光线由暗逐渐到亮，关闭时由亮逐渐到暗，直至关闭，有利于保护眼睛，又可以避免瞬间电流升高对灯具所造成的冲击，能有效地延长灯具的使用寿命。

延时控制：在用户出门30秒后，所有的灯具和电器都会自动关闭，免去用户关灯动作。

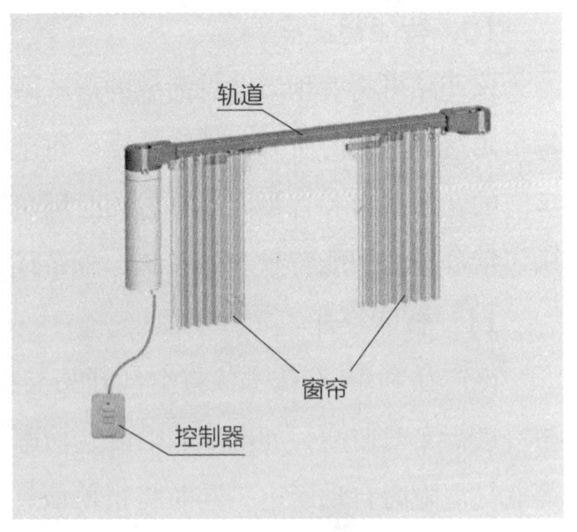

图4-18　智能电动窗帘示意图

14．智能家电

将IoT技术、模式识别技术、AI技术、人机交互技术应用于传统家电产品，形成带有自动识别周边环境、自动优化运行模式等各种新奇功能的智能家电产品。如可识别出存储物品、自动设定成最佳冷藏温度的智能冰箱；可根据油烟大小自动调节电机转速，从而调节吸力大小的智能抽烟机；可识别食物种类、自动选取最佳烘烤温度曲线的智能烤机等。

图4-19　智能灯具外观示意图

在数字家庭系统里，借助综合信息箱的算力资源，可为家电设备赋予算力，实现家电单品的功能增强，并可利用传感器采集的数据，根据数据分析结果来指导家电设备运行，实现算力和数据复用，提升资源使用效率。如根据环境传感器数据控制新风、暖通等设备，保持家庭空间恒温恒湿的环境状态等。将传感器、家电设备、智能家居设备融合成一张协同工作的物联网，实现更高维度上的智能一体化，见图4-20。

图4-20　智能家电示意图

15．智能安防

通过AI技术与安防软硬件的结合，实现事前预防、事中响应/预警、事后追查、省时省力的安防管控，解决了传统安防只能事后取证，且取证难的痛点。硬件设备有门窗磁、人体探测器、烟雾报警器、水浸报警器、燃气报警器等，可形成门禁警报系统、烟/火/水/气探测消防系统、视频监控安防系统、防爆安全检测系统等，检测是否有人为闯入、是否有烟雾、烟火、水浸、燃气等隐患，营造安全放心的家居环境，如图4-21所示。

16．智能健康

采用可穿戴设备、辅助医疗设备、身体检测设备等各种必要硬件设备，辅以必要软件平台和配套线下服务机构，监测用户的身体状态、身体机能、睡眠质量等健康数据，提供健康管理、医疗看护等服务功能，如通过智能手表/手环检测心率、血压、血氧等人体参数（图4-22）。尤其对于特殊人群可提供紧急救护，如老人或小孩的跌

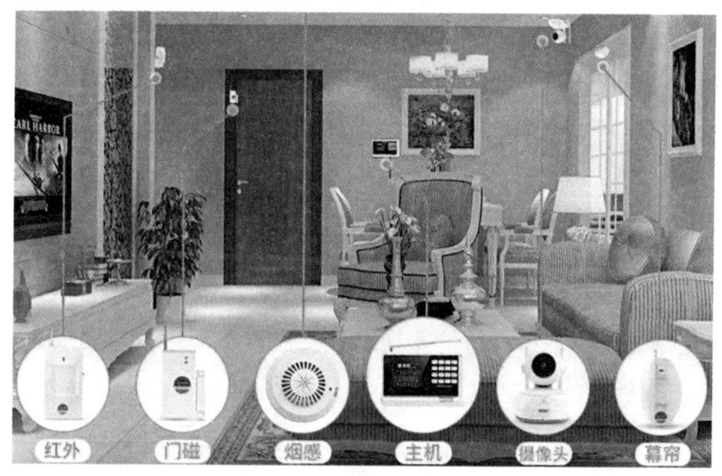

图4-21　智能安防示意图

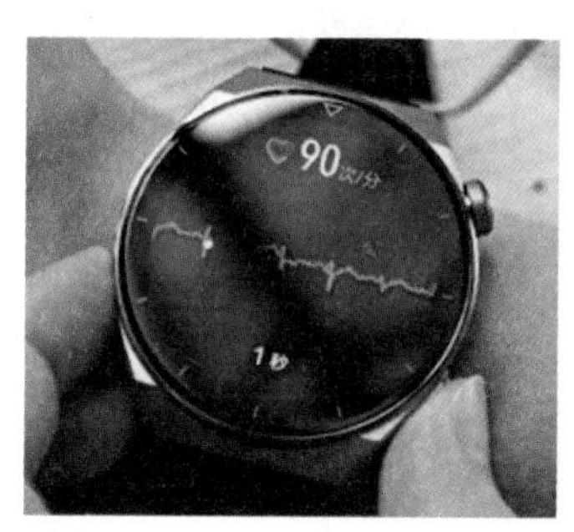

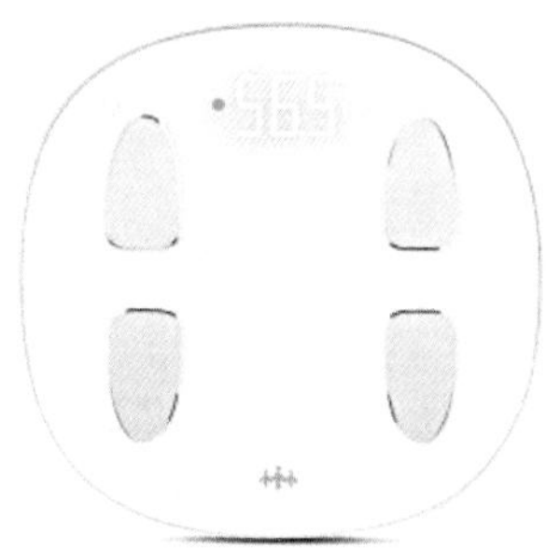

图4-22　智能健康示意图

倒报警等。

17．数字家庭APP

按照住房和城乡建设部、工业和信息化部、科技部、市场监督总局、广电总局等16部门于2021年4月6日联合发布的《关于加快发展数字家庭 提高居住品质的指导意见》的要求，数字家庭系统应“满足居民获得家居产品智能化服务的需求、满足居民线上获得社会化服务的需求、满足居民线上申办政务服务的需求”。因此，数字家庭APP上应具备家庭设备管理功能、社区物业服务功能、社会化专业服务功能，以及电子政务服务功能。

4.3.3.2 数字家庭通信模组

1．通信模组的作用

通信模组集成在家庭终端产品/设备内部，将产品/设备的运行数据和系统控制指令转换成无线信号，将产品和设备以无线通信方式接入数字家庭系统和主干网络，以形成家庭物联网。

2．通信模组的分类

数字家庭通信模组分为国标Wi-Fi模组和国标窄带模组两类，均按照国家标准《智能家居自动控制设备通用技术要求》GB/T 35136—2017要求设计，满足数字家庭智能设备互联互通和数据安全要求。

其中，国标Wi-Fi模组应用于高速率数据传输场景，如传输影音视频、图文数据等，支持Wi-Fi6协议，带宽可达40—80MB，可最多连接128个终端设备。

国标窄带通信是国家标准《智能家居自动控制设备通用技术要求》GB/T 35136—2017确定的低速率数据无线网络传输制式，工作频段2.4GHz，带宽一般为几十千字节，采用GFSK调制、星状组网模式，可最多连接128个终端设备，具有系统稳定性强、抗干扰能力强等优势，可有效支持低成本、低功耗、低速率场景应用需求。

为保证数字家庭网络安全和信息安全，在两类模组中均加入了安全通信协议，并赋予每个模组独一无二的安全密钥，对集成模组的终端产品/设备进行身份鉴权，采用国密算法进行加密通信，可有效杜绝非法设备、非法访问，确保数字家庭系统稳定运行和信息安全。

3．通信模组的选型

开发者可根据产品功能、使用场景等选择合适模组型号。一般而言，若只涉及控制信令，不涉及大容量数据传输的产品和场景，可选择国标窄带模组，如开关面板、窗帘灯具、各类传感器等。其他涉及大容量数据传输、非低功耗产品，可选择Wi-Fi模组。

4.4　智慧社区与数字家庭平台对接

智慧社区的建设与服务的提升，一是要加强基础设施的建设，二是要加强新科技新技术的运用，政府自上而下的领导规划作用是不言自明的。同时，智慧社区是智慧城市的重要组成部分，打通智慧社区与数字家庭之间的连接是实现“家庭—社区—城市”三级平台融合的关键一步。

智慧社区的基础设施分为软硬件两个层面，软件层面包括社区管理平台的建设，硬件层面包括各种公共智能设备，如社区安防、门禁道闸、物业管理等设施的配置。社区管理平台的建设是智慧社区大脑的建设，如果没有一个聪明的大脑对系统的各组成部分进行协调，再先进智能的设备单体也会沦为徒有其表的“花瓶”。社区管理平台将分散的、相互独立的智能化子系统集成在一个统一的系统内进行管理，运用云计算、大数据、人工智能、BIM运维等新技术使社区治理变得高效节能，提升工作效率的同时降低运行成本。基础硬件配套设施的建设则是灵活的双手和便利的工具，协同提升社区整体的智能化水平，以智能门禁系统为例，传统社区的门禁以门禁卡、呼叫中心开门等手工方式控制出入口，给出入人员带来卡顿和不便的体验；智能门禁则依托人脸识别技术，经由社区管理平台控制，实现进出人员的无感出入体验，不但大大提升了用户体验，同时也记录了进出人员的数据，极大提升了社区的安全性。

数字家庭与智慧社区的对接依托于数字家庭服务平台的开放接口。数字家庭基础平台的建设是数字家庭端与智慧社区平台对接的基础条件，平台层的对接打通服务的流通，而其最终表现需要通过具体应用展现在用户面前。用户通过智慧社区平台获取服务的能力也与数字家庭端的硬件设施建设息息相关，如智慧社区的自动报警服务就需要在家庭内部部署对应感应设备，在传感器感应到家庭内有火情出现时，社区物业管理系统就会收到警报并立刻对火警进行处理，尽量减少火情带来的损失。平台之间的打通是互联互通工作的关键一步，但在之前的基础建设工作是实现最终目标的基础，在推行数字家庭建设工作的同时智慧社区的工作也需同步进行，不然就会出现水桶的短板使智能化数字化带来的好处大打折扣。

数字家庭服务的平台接口主要按功能服务与第三方服务提供商进行对接，其与用户的交互则要通过应用软件。用户通过软件才能获得平台提供的各种服务，比如物业服务、政务服务等。对平台和应用端的要求就是开放接口和开放授权，针对不同社区和家庭的建设情况不同，其中的具体情况可能千差万别，理想的情况就是形成一定的规范约束方便对接工作，更重要的是要因地制宜实事求是，不能生搬硬套，这样才能探索出数字家庭建设的新模式，获得数字家庭的发展动力。

第5章 智慧社区与数字家庭的运营与管理

5.1 智慧社区运营模式

智慧社区建设是社区现代化治理的关键所在，是一项长期的系统工程，必须建立合理、长效的运营机制，推动政府、企业、社区居民多元参与，协同合作，实现各方主体共赢，才能走上可持续发展的路径。

根据投资主体、运营机制和运作方式的不同，智慧社区的运营模式可以划分为四类：政府建设运营模式、市场建设运营模式、政企合作运营模式和委托第三方运营模式。

5.1.1 政府建设运营模式

政府建设运营模式一般是面向智慧社区建设中的公共基础设施或服务于政府的非营利性应用项目。在该模式下，政府负责出资，并负责智慧社区从规划、建设到运营和维护的全过程。政府投资资金的来源包括智慧社区专项资金、老旧小区改造补助资金、城市更新专项资金等。在运作过程中，政府处于主导地位，负责统一规划、组织协调、全程监管，制定智慧社区建设标准规范与评价指标体系，整合设备厂商、物业、运营商等产业链生态圈上下游企业和资源，形成产业的整体发展合力。企业负责需求搜集梳理、平台规划建设、运营安全保障、服务过程保障、服务拓展以及系统运维等工作。

政府建设运营模式最大优点是整个项目的建设是以政府为主导，市场为辅进行高效的建设，进行了完整的项目建设规划，有明确的项目推进时间表，可以充分调动政府、社会各类资源。但也存在很多弊端，如建设成本高、运营费用高、投入周期长，容易造成政府财政压力，对团队的专业运营能力要求较高，且一般只能满足基本需求，无法提供精细化、个性化的服务。

5.1.2 市场建设运营模式

市场建设运营模式主要是面向智慧社区建设中规模较小、可经营性较强且具有明确市场价值、企业愿意积极参与的项目。该模式一般是由市场主导，企业出资自主开展智慧社区项目建设和运营，政府侧重于做好市场监管、制定政策、优化资源配置等工作。

市场建设运营模式下，政府鼓励企业主导建设和运营，一方面可以节约政府财力物力，减少了大量的维护费用，缓解政府的财政压力；另一方面，有利于充分引入社会资源，激发市场活力，建立可持续发展机制，利用数字化技术改变传统运营方式，推动城市运行体系升级，企业在实践和市场竞争中会不断地发展壮大，社区居民也能享受到更加优质的服务。该模式的劣势是对企业的整体规划、建设技术、资金要求，以及可持续的运营能力和盈利模式要求较高，当前国内智慧社区的发展缺乏统一规划和标准，市场上存在一定的无序竞争，市场服务质量良莠不齐。

5.1.3 政企合作运营模式

政企合作运营模式是指政府和社会企业共同投资建设，即政府和社会资本合作（PPP）模式，是公共基础设施的一种项目融资模式。在该模式下，鼓励社会企业与政府进行合作，参与公共基础设施的建设。政府和企业进行战略合作，政府针对项目特许新建一家项目公司，项目公司负责进行项目的融资和建设，融资来源包括项目资本金和贷款。但是政府并不是把项目的责任全部转移给企业，而是由参与合作的各方共同承担责任和融资风险。项目建成后，政府特许企业进行项目运营，企业除了可以获得项目经营的直接收益外，还可获得通过政府扶持所转化的效益。运作过程中，政府提供政策支持和技术引导，企业提供技术、资金及其他相关支持。

在政企合作运营模式中，政府和企业通过协议的方式明确共同承担的责任和风险，明确各方在项目各个流程环节的权利和义务，最大限度地发挥各方优势，使得建设摆脱政府行政的诸多干预和限制，又充分发挥社会资本在资源整合与经营上的优势，极大地优化政企资源配置。政府公共部门与企业合作过程中，让企业所掌握的资源参与提供公共产品和服务，既为社会提供更优质的公共产品和服务，也为企业带来利益。

5.1.4 委托第三方运营模式

委托第三方经营模式是指委托方在一定条件下，依法委托特定主体在社区范围内开展的经营活动，向委托方支付相应的费用。在该模式下，企业将平台的运营、维护及依托平台开展的相关服务全部或部分外包给第三方企业，平台的规划、投资和建设，以及与各类资源方的沟通合作还是由企业负责，这与企业主导模式相似。

委托经营模式的优势是可减少投资方运营初期的投资，资金压力相对较小；可以弥补投资方在平台运营和维护方面经验的不足，提高专业化能力和水平。劣势是平台创造的收入将与第三方共享，降低了投资方的利润，同时平台内部数据信息将对第三方有条件地开放。

5.2　数字家庭服务内容

5.2.1　家庭服务

家庭服务的各项功能以家居智能化服务为目标，包含智能家居产品管理与控制，产品与环境的感知互动两个大部分。第一部分是对室内各种智能设备的统筹应用，第二部分是对家庭资源的配置应用。数字家庭的建设目标就是打破行业内各自为政的现状，实现系统平台、家居产品之间的互联互通。

智能家居产品的管理控制，以互联互通为基础整合不同厂家设备。以统一的终端入口实现设备的管理与控制。智能家居厂商盲目地扩张导致目前市场上的智能家居生态泥沙俱下、鱼龙混杂，产品质量良莠不齐，生态相互隔离。不同厂家构建出自己的信息孤岛，给用户造成混乱的同时更带来使用上的不便，用户在选购智能产品时要么选择同一厂家的所有产品，要么选择不同厂家的多种产品并忍受重复操作带来的体验割裂感。留给用户的自主选择权和个性化程度很低，与智能家居设备便捷的初衷背道而驰。

数字家庭中的智能设备数量将会急速增加，家庭生活中的各种家居产品都会成为网络中的一个个终端，由一个统一的终端进行管理实现真正的万物互联。对如此大数目的设备进行管理控制，离不开基础设施的支持。数字家庭通过配置综合信息箱、家庭布线和家庭网络终端等实现智能设备的连接和控制，包括楼宇对讲、入侵报警、火灾自动报警等基本智能安防产品，健康、舒适、节能类智能家电产品，居家异常行为监控、紧急呼叫、健康管理等适老化智能产品，以及智能门窗、遮阳、照明等家居建材产品。

通过统一终端的协调，数字家庭用户可以便捷地对家庭内所有智能设备进行控制管理。家庭内所有设备都统一在一个终端上进行管理，用户无须在各种软件之间频繁切换，让用户真正地体验到设备智能化服务带来的便捷。

设备的管理控制是目前市面上智能设备的基础功能，而实现互联互通的数字家庭设备管理将不同于智能家居管理软件，数字家庭设备管理可以对任意的家庭智能设备进行添加、删除和更改，用户对产品的选择将不再局限于一个单一的设备厂家，也不会因为不同的生态产品而造成混乱。喜欢A家空调产品的用户可以选购B家的照明设备，已经购买B家空调产品的用户也不会因为生态的限制而失去对A家照明设备的选择权，逐个的量变引起的巨大质变，将智能化、个性化的选择权交还给用户。同样的数字家庭设备控制功能也超出了原本单一产品控制的意义，用户可以在回家前使用手机远程打开家里的空调的同时，不需要切换到别的应用程序就可以命令扫地机器人开始门厅的清洁工作，家庭设备的集中控制给用户带来的体验是跨越式的，一旦体验过互联互通的便捷就无法忍受生态割裂的卡顿。

家庭资源环境的感知互动是基于设备统一控制管理的更高层应用服务，得益于统一的终端管理，家庭内的各种设备信息都汇总在一起，相当于有一个尽职尽责的“管家”全天候关注家中的风吹草动，人工智能会对接收到的数据信息自动进行处理，当人工智能遇到一些无法决策的问题时就会向用户发送报警状态信息，提示用户进行干预。当用户离开家而忘记关闭空调时，人工智能就会自动推理出关闭空调的决定，但当“管家”检测到空调状态异常时，就会自动向用户手机发出报警反馈，让用户对空调的处理进行干预。用户可以选择对空调进行报修，并预约上门维修时间。

5.2.2 社区服务

社区服务包括智慧物业服务、社区信息系统和社会化服务三大部分，满足用户在日常生活中的绝大部分需求。多种多样的社区服务功能需要通过数字家庭基础平台与各种第三方服务平台进行对接。基础平台是实现平台互联互通的底座，将现有的平台接入进来，将现有的服务通过平台的数字化改造成为便利的功能。方便住户获取服务的同时，提升商家的服务品质，使社区内部形成一个良性循环，相互依存共同促进。

物业服务是居民社区生活中最常接触到的功能服务，极大影响居民的生活体验，通过数字家庭技术改造的物业服务将运用新技术极大地便利居民的生活。物业费用的缴纳一直是物业与业主间的摩擦点，业主不缴纳物业费用一方面是对物业服务的不满，另一方面是物业缴纳渠道的不友好。接入数字家庭的物业服务系统可以让用户足不出户办理物业费用缴纳，并对物业提出建议反馈、对物业的服务质量进行评价，督促物业公司提升服务质量，提升住户的幸福感和满意度。智慧社区的物业硬件设施与数字家庭的智能硬件同样会形成互联互通，更好地为住户提供服务。通过智能门禁路障系统和数字家庭的平台实现出入车辆的自动化管理，住户可以方便地找到空闲的车位，且能通过手机APP快捷地找到自己停车的位置。通过家庭可视对讲与平台访客系统的对接，可以方便地管理社区的出入人员，极大地提高社区的安全性，为住户提供一个安心的居住环境。通过数字家庭智能化服务与物业平台的结合，用户可以随时了解家庭内设备状况，并且可以通过传感器获取家庭内的水浸、火灾等应急状态，即使身在千里之外，住户也可向物业平台提交报修申请，并自动生成服务工单，由物业单位及时处理并反馈结果，通过智能门锁住户可以授权维修人员进出，并通过智能摄像头全程监督维修过程，所见即所得随时随地保护自己和家人的安全。

社区信息系统是对社区内信息的统筹管理，数字家庭住户可以方便地从中获取社区的各种信息，与左邻右舍进行交流。物业可通过信息系统发布社区通知，让住户更快捷地了解到社区通知。基于信息系统构建出社区的私域社交平台，使用户更好地了解社区生态环境，通过话题管理增加邻里互动，改善邻里关系，建设出各自独特的社区文化。在这样的社区平台上，住户可以方便地获取各种便民服务，其典型应用有家政服务，住户可以在信息服务平台上发布家政服务需求，发布具体的服务要求后，可在线与合格的注册登记服务人员或机构洽商完成委托。通过平台对家政服务人员或机构进行监督，保障住户的权益。

数字家庭基础平台的建设要求具有高度的兼容性和开放性，对第三方社会化服务平台的接入相当友好，各种商业服务平台都能快速接入部署，各类生活服务包括社区本地化购物及配送、教育、娱乐、健康等，都将极大地丰富居民的日常生活，使数字家庭与智慧社区更紧密地结合在一起，构建出每个社区独特的十五分钟生活圈。在数字家庭生活中，各种商业服务都可以使用同一个入口获取，并不单单依托于现有的平台，而且会整合社区内的商业资源，使社区内商家更好地服务周围的住户，住户步行时间十五分钟内可到达各类生活服务设施，包括餐饮外卖、医疗咨询、快递收寄、房屋租赁、健身指导等。现有的平台出于商业的考虑对用户周围的商业资源存在一定的歧视，对社区内商业资源的整合造成了负面的影响，而数字家庭的社区服务就是要立足于家庭和社区的角度，将各种资源进行充分的利用，给社区的住户带来更多的满足感和获得感。通过第三方社会化服务平台的接入，用户获得的不仅仅是服务还有社区内的文化共性，提升社区整体运行效能的同时形成社区互助文化，进一步提升社区住户的归属感和亲切感。

5.2.3 政务服务

社区是党和政府联系、服务群众的“最后一公里”，数字家庭就是要把政务服务带到百姓家里来，让住户足不出户实现各种服务的线上办理，如“一屏办”“指尖办”“电视办”。数字家庭通过联动当地政务服务平台，实现线上申办政务服务，为用户带来便利，让住户在家庭范围内即可实现政务的线上办理。

包括公共教育、劳动教育、社会保障、民政事业、医疗健康、住房保障、广播电视、文化体育等地方政务网上办事大厅的服务功能。典型应用如下：

政务服务：包括社会保障、住房保障、交通出行、户籍及出入境管理、生育收养、证件办理、线下办理预约等，以及政府公告及市民热线、咨询建议、随手拍等网上互动功能。

公共服务：包括不动产登记查询、公积金查询、医疗急救及预约挂号、职业资格考试查询、市政缴费及服务保修等公共信息服务。

基层治理：社区、居委会等通知通告，管理制度和措施发布及信息报送和投诉建议。

数字家庭的基层党建服务可以对区域内的党员信息、党支部信息和党费缴纳信息进行管理，可以通过数字家庭便捷地组织党员进行党建学习活动。

5.2.4 服务展现

数字家庭的全部服务拥有统一的入口，家庭内部的所有智能家居产品可以通过统一的终端进行管理控制，社区服务和政务服务也可以通过统一的控制终端让用户进行访问。

5.3 智慧社区与数字家庭信息安全保障

5.3.1 信息安全政策要求

目前，随着接入物联网的设备爆发式增长以及物联网业务的扩大，物联网领域的安全问题日益凸显。智慧社区和数字家庭体系的建设与物联网技术息息相关，保证智慧社区和数字家庭体系下的物联网安全也是保证其整个行业的信息安全的基础和核心。

2014年2月27日，习近平总书记在中央网络安全和信息化领导小组第一次会议中强调，网络安全和信息化是事关国家安全和国家发展、事关广大人民群众工作生活的重大战略问题，要从国际国内大势出发，总体布局，统筹各方，创新发展，努力把我国建设成为网络强国。

2015年12月，中央城市工作会议指出，要加强城市地下和地上基础设施建设，提高城市综合防灾和安全设施建设配置标准和城市设施抵御灾害破坏和快速修复能力，着力打造智慧城市，发展民生服务智慧应用，要把安全放在第一位，把安全工作落实到城市工作和城市发展各个环节各个领域。

2016年4月19日，网络安全和信息化工作座谈会提出，没有网络安全就没有国家安全，没有信息化就没有现代化。

2016年11月，《中华人民共和国网络安全法》高票通过。

2019年10月，十三届全国人大常委会第十四次会议表决通过《中华人民共和国密码法》，于2020年1月1日起施行。

2021年7月30日，《关键信息基础设施安全保护条例》。

《关于加强重要领域密码应用的指导意见》指出，对面向社会服务的信息系统，应当加快推进基于密码的网络信任、安全管理和运行监管体系建设，规范密码在电子文件、电子证照、电子印章、身份认证、电子签名、数据存储和传输等方面的应用，实现面向社会服务的政务信息系统运行的安全可靠，对各重要领域面向社会服务的网络信任管理提出明确密码应用要求。

《国家创新驱动发展战略纲要》中指出，要推动宽带移动互联网、云计算、物联网、大数据、高性能计算、移动智能终端等技术研发和综合应用，加大集成电路、工业控制等自主软硬件产品和网络安全技术攻关及推广力度，为我国经济转型升级和维护国家网络安全提供保障。

国务院印发的《“十四五”数字经济发展规划》中要求，要提升网络安全应急处置能力，加强电信、金融、能源、交通运输、水利等重要行业领域关键信息基础设施网络安全防护能力，支持开展常态化安全风险评估，加强网络安全等级保护和密码应用安全性评估。支持网络安全保护技术和产品研发应用，推广使用安全可靠的信息产品、服务和解决方案。

2021年3月11日，十三届全国人大四次会议表决通过了《中华人民共和国国民经济和社会发展第十四个五年规划和2035年远景目标纲要》，其中规划纲要多次提到网络安全。纲要指出，健全国家网络安全法律法规和制度标准，加强重要领域数据资源、重要网络和信息系统安全保障。建立健全关键信息基础设施保护体系，提升安全防护和维护政治安全能力。加强网络安全风险评估和审查。加强网络安全基础设施建设，强化跨领域网络安全信息共享和工作协同，提升网络安全威胁发现、监测预警、应急指挥、攻击溯源能力。加强网络安全关键技术研发，加快人工智能安全技术创新，提升网络安全产业综合竞争力。

国务院《关于加强数字政府建设的指导意见》指出，加大对涉及国家秘密、工作秘密、商业秘密、个人隐私和个人信息等数据的保护力度，完善相应问责机制，依法加强重要数据出境安全管理。加强关键信息基础设施安全保护和网络安全等级保护，建立健全网络安全、保密监测预警和密码应用安全性评估的机制，定期开展网络安全、保密和密码应用检查，提升数字政府领域关键信息基础设施保护水平。

为了顺应国家对于网络安全和信息化的发展方向，依法保障物联网领域的安全性，设计了物联网行业级的安全解决方案，从设备、应用、平台乃至底座层面，为向整个物联网提供安全服务支撑，构建一个更加全面的物联网安全体系保驾护航。

5.3.2 信息安全常见问题

随着当前社会信息化技术的不断发展，人们的日常生产、生活对信息化技术的应用范围越来越广泛。而物联网作为互联网的应用拓展，因其强大的技术能力，通过网络能够对现实中的实物进行信息采集、实物的应用和操控等功能，极大地方便人们的生产生活。随着物联网技术的逐渐普及，按照一定的地区区域、应用功能等维度不断衍生出特定的应用场景。智慧社区以社区网格功能为核心，实现小区内部物联网技术的社区场景化应用覆盖；而数字家庭则以家庭为单位，围绕居民的家庭住宅日常生活的一般场景，实现家庭智能设备的智能化应用。

智慧社区和数字家庭的应用场景与人民的日常生活息息相关，人们日常的隐私信息、智能设备操控等均会以数据信息的形式在物联网相关的云平台、服务器和智能设备等网络环境下存储、传输，一旦相关数据被泄露将会对人们造成极大的危害。近年来，虽然人们对于物联网的应用越来越普及，但是对物联网下的信息安全并未给予足够的重视，也并未对各个物联网场景采取信息安全保护的手段，导致相关的问题不断出现。

5.3.2.1 智慧社区领域常见问题

在智慧社区中，包含水气热、智能门禁、摄像头、进出道闸等多类智能化终端设备和社区管理平台，通过对终端设备的控制使用和各类信息的采集，面向小区居民提供便捷、自动化的社区服务以及对社区公共安全的管理。由于以社区功能为核心搭建的智慧社区物联网场景贴合小区居民用户的日常生活内容，通过智能终端设备、网络等途径产生或记录的相关的社区居民数据信息，若无相关的安全防护手段，很容易在存储、传输等过程出现信息泄露、盗用、篡改等情况。

例如智能门禁面临的安全问题：

（1）门禁卡易被复制：门禁卡使用的是感应式IC卡中的M1卡，因为NXP的M1芯片加密算法被破解后，M1卡也很容易被破解复制；

（2）门禁密码易被破解：密码式门禁的密码存储在本地系统中，无加密保护，在与外界信息交互时易被截取破解；

（3）用户信息泄露：生物识别门禁系统在门禁端和管理平台端存储了大量用户隐私信息，且信息并未加密存储，信息泄露会给用户带来巨大困扰。

5.3.2.2　数字家庭领域常见问题

数字家庭是以住宅作为平台，将多种节点设备和家用电器通过传感器网络相连，从而形成兼备自动化、智能化的，安全、便捷、人性化的生活环境，实现了安全性、便利性和舒适性等优点。因为数字家庭场景下涉及的家用电器、门锁等智能设备往往通过移动端或PC端设备实现远程智能操控，会涉及家庭用户的个人隐私信息、操控记录和操作权限等，一旦出现信息安全问题，将造成极其严重的危害。若无相关的信息安全保证措施，数字家庭用户将面临如下相关安全问题：

1．数据传输安全

数字家庭在平台、设备及终端之间数据传输时，普遍存在传输过程未加密或简单加密的情况，容易被黑客入侵，传输到云端的数据被截取、复制，导致用户信息被泄露。

2．客户端安全

数字家庭终端客户端APP如未通过安全检测，在相关代码存在漏洞缺陷的情况，易被黑客通过漏洞取走用户的账户、密码等。

3．设备安全

硬件设备存在调试接口，如使用存在安全漏洞的操作系统或第三方库，黑客可通过漏洞入侵设备，劫持设备应用。如智能音箱这样简单的设备，很可能成为攻击者获取敏感信息的对象。

4．控制安全

远程控制命令缺乏加固授权，控制命令易被窃取，存在非法入侵、劫持应用的风险。门锁、摄像头等设备如被非法入侵使用，会给用户隐私带来极大的风险。

5.3.2.3 物联网领域常见问题

智慧社区和数字家庭是基于物联网技术应用下的特定场景，除了一些特定的场景问题，也会存在物联网领域内面向感知层、传输层和应用层的技术性的信息安全问题。

1．感知层的安全威胁分析

物联网感知层的典型设备包括RFID装置、各类传感器（如红外、超声、温度、湿度、速度等）、图像捕捉装置（如摄像头）、移动智能终端等。

（1）针对RFID的威胁分析

1）物理攻击：主要针对节点本身进行物理上的破坏行为，导致信息泄露、恶意物理攻击等。

2）信道攻击：攻击者通过长时间占据网络信道导致合法通信无法正常传输。

3）伪造攻击：通过伪造电子标签为“合法用户标签”从而获得系统认可。

4）复制攻击：通过复制他人的电子标签信息，多次顶替他人使用。

5）信息篡改：攻击者将窃听到的信息进行修改之后再将信息传给接收者。

6）假冒攻击：在射频通信网络中，攻击者截获一个合法用户的身份信息后，利用这个身份信息来假冒该合法用户的身份入网。

（2）针对无线传感网的威胁分析

1）网关节点捕获：网关节点等关键节点很容易被攻击者控制，可能导致通信密钥、广播密钥、配对密钥等泄露。

2）普通节点捕获：普通节点等关键节点同样易被攻击者控制，可能导致各种密钥信息的泄露，进而威胁网络安全。

3）传感信息窃听：攻击者可轻易地对单个甚至多个通信链路间传输的信息进行窃听，从而获得传感信息中的敏感数据。另外，通过对传感信息包的窃听，还可以对无线传感器网络中的网络流量进行分析，推导出传感节点的作用等。

4）DoS攻击：网关节点易受到DoS攻击。DoS攻击会耗尽传感器节点资源，使节点丧失运行能力。

5）重放攻击：攻击者可以使节点误认为加入了一个新的会话，并截获在无线传感器网络中传播重放攻击的传感信息、控制信息、路由信息等，再对这些截获的旧信息进行重新发送，从而造成网络混乱、传感节点错误决策等。

6）完整性攻击：攻击者很容易对传输的信息完整性进行修改、插入等攻击，从而造成网络的决策失误。

7）选择性转发：恶意节点可以概率性地转发或者丢弃特定消息，使数据包不能到达目的地，选择性转发会导致网络陷入混乱状态。

8）虚假路由信息：通过欺骗、篡改或重发路由信息，攻击者可以创建路由循环，引起或抵制网络虚假路由信息传输，延长或缩短源路径，形成虚假错误消息，分割网络，增加端到端的延迟，耗尽关键节点能源等。

9）Wormholes（虫洞）攻击：恶意节点通过声明低延迟链路骗取网络的部分消息。

10）HelloFlod：攻击者使用能量足够大的信号来广播路由或其他信息，使得网络中的每一个节点都认为攻击者是其直接邻居，并试图将其报文转发给攻击节点，这将导致随后的网络陷入混乱之中。

11）Sinkhole攻击：Sinkholing可以将网络中的数据流量进行有目的的转发，因此既可以是针对正常的数据流量也可以在发生网络攻击时作为一种防御措施。攻击者利用性能强的节点向其通信范围内的节点发送零距离公告，影响基于Sinkhole攻击距离向量的路由机制，从而吸引其邻居节点的所有通信数据，形成一个路由黑洞（Sinkhole），造成不可逆的结果。

12）Sybil攻击：一个恶意节点具有多个身份并与其他节点通信，使其成为路由路径中的节点，然后配合其他攻击手段达到攻击目的。

13）海量节点认证：目前暂无理想的手段解决海量节点的身份管理和认证问题。

（3）针对移动智能终端的安全威胁

近几年，随着移动智能设备的迅速发展，普及率越来越高。以移动智能手机为代表的移动智能设备将是物联网感知层的重要组成部分。而基于“智慧社区”和“数字家庭”的场景下，移动智能设备作为用户的使用“钥匙”，存储着大量的个人隐私信息，同时也面临恶意软件、“僵尸网络”、操作系统缺陷和隐私泄露等安全问题。

2004年出现了第一个概念验证手机蠕虫病毒Cabir，此后针对移动智能手机的移动“僵尸病毒”等恶意软件呈现多发趋势。移动“僵尸网络”的出现将对用户的个人隐私、财产等构成直接威胁。Android手机操作系统具有开放性的特点，几乎所有的Android手机都存在重大的验证漏洞，使黑客可通过未加密的无线网络窃取用户的数字证书。

2．传输层的安全威胁分析

由于智慧社区和数字家庭具体的使用场景下，物联网相关产品的使用频率非常高，每天都会产生大量的数据，这就必然会对传输层的安全性提出更高要求。虽然，目前的核心网络具有相对完整的安全措施，但是当面临海量、集群方式存在的物联网节点的数据传输需求时，极易导致核心网络拥塞，产生拒绝服务。由于在物联网传输层存在不同架构的网络需要相互连通的问题，因此，传输层将面临异构网络跨网认证等安全问题，将可能受到DoS攻击、异步攻击、合谋攻击等。

3．应用层的安全威胁分析

在物联网应用层会收集用户大量隐私数据，例如智慧社区场景下社区内的门锁、停车位、楼宇监控等信息会存在泄露、篡改等风险，而“数字家庭”场景下住宅内部的个人基本信息、数字家庭的操控、网络浏览信息的记录、水电气热表数据等也同样存在着泄露、篡改等风险，极有可能造成不可逆的后果。目前国内已经开始M2M模式的物联网试点，然而各子系统的建设并没有统一标准，未来必然会面临链接为一个大的网络平台的网络融合问题和安全问题。

5.3.3 信息安全应对策略

保障智慧社区和数字家庭场景下的信息安全，需要制定规范的信息安全应对策略。不仅需要建立行业领域内统一的信息安全平台，更需要从安全管理角度、法律法规的制定和发布，以及用户的个人行为方面有明确规范的策略内容。

1．搭建信息安全平台

针对智慧社区和数字家庭场景下物联网环境的安全问题，我们应从整体行业安全的角度考虑，构建行业领域内的统一信息安全平台，通过信息安全平台的防护从而保证该场景下的信息安全。

具体来讲，我们可以从物联网三个层面的体系结构入手，通过信息安全平台对其进行防护。感知层作为物联网系统的信息源头，技术人员必须加强对感知层信息的保护，依托信息安全平台提供的加密技术，避免不法分子对感知层信息的盗取，保证感知层信息安全地传输到物联网数据库。网络层主要负责数据的网络传输，数据传输通路的安全性也直接影响信息的安全性，通过建立安全网关和TLS传输途径，对整个传输过程的数据进行加密传输，从而保证数据传输过程的安全。应用层主要负责为用户提供网络服务，因此，应用层主要针对用户进行安全保护。技术人员必须对假ID进行检查和控制，避免不法分子利用假ID盗取物联网系统中的信息。

2．加强安全管理强度

智慧社区和数字家庭涉及的物联网系统虽然处于虚拟的世界中，但是仍然需要一定的管理体制和运行规范。因此，相关政府管理部门以及技术企业应加强对物联网系统的管理工作外，相关政府管理部门以及技术企业也应加强对物联网系统的管控以及加大防护技术的研究力度。为此，政府应积极建立物联网管理体制，制定物联网管理制度，构建完善的物联网管理体系，增强物联网管理的规范性和系统性。并且，管理部门应积极明确物联网系统信息安全级别，对物联网系统中的关键信息进行重点保护，确保物联网系统中关键信息的安全性。另外，管理部门应加强对物联网系统运行的实时监控和分析，及时发现物联网系统中的安全隐患和安全问题，并制定相关的安全管理措施，确保物联网系统的安全性。

3．完善行业法律法规

智慧社区和数字家庭的物联网体系的安全管理离不开法律的保障，然而现阶段，我国现有的互联网法律体系还不够完善，依然存在一定的法律漏洞。很多不法分子利用法律漏洞进行网络信息盗取或网络破坏，严重影响网络的安全性。针对这种情况，我国应积极完善互联网法律体系，加强对互联网各个方面的法律规定，消除法律漏洞，增强互联网法律保护的安全性。另外，我国应对现有的物联网相关法律进行修订和补充，为物联网发展提供法律保障。

4．规范用户个人行为

物联网信息安全要求人们严格遵循物联网相关法律规定和物联网道德规范，避免网络失范行为。为此，我国应加强对人们的物联网法律教育和网络道德教育，提高人们的网络法律意识和网络道德意识，培养人们较高的网络素养。并且，公民应充分认识到自身在网络发展中的责任和义务，做到遵纪守法，自觉保护物联网信息安全。另外，人们应不断提高安全意识，自觉做好网络保护工作，定期使用杀毒软件对智能设备进行杀毒，并对智能设备进行安全监测，及时消除智能设备中的不安全因素。

5.3.4　信息安全平台建设

智慧社区和数字家庭需要足够的信息安全保障，而单纯的以规范人们日常行为的途径、分散的管理模式下，很难保障其信息安全。需要由上至下地搭建行业内统一的信息安全平台，采用统一的国密智能算法，对各个智慧社区和数字家庭厂商存储和传输的数据进行加密，从而保证智慧社区和数字家庭场景下的信息安全。

1．建设依据

信息安全平台的建设内容参考了《中华人民共和国网络安全法》《中华人民共和国电子签名法》《商用密码管理条例》《信息安全等级保护管理办法》《信息安全等级

保护密码管理办法》《信息安全等级保护商用密码技术实施要求》《电子认证服务管理办法》《电子认证服务密码管理办法》《关键信息基础设施安全保护条例》等法律规范和相关部门的安全管理条例，并参考了以下已发布的标准或规范，见表5-1。

信息安全建设相关标准 表5-1

序号	标准号	标准名称
1	GB/T 39786—2021	信息安全技术　信息系统密码应用基本要求
2	GB/T 36626—2018	信息安全技术　信息系统安全运维管理指南
3	GB/T 36627—2018	信息安全技术　网络安全等级保护测试评估技术指南
4	GB/T 25056—2018	信息安全技术　证书认证系统密码及其相关安全技术规范
5	GB/T 35273—2017	信息安全技术　个人信息安全规范
6	GB 35114—2017	公共安全视频监控联网信息安全技术要求
7	GB/T 33562—2017	信息安全技术　安全域名系统实施指南
8	GB/T 32914—2016	信息安全技术　信息安全服务提供方管理要求
9	GB/T 20279—2015	信息安全技术　网络和终端隔离产品安全技术要求
10	GB/T 20281—2020	信息安全技术　防火墙安全技术要求和测试评价方法
11	GB/T 31504—2015	信息安全技术　鉴别与授权　数字身份信息服务框架规范
12	GB/T 31509—2015	信息安全技术　信息安全风险评估实施指南
13	GB/T 20278—2022	信息安全技术　网络脆弱性扫描产品安全技术要求和测试评价方法
14	GB/T 30271—2013	信息安全技术　信息安全服务能力评估准则
15	GB/T 30272—2021	信息安全技术　公钥基础设施　标准符合性测评
16	GB/T 30273—2013	信息安全技术　信息系统安全保障通用评估指南
17	GB/T 30276—2020	信息安全技术　网络安全漏洞管理规范
18	GB/T 30285—2013	信息安全技术　灾难恢复中心建设与运维管理规范
19	GB/T 29767—2013	信息安全技术　公钥基础设施　桥 CA 体系证书分级规范
20	GB/T 29241—2012	信息安全技术　公钥基础设施　PKI 互操作性评估准则
21	GB/T 28447—2012	信息安全技术　电子认证服务机构运营管理规范
22	GB/T 28450—2020	信息技术　安全技术　信息安全管理体系审核指南
23	GB/T 28451—2023	信息安全技术　网络入侵防御产品技术规范
24	GB/T 28453—2012	信息安全技术　信息系统安全管理评估要求
25	GB/T 25058—2019	信息安全技术　网络安全等级保护实施指南
26	GB/T 25070—2019	信息安全技术　网络安全等级保护安全设计技术要求
27	GB/T 24363—2009	信息安全技术　信息安全应急响应计划规范
28	GB/T 22239—2019	信息安全技术　网络安全等级保护基本要求
29	GB/T 22240—2020	信息安全技术　网络安全等级保护定级指南

续表

序号	标准号	标准名称
30	GB/T 21052—2007	信息安全技术　信息系统物理安全技术要求
31	GB/T 20984—2022	信息安全技术　信息安全风险评估方法
32	GB/T 20282—2006	信息安全技术　信息系统安全工程管理要求

2. 建设目标

（1）总体目标

信息安全平台，是基于智慧社区和数字家庭等场景下城市物联网安全体系的应用安全服务的支撑。通过信息安全平台，进行接入方及其应用与基于物联网行业密钥及证书的管理，该平台为公网的云平台。

（2）具体目标

构建安全体系：平台在接入机构无须建立自有安全维护环境下，通过快速、简单的安全接入服务，获取对应的安全凭证，进而满足完整安全认证体系的支持与应用要求。安全服务聚焦于以下几点：

1）身份服务：为基于智慧社区和数字家庭场景下的城市物联网体系提供基于管理的身份服务体系，基本涵盖签名证书、加密证书等多种身份识别服务。身份服务体系支持基于PKI的数字证书体系，支持FDDO、IFFA等相关认证协议。

2）凭证授权：依据主体（主机、平台、终端、用户）的身份信息，建立主体对客体（安全服务、终端、系统、网络、数据等）的访问控制机制。不同主体通过身份信息，可以获取不同的安全服务，访问资源。

3）安全接入：安全接入最终将提供设备与平台、终端与平台、平台与平台之间数据安全通道、准入控制等，确定经过认证的终端、平台方可访问的资源。

如图5-1所示，平台以接入的应用（业务平台）展开，首先对应用的所属方（即接入方）进行机构身份的认证，进而获取接入方在平台内的各类安全服务的权限。

首次接入，需要接入方在完成应用的建立后，通过对接获取应用凭证，与应用对接的终端、平台，作为应用的分支或从属关系，由应用向安全服务云发起凭证的申请，进而满足自有业务的实际需求与业务场景。

应用通过安全服务，获取到对应的凭证后，分发至对应的终端与平台，即实现接入的身份识别，从而完成安全认证体系的基础搭建。

同时也可完成后期凭证的管理与维护，如凭证的更新、失效等，最大限度地减少

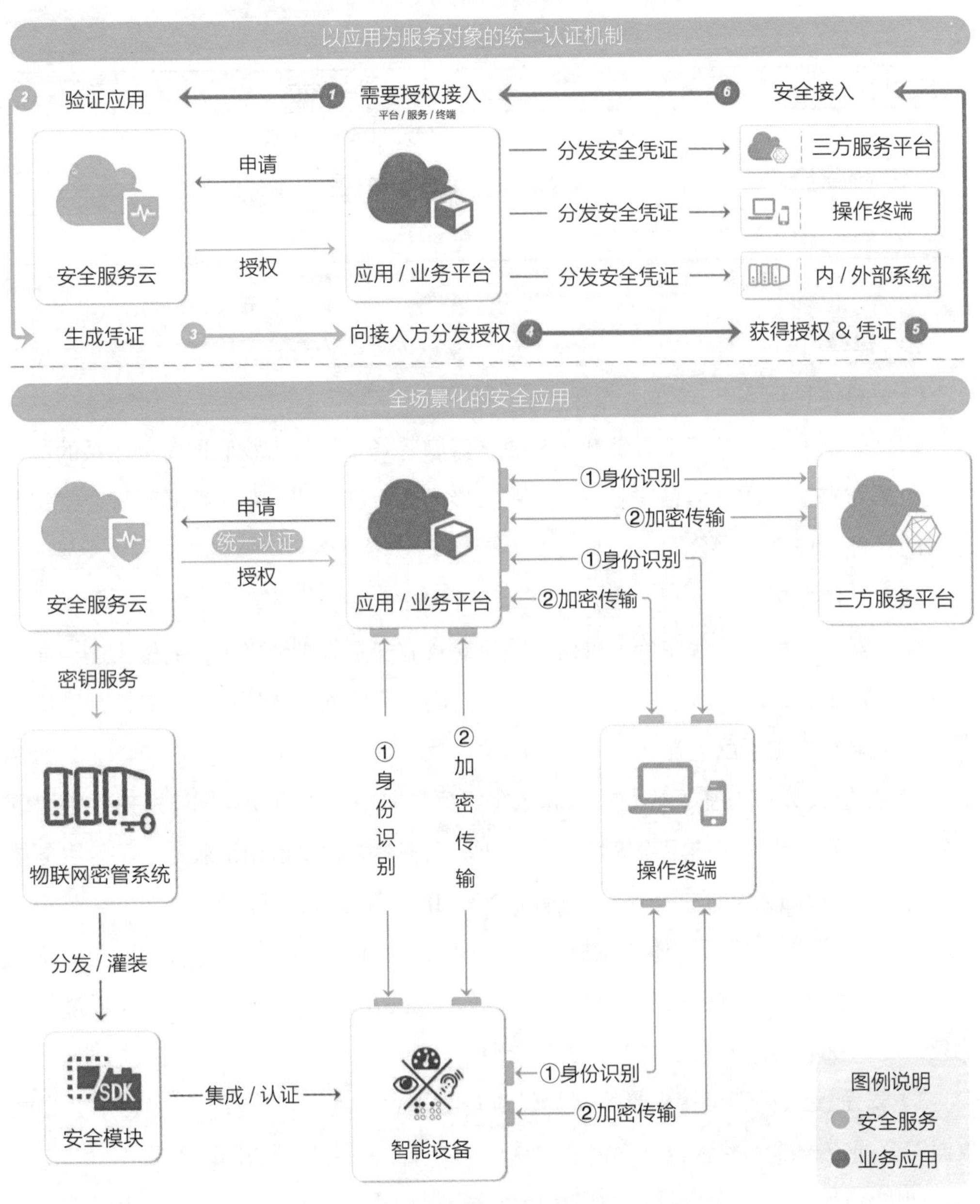

图5-1　平台安全体系

了接入方对安全体系的维护成本与时间，仅需通过安全服务即可完成城市物联网（行业密钥）安全认证体系的应用。

行业互联互通：具备不同行业的数据共享交换机制及不同行政部门的数据共享交换机制；具备以密码基础为支撑的两横两纵的互联互通机制，住房和城乡建设部门与其他行政部门之间的互联互通机制；住房和城乡建设部内部不同行业之间的互联互通机制。构建住房和城乡建设部内部不同层级（部、省、市）的多级纵深互联互通机制；

构建物联网体系内部的纵深互联互通机制，建设平台、网络、终端等之间的互联互通机制。

3．总体设计

（1）设计原则

1）“一”个体系

以物联网行业密钥为核心，衍生出适用于物联网行业应用的认证介质，通过完整、全面的认证机制，将应用（业务）与安全（服务）隔离，应用制定安全规则，安全服务负责执行，构建出一套基于物联网行业的城市物联网安全认证体系（图5-2）。

物联网行业密钥，区别于建设事业IC卡密钥，又有着与建设事业IC卡密钥相同的根密钥。其区别在于，建设事业IC卡密钥的应用一般都是各地公交公司或者城市一卡通运营单位。城市物联网行业密钥则将应用扩展到整个行业内的所有企业，甚至相关行业的众多机构。同时，因其具备与建设事业IC卡密钥相同的根密钥，为后期领域间的互通奠定了基础。

2）“二”个端点

聚焦于端到端的交互与关系，从实际业务及应用场景出发，解决各端在实际业务中的应用问题，以及设备到平台、终端到平台、平台到平台、终端到设备的认证问

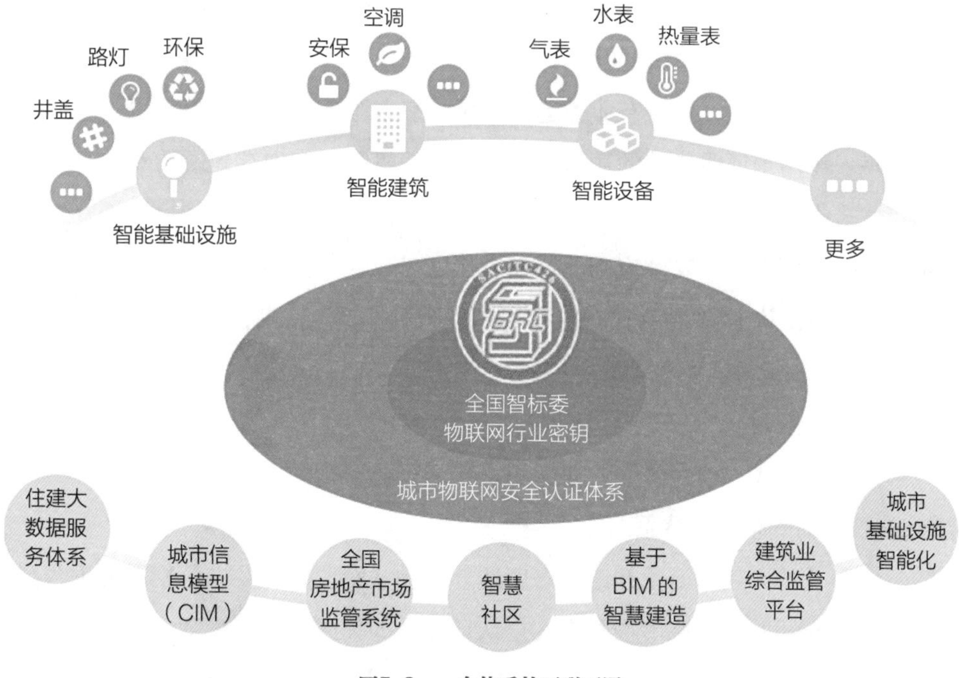

图5-2　一个体系的互联互通

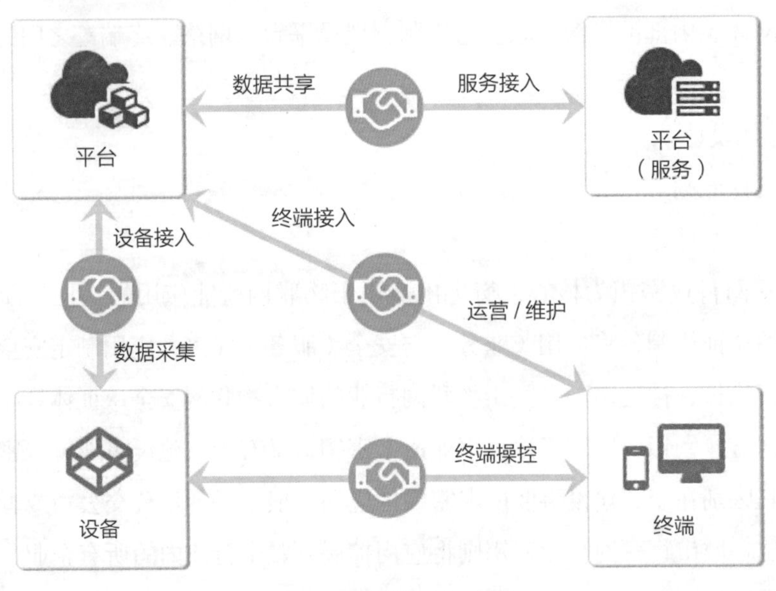

图5-3　端到端的认证机制

题，关联并组织各端，发挥城市物联网安全体系的基础支撑能力，端到端的认证机制见图5-3。

3）“三”重防护

从身份认证到加密传输，源于业务却又保护业务本身的安全应用，通过凭证、证书、密钥三重防护达到安全保障。

凭证——作为证书、密钥的补充，可植入业务信息，如业务范畴、人员信息等，是接入方在安全体系中，对自有业务运营角色、三方服务接入的身份标识；

证书——可用于证明各端的身份，通过公私钥机制，实现端到端的双向身份认证机制；

密钥——应用于具体安全应用的授权、认证参数，如会话、操作等。

凭证与证书，基于物联网行业密钥，支持国产SM4算法，具备中心密管、分中心密管、项目级密管三级密钥管理体系，支撑密钥在住房和城乡建设各领域的应用（图5-4）。

4）“四”大准则

以最简单的方式，助力企业快速应用，基于行业密钥的安全完整解决方案，打造自有业务/产品的安全保障体系。

通过服务化的方式，简化并最大限度地降低物联网设备开发方、物联网平台建设方、客户管理端开发方对城市物联网安全认证体系的集成和应用难度，将安全与业务隔离，令各方、各端聚焦于业务本身的同时，获取到对应的安全保障。

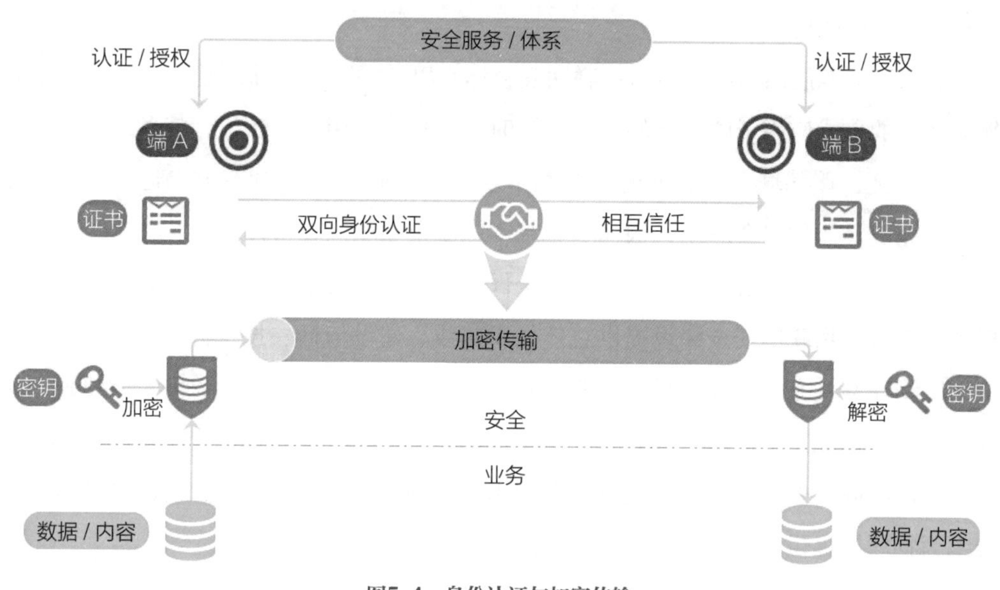

图5-4　身份认证与加密传输

5）“五”大维度

安全体系以机构、应用、终端、设备、服务五大维度规划并构建，从接入平台开始，分别从服务商机构、业务平台应用、物联设备、操作终端及第三方服务（平台）逐步细化，并深入其各自及与之相关联的应用场景，保障安全体系在各自环节中的完整应用及范围。相比现有企业级安全机制，其覆盖面更广、可助力企业平台的横纵方向的延展（图5-5）。

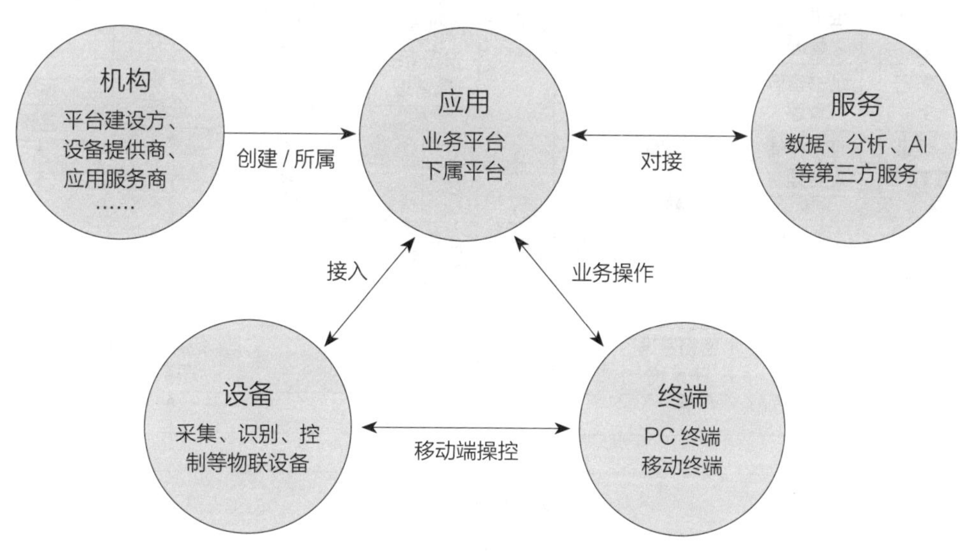

图5-5　安全体系的五大维度

（2）总体架构

物联网的四层结构中，城市物联网安全体系以“联”为基础，通过产品（硬加密/软加密）的方式应用于感知层的设备，同时对业务的应用进行认证，使两端同时具备对应的凭证，奠基城市物联网的安全基本要素，而业务运营/拥有方，运用安全基本要素，完成具体的安全应用，构建一套基本的城市物联网安全体系。

架构主体分为：安全管理体系、安全保障体系以及安全技术体系。物联网安全管理体系为城市物联网安全建设提供总体技术路线、建设依据、技术标准、测评等相关工作。物联网安全保障体系规划物联网安全建设、运行、运维等相关的保障机制、法规、政策、标准。

城市物联网安全技术体系通过密码技术、认证技术、授权技术、防护技术等安全技术为物联网提供平台、数据、终端、网络等方面的安全措施。

城市物联网安全体系的安全服务，不会涉及当前接入方的具体业务，仅做端到端的身份维护与保障，为业务本身及未来拓展提供保障。

（3）业务架构

信息安全平台分为六大子系统：安全服务子系统、证书管理子系统、密钥管理子系统、机构管理子系统、统计分析子系统、后台管理子系统，实现证书、密钥的全生命周期管理，实现机构、平台、设备、终端的安全接入及权限管理等（图5-6）。

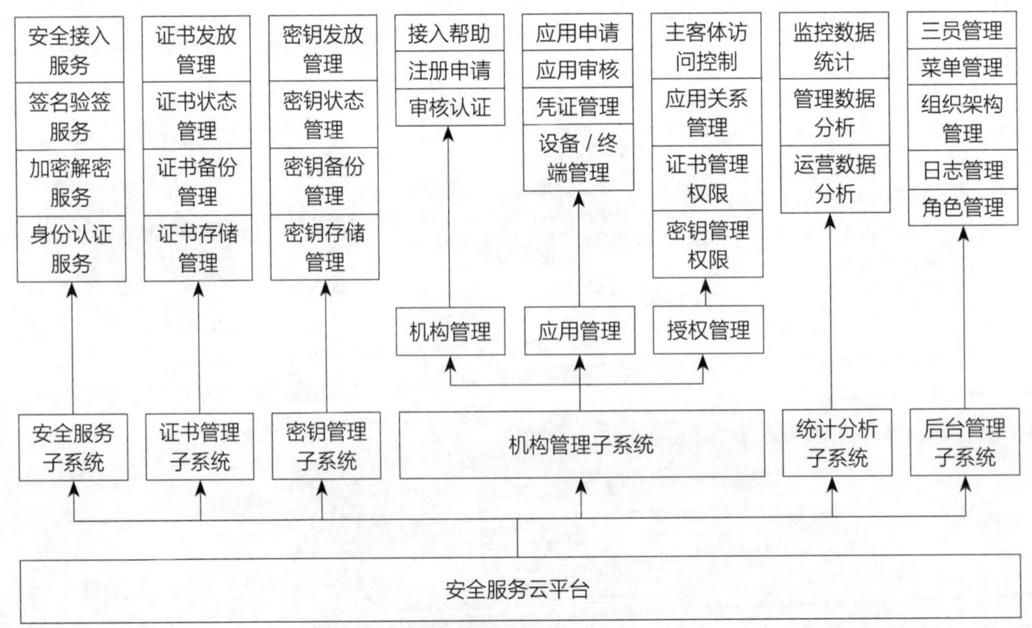

图5-6　系统功能架构图

4．建设内容

信息安全平台是城市物联网安全体系的应用安全服务的支撑。通过信息安全平台，进行接入方及其应用与基于物联网行业密钥及证书的管理。平台以物联网行业密钥的应用为核心，在接入机构无须建立自有安全维护环境下，通过快速、简单的安全接入服务，获取对应的安全凭证，进而满足完整安全认证体系的支持与应用要求。

整个服务以接入机构的身份、应用、授权展开，通过对应服务的审核，进一步获取到最终的安全服务，如身份认证、应用证书、授权访问等。

物联网安全云平台系统功能设计如图5-7所示。

业务流程见图5-8。

（1）安全服务

安全服务子系统是物联网信息安全平台中的主要应用平台，它提供底层的安全服务使能，包括安全接入、签名验签、加密解密及身份认证等（图5-9）。

1）安全接入服务：安全接入服务采用基于数字信封技术的方式确保敏感数据的安全通信。传输过程中，设备/终端每发起一次请求，即视作一个会话过程，会产生一个随机数并创建一次安全会话，保证一次一密，即用即毁，保障会话安全。在物联网信息安全平台中进行安全通信的全过程，业务平台、设备以及终端都不涉及证书及密钥的使用，全部由安全接入服务实现。

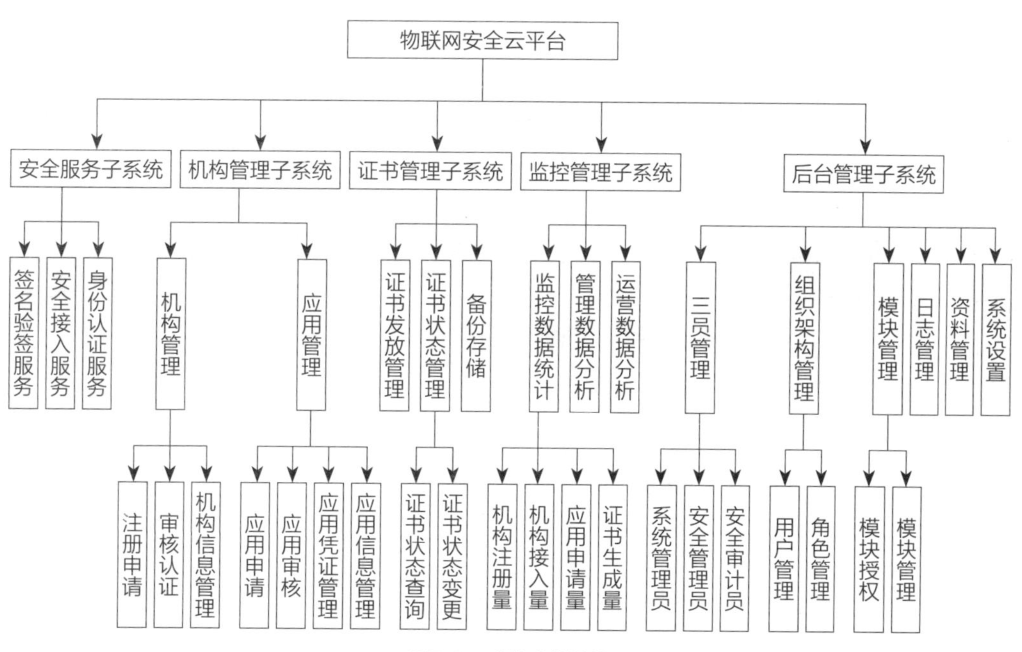

图5-7　系统功能设计

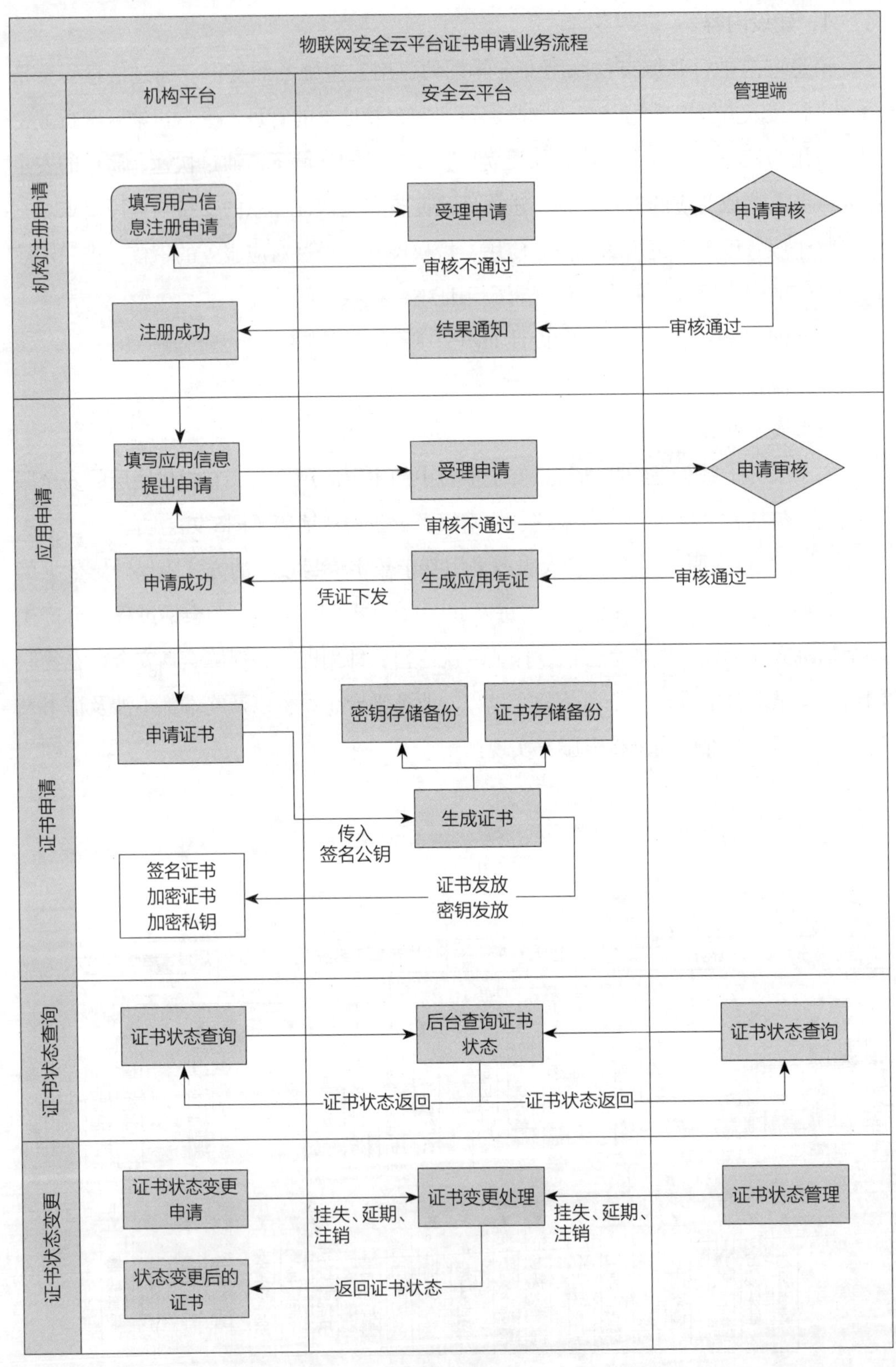

物联网安全云平台证书申请业务流程
机构平台
安全云平台
管理端
机构注册申请
填写用户信息注册申请
受理申请
申请审核
审核不通过
注册成功
结果通知
审核通过
应用申请
填写应用信息提出申请
受理申请
申请审核
审核不通过
申请成功
生成应用凭证
凭证下发
审核通过
证书申请
申请证书
密钥存储备份
证书存储备份
生成证书
传入
签名公钥
签名证书
加密证书
加密私钥
证书发放
密钥发放
证书状态查询
证书状态查询
后台查询证书状态
证书状态查询
证书状态返回
证书状态返回
证书状态变更
证书状态变更申请
证书变更处理
证书状态管理
挂失、延期、注销
挂失、延期、注销
状态变更后的证书
返回证书状态

图5-8 业务流程图

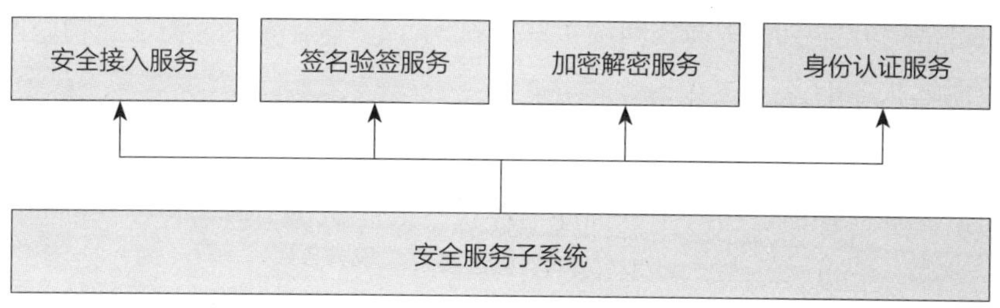

图5-9　安全服务子系统架构

2）签名验签服务：签名验签服务提供两种调用方式。针对应用平台以及B/S系统，提供签名验签服务接口，可通过业务平台、设备以及终端凭证适配对应签名证书私钥，再对需要签名的数据进行数字签名。针对设备或单机软件，提供SDK调用，使用平台/设备/终端的签名证书公钥实现对签名数据的验签。

3）加密解密服务：加密解密服务也提供两种调用方式。针对应用平台以及B/S系统，提供签名验签服务接口，可通过业务平台、设备以及终端凭证适配对应加密证书私钥，对密文数据解密。针对设备或单机软件，提供SDK调用，使用平台/设备/终端的加密证书公钥实现对明文数据的加密。

4）身份认证服务：安全服务子系统通过提供有效期证书链查询、黑名单查询、签名验签功能，实现认证接入设备身份的目的。

（2）证书管理

证书管理子系统主要实现了对证书的全生命周期管理，对外对接CA系统，对内完成对平台应用、设备等证书的管理（图5-10）。（注：住房和城乡建设行业CA为二期建设内容）

1）证书发放管理

①机构认证完成后，可申请本机构的证书。可基于行业密钥，发放平台/设备/终端的证书。

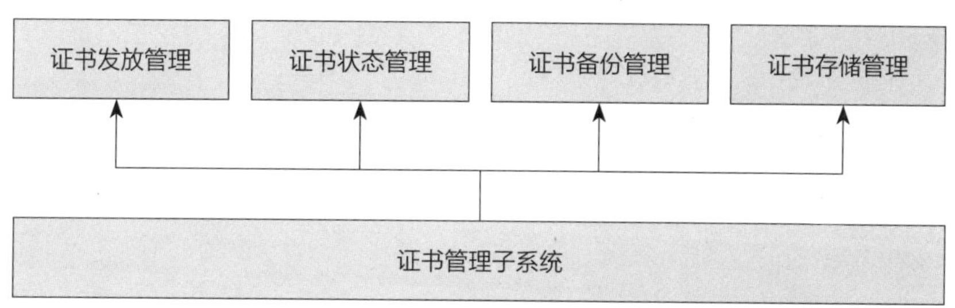

图5-10　证书管理子系统架构

②通过密钥分发中心将物联网设备专属密钥（证书与密钥）烧录至物联网设备主控芯片或加密芯片中。

2）证书状态管理

①通过云平台管理页面应用查询证书的状态，证书状态包括有效、过期、挂失、注销等。

②对数字证书状态进行变更，如证书延期、证书挂失、证书注销等。证书过期、挂失、注销后，针对使用该数字证书签名的电子文件，系统仍支持签章验真；但证书过期、挂失、注销后，不可再对文件进行签名操作。

3）证书备份管理

CA系统在每签发一张新数字证书后，都会将该证书保存在数字证书数据库中，同时发布到LDAP目录服务器上，数字证书数据库会定期进行备份。

4）证书存储管理

①数字证书存储于安全云服务平台，并且发布到LDAP目录服务器。

②数字证书私钥存储于密钥管理系统。

（3）密钥管理

密钥管理子系统主要实现了对密钥的全生命周期管理，对外对接物联网密管系统，对内完成对平台应用、设备等密钥的管理（图5-11）。

1）密钥生成管理

①密钥全部由KMC密钥管理中心生成并保存。

②云平台提供密钥生成记录查看。

③应用认证完成后，可以申请本应用的密钥，审核通过后由密钥管理系统发放应用密钥。

④应用可以向密钥分发中心申请密钥并且将物联网设备专属密钥（数字证书与密钥）烧录至物联网设备主控芯片或加密芯片中。

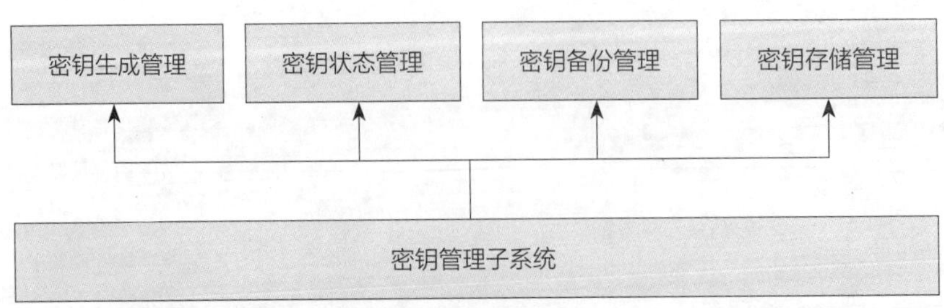

图5-11　密钥管理子系统架构

2）密钥状态管理

通过数据安全管理平台管理页面管理密钥状态，对密钥状态进行变更，如密钥延期、密钥注销。

3）密钥备份管理

密钥备份依赖于密钥管理系统完成，由密钥管理系统保证其正确、有效、安全备份。

4）密钥存储管理

密钥存储于密钥管理系统。

（4）机构管理

机构管理子系统主要实现：机构的接入、审批流程；机构对应用、凭证的申请、类别管理；数字证书的使用权限管理；密钥的使用权限管理等功能。智慧社区和数字家庭不是独立管理的单位，若要保证整体市场上相关智慧社区和数字家庭的信息安全，需要从顶层搭建信息安全平台，做到由上至下的统筹管理。

1）机构管理

智慧社区和数字家庭作为接入信息安全平台的机构，依托平台可进行注册、应用申请，主客体访问权限管理等操作。

2）应用管理

厂商机构提交应用申请，需要填写清楚应用的信息：应用名称、用途、领域等；支持管理多个应用，并可对应用进行领域分类，领域的类型可以动态扩展。

3）授权管理

针对机构可对接的平台、设备、终端，设置是否允许访问等权限。

（5）统计分析

统计分析子系统主要实现管理及运用数据的统计分析，并以领导等视角展示（图5-12）。

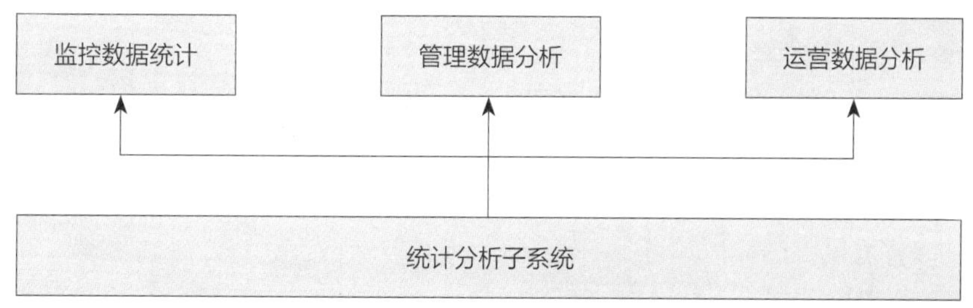

图5-12　统计分析子系统架构

1）监控数据统计

主要对机构、平台、设备、终端的注册及证书、密钥生成数据进行统计分析。

主要依据请求量、生成数据量、存储、响应时间、错误率等信息，分析系统的稳定性、可用性等特件，并且提前预警系统问题。

2）管理数据分析

主要对机构、应用的注册及证书、密钥的生成数据进行统计分析。

①针对凭证授权、证书分发、密钥分发等关键操作进行分析；

②从机构、应用等维度进行数据的分析。

3）运营数据分析

主要对证书、密钥的使用以及安全接入服务等使用做统计分析。

针对运营数据进行分析，例如整体平台的资源消耗、支出、收益等事项。按照月份、季度、年份、地区等维度进行统计分析。

（6）后台管理

后台管理子系统完成对系统菜单、部门、角色、人员、日志的管理（图5-13）。

1）三员管理

关于系统的安全管理，采用了三员管理模式，“三员”即系统管理员、安全管理员、安全审计员。“三员”相互独立、相互制约，可以有效加强信息安全平台系统的功能安全，减少风险。

由超级管理员开启三员功能（系统管理员、安全管理员、安全审计员），超级管理员有且仅有此权限，可指定三员策略、设定三员人员和建立针对各员的管理模块授权。

①系统管理员

执行系统基本维护，具备系统参数配置等权限，可对系统支撑数据进行增、删、改操作。

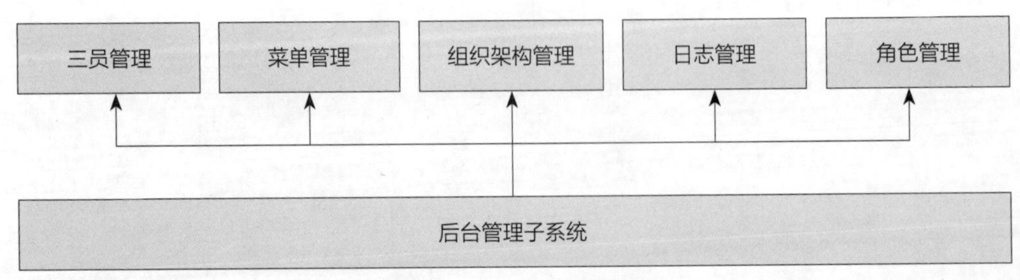

图5-13　后台管理子系统架构

②安全管理员

负责系统的日常安全管理工作，包括用户的角色权限设置、业务流程权限配置，并可设置账号启用情况等，同时对一般用户的操作行为进行安全审计，对制章人的角色权限进行配置。

安全保密管理员不能以其他用户身份登录系统；不能查看和修改任何业务数据库中的信息；负责用户审计日志以及安全审计员日志的查看，但不能增删改日志内容。

③安全审计员

监督系统管理员和安全管理员的行为，对此两员所有操作进行日志审计，并定期备份、维护、导出。

2）菜单管理

可设置系统用户、机构可访问的菜单。可以针对具体的菜单进行授权，把菜单授权给具体的人员、机构、角色。

3）组织架构管理

供系统管理员维护系统部门信息、用户信息、角色信息，以及日志的查看和管理。

5．安全运营方案

（1）统一运维服务平台

统一运维服务平台是一套综合性的运维平台，用于系统检测、系统运行状态监控、系统运行风险监控、应用安全防护以及安全服务管理。通过平台化的运维方式，使信息系统运行达到最优状态，从而有效保障信息系统运行的稳定性和安全性，以降低系统问题发生的频率。

1）信息数据收集

通过在服务器端部署检测探针来采集分析数据，检测探针是统一运维服务平台的重要组成部分，采集的数据包括：服务器配置数据、数据库配置数据、服务器性能数据、应用中间件数据、系统日志数据等，采集完成后对数据进行智能分析并将结果推送给平台展示层。统一运维服务平台可设置检测规则和指标，并下发给探针，以实现根据不同的需求或场景进行动态的检测分析，从而确保信息系统的可用性、连续性和安全性。

2）可视化管理

为使管理者能够更高效快捷地了解系统风险以及快速做出决策，可通过可视化管理集中展示资产信息、资产运行动态、资产监控统计分析数据以及运维服务报告。

3）监控管理

提供资源监控、基线核查、运行风险监控等功能，通过智能化分析技术对监控数据进行分析，发现异常数据进行告警展示，运维人员通过告警数据能够初步快速定位问题源，进而有针对性地进行问题处置，达到快速恢复的效果。

4）安全服务管理

通过平台安全服务管理对周期性的安全运维工作制定工作计划，在平台中生成对应安全运维报告，实现安全运维平台化管理。

5）应用防护管理

主要针对Web系统、移动APP进行安全防护监测，加强业务系统各个访问端的安全防护能力，提升业务系统的安全性及稳定性。

（2）安全运维保障服务

安全运维保障服务为用户提供资产安全运维管理及持续检测、持续防护能力，针对监控告警数据进一步进行人工风险识别、排查和处置，做好事前预防控制措施；发生安全事故后，安全运维工程师通过应急响应流程快速响应，尽可能减少安全事件给用户带来的影响，做好事后安全事件控制措施。

1）渗透测试

由渗透测试专家模拟黑客攻击思路及方法，对Web应用进行非破坏性的模拟攻击，对所有与该系统运行相关的软件资产进行各种漏洞渗透测试，将入侵的实质性证明和细节总结编写成测试报告。

2）安全巡检

对信息系统涉及的服务器、应用系统等资产，通过自动化检查及人工检查相结合的方式，每月进行常规检查以及安全检查，并提供巡检报告的服务。

3）漏洞扫描

漏洞扫描利用各种安全工具，对Web应用及相关服务器等设备进行非破坏性的模拟入侵攻击扫描，目的是通过此种方式获取系统信息或者系统控制权限，将入侵的实质性证明和细节总结编写成测试报告。

4）应急响应

提供应急预案，当安全事件发生后，根据应急预案迅速采取应急措施，避免事态扩散，同时以最快速度修复问题，恢复系统运行，最大限度地降低安全事件对业务系统造成的损失。

5）安全加固

在识别系统面临威胁和存在脆弱性的基础上，对信息系统进行安全配置或漏洞修补，以提高信息系统自身安全性。安全加固的对象包括信息系统涉及的网络设备、安全设备、终端设备、服务器和中间件等。主要通过强化账号口令安全性，设置端口最小化，调整系统安全配置、访问控制策略、安装安全补丁等方法修复已知的漏洞，避免漏洞被利用。

6）等级保护测评协助

在正式开展等级保护测评活动前，对信息系统开展安全评估活动，确保信息系统符合等级保护基本测评要求；对用户安全管理制度进行梳理并编写完善，帮助用户编写系统定级材料，配合专家评审；在正式测评过程中，配合测评机构进行技术答疑和材料补充，确保等级保护测评顺利通过。

7）安全培训服务

按照培训体系的设计思路，信息安全培训课程分为安全管理和安全技术两大类，由浅入深，并根据用户实际情况调节课程的难易程度。

8）风险评估服务

从技术及管理两个维度基于评估模型对业务系统所涉及资产可能面临的威胁、存在的弱点、造成的影响，以及三者综合作用所带来的安全风险进行综合评价，并给出改进建议。

9）内容安全检测服务

对发布前的信息进行错别字、敏感字、虚假、伪造、反动、暴力、色情等问题内容识别；定期对网站发布的信息进行错链检查，识别响应状态为404、500等无效链接地址，并及时告警。提供使用授权1年。

10）应急演练服务

应急演练能检验客户单位应急预案的有效性，确保应急预案可落地，让应急工作在事故发生时安全、有序、科学、高效地实施，并在演练过程中发现当前应急流程的不足，持续优化应急预案，确保客户网络与信息系统安全稳定地运行。

11）红蓝对抗服务

通过实战攻防演习以实战化、可视化、专业级为原则，以对实际目标系统不进行破坏攻击为底线，进行实战攻防对抗，发现网络安全薄弱环节，检验安全防护、应急处置等能力，健全网络安全积极防御、协同处置的体系。

12）运维审计服务

业务系统在维护期间，通过定期持续的审计行为，识别运维行为安全风险，消除“违规恶意操作”“授权混乱”隐患，对系统管理员、安全管理员、系统运维人员等内部人员的相关权限以及操作日志进行审计。

（3）具体应用

1）智慧社区

“智慧社区”是指通过利用各种智能技术和方式，整合社区现有的各类服务资源，为社区群众提供政务、商务、娱乐、教育、医护及生活互助等多种便捷服务的模式。从应用方向来看，“智慧社区”应实现“以智慧政务提高办事效率，以智慧民生改善人民生活，以智慧家庭打造智能生活，以智慧小区提升社区品质”的目标。

智慧社区是社区管理的一种新理念，是新形势下社会管理创新的一种新模式。充分借助互联网、物联网，涉及智能楼宇、数字家庭、路网监控、个人健康与数字生活等诸多领域，充分发挥信息通信（ICT）产业发达、电信业务及信息化基础设施优良优势。

智慧社区汇聚众多服务、平台等，以社区门禁管理及能源管理为例进行说明。

社区综合服务平台以应用的形式接入安全服务云，并获得应用凭证及对接入的平台具备项目级管理的权限，通过项目级凭证分散对应的服务凭证，满足各个接入业务平台的接入安全需求，如社区门禁管理平台、社区能源管理平台接入社区综合平台，通过双方的应用凭证与服务凭证完成身份双向认证及加密传输。再由服务凭证进行二级分散得出终端凭证，满足各个接入的业务平台内的应用安全需求，如社区门禁管理平台通过物业客服处理完成对业主的进出权限的配置，并最终达到控制人员出入的安全管理，在这一应用中，通过终端、设备凭证与服务凭证达到身份双向认证及加密传输的应用。

在该应用场景中，各个业务平台（社区门禁管理平台、社区能源管理平台）也作为应用接入安全服务云，通过向社区综合服务平台分发服务凭证实现数据的接出服务，也可实现身份双向认证及对加密传输的应用，进而保证数据的安全访问。

2）数字家庭

“数字家庭”是以住宅为载体，利用物联网、云计算、大数据和AI等新一代信息化技术，通过智能终端设备感知用户基础生活需求的基础上，能够实现数字家庭、智慧安防、健康管理、居家养老和社区服务等数字化家庭生活服务（图5-14）。

而智能终端设备获取的往往是住宅用户的隐私信息，一旦隐私信息被泄露，可能造成严重的麻烦。而当前市场上，智能终端设备一般会与物联网管控平台关联，涉及的信息传输路径会很多，从数据的存储到传输等过程都可能存在数据泄露等问题。所以建立“数字家庭”下的安全体系，保证其信息安全是必不可少的。由于家庭智能设备到家庭网关的距离一般比较近，进行复杂的加密保护意义不大。依托信息安全平台，可以采用简单的对称密钥加密的方案进行加密，主要在于保护家庭网关到平台服务器的通信过程。

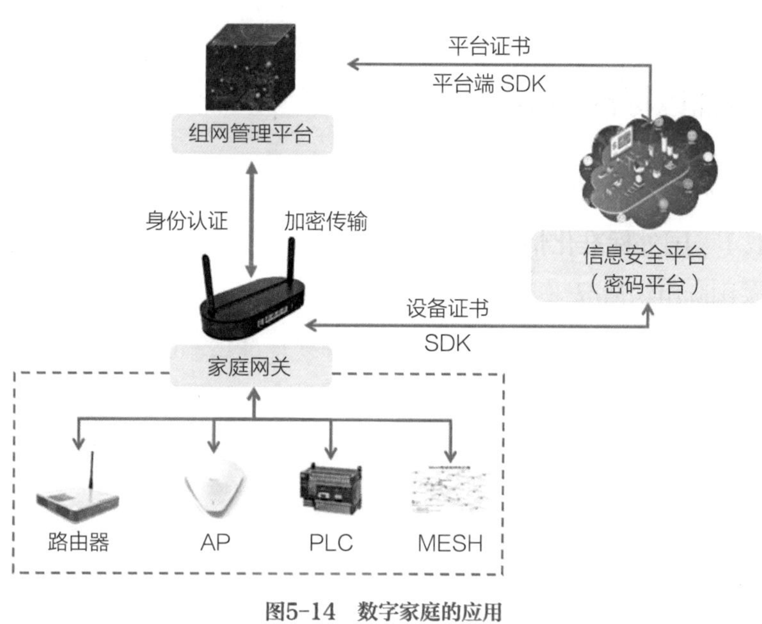

图5-14　数字家庭的应用

第6章

智慧社区与数字家庭标准

6.1 智慧社区标准体系

6.1.1 智慧社区标准化现状

6.1.1.1 国外标准化情况

1．相关国际组织情况

当前，国际标准化组织都开展了智慧城市国家标准化工作，我国通过担任多个国际标准化组织的召集人等领导职务，提交关键贡献物，积极推动智慧城市国际标准化工作，引领智慧城市研究方向。智慧社区作为智慧城市重要组成部分，也在国际标准中扮演了重要的角色。

（1）国际标准化组织（ISO）

2012年2月23日，ISO TMB经过投票正式批准同意成立ISO/TC 268 Sustainable development in communities（城市可持续发展技术委员会）和ISO/TC 268/SC 1 Smart urban infrastructure metrics（智慧城市基础设施计量分技术委员会）。

ISO/TC 268现设有1个分技术委员会，2个特别工作组，4个工作组。负责城市和社区的可持续发展领域的标准化工作，包括基本要求、指南、支持技术和工具等，用以帮助不同类型城市和社区实现可持续发展。

ISO/TC 268/SC 1现设有2个特别工作组，4个工作组。负责智慧城市基础设施的标准化工作，为城市基础设施智能化提供全球统一的标准。

ISO/TC 268秘书处设在法国，比利时为主席国。包括法国（AFNOR）、比利时（CEN）、中国（SAC）、德国（DIN）等，现有成员国51个，其中P成员28个，O成员23个。

ISO/TC 268/SC 1秘书处设在日本。日本为主席国，中国为副主席国。现有包括加拿大（SCC）、中国（SAC）、法国（AFNOR）、德国（DIN）、印度（BIS）、日本

（JISC）等33个成员国，其中P成员21个，O成员12个。

现有8项标准作为ISO智慧城市试点工作的测试标准，分别为：SC1/WG1工作组承担的《智慧城市基础设施—绩效评价的原则和要求》ISO 37151和《智慧城市基础设施性能和集成成熟度模型》ISO 37153；SC1/WG2工作组承担的《智慧城市基础设施开发与运营通用框架》ISO 37152和《智慧城市基础设施整合与运营框架》ISO 37155；SC1/WG3工作组承担的《智慧城市基础设施—交通最佳实践指南》ISO 37154《智慧城市基础设施紧凑型城市的智能交通》ISO 37157和《智慧城市基础设施电池驱动公交系统》ISO 37158；SC1/WG4工作组承担的《智慧城市基础设施数据交换与共享指南》ISO 37156。

（2）国际电工委员会（IEC）

IEC智慧城市系统委员会于2016年2月正式成立，其前身为IEC SEG1智慧城市系统评估组。IEC/SyC 主要负责在电子电工领域开展智慧城市相关国际标准研究，以促进城市系统的集成性、互操作性和有效性发展。山东省标准化研究院为IEC/SyC国内技术对口单位。IEC SyC Smart Cities下设三个工作组，分别为WG1 Terminology（智慧城市术语）、WG2 Market Relationship（市场应用及用例）、WG3 Reference Architecture（智慧城市电子电工视角参考框架）。

（3）信息技术国际标准组织（ISO/IEC JTC 1）

ISO/IEC JTC 1（国际标准化组织/国际电工委员会第一联合技术委员会）是国际上专门负责信息技术的国际标准化组织，由ISO和IEC联合成立。2013年5月，工业和信息化部电子工业技术标准化研究院代表我国向ISO/IEC JTC 1规划特别工作组提交了《中国关于JTC 1内智慧城市潜在标准工作的建议》提案，提出了JTC 1成立智慧城市研究组的建议。2013年11月，JTC1正式成立了SG1（智慧城市研究组），旨在分析智慧城市信息技术领域相关的标准化需求，提出具体的工作领域和工作方式，并明确如何将现有的信息技术标准用于全球智慧城市建设。SG1的召集人和秘书均由中国专家担任，成员来自美国、德国、英国、加拿大、日本、韩国、法国等16个国家。

目前，我国在推动SG1完成第一年研究报告的基础上，更进一步提出《智慧城市ICT评价指标》《智慧城市ICT视角参考模型》《智慧城市领域知识模型》（与英国联系）3项新工作项目提案（NWIP），从而建议JTC 1成立工作组开展智慧城市国家标准化工作。后续，我国将积极争取新工作组的召集人和秘书的职位。

（4）国际电信联盟（ITU）

国际电信联盟电信标准分局（ITU-T）电信标准化顾问组（TSAG）在2015年6月

2至5日在日内瓦国际电信联盟总部举行的会议上决定成立新的研究组ITU-T SG20，命名为“物联网（IoT）及其应用（包括智慧城市和社区）”，负责研究物联网（IoT）及其应用，并首先聚焦于智慧城市和社区。ITU-T SG20下设两个工作组，WG1：物联网，WG2：智慧城市与社区。这项工作在2015年10月第一次SG20全体会议上得到了确认。相关文件详细阐述了ITU-T SG20工作项包括：

1）物联网在ITU-T中协调一直开发的框架和路线图，包括人机通信、泛在传感网和智慧可持续城市与社区，以及与ITU-D和ITU-R两个研究组、其他地区和国际标准化开发组织（SDO）及行业领域的密切合作。

2）IoT及其应用［包括智慧城市与社区（SC&C）］的需求和能力。

3）IoT定义及其术语。

4）在智慧可持续城市/体系结构框架汇总可用的IoT基础设施/服务，以及SC&C的IoT需求。

5）在智慧可持续城市与社区中使用IoT的有效服务分析和基础设施，以评估IoT的使用对城市智慧化的影响。

6）需要标准化的指南、方法和最佳实践，以帮助城市（包括农村地区和村庄）交付使用IoT的服务（本着最初应对城市挑战的观点）。

7）IoT端到端体系结构。

8）能使各种垂直领域（包括智慧城市、电子农业）进行数据互操作的数据集。

9）IoT系统和应用的高层协议和中间件。

10）在不同垂直领域中的IoT应用之间实现互操作性的中间件。

11）IoT及其应用的服务质量（QoS）和端到端性能。

12）IoT系统、服务和应用的安全。

13）现有和计划IoT标准的数据库维护。

为了确保SG20的成果可见和责任明确，规定所有与IoT相关的标准建议书统一编号在ITU-TY.4000下。

根据SG20工作组工作范围的确定，很明确地表明智慧城市是IoT的应用，并且把智慧城市放在和IoT同样的高度进行研究。

国外多数国家的行政层级机构较为简单，其政府电子政务的实施已能基本满足社会基本单元（居民、家庭、企业等）的信息化需求，电子政务与社区信息化能够有机结合。

2. 各个国家标准化工作进展

（1）美国

欧美发达国家自20世纪80年代初开始进行信息化建设，已经取得长足进展。美国于1980年就启动了一项CAC（Community Access Center）计划，建设了150多个CAC中心，旨在面向信息和网络技术弱势群体提供计算机技术、网络技术等相关培训。1993年美国前副总统戈尔在其发布的白皮书《利用信息技术重构政府》中使用了“电子政务”这一术语。2001年美国前总统布什启动了总统管理议程（President's Management Agenda，PMA），进行多项政府改革，扩展电子政务是其中重要的内容。美国弗吉尼亚州政府成立了电子社区工作组，并制定了一个电子社区建设模板，为自愿建设电子社区、接入互联网的社区提供指导。

（2）英国

通过ESD标准平台，英国地方社区标准化全面展开，从标准研制、标准工具、标准间的关联与映射、构成标准的XML资源的图形表示，到标准的交互式树形浏览、标准应用统计等方面，进行标准化全过程的研究、应用与资源共享。主要的标准有：《电子服务发布客户服务》用以规范地方政府客户服务的标准，《电子服务发布住房供给服务》用以规范地方政府发布住房供给服务的标准，《电子服务发布成人社会关怀服务》用以规范地方政府对老年人、残疾人、存在学习或智力障碍等需要社会关怀的和施与社会关怀的18岁以上成人的服务，《电子服务公共财产服务》用以规范地方政府公共财产的电子服务发布，《规划和监管在线服务建设控制服务发布标准》用以规范地方政府建设控制相关电子服务的发布等。

（3）新加坡

为了实现“多个机构，一个门户”在线网络政府的战略目标，新加坡政府构建了电子政务协同工作框架——政府服务技术框架（Service-Wide Technical Architecture，SWTA）。政府服务技术框架是新加坡构建网络政府的关键步骤。它是一个融合了标准、规则的技术框架，用来帮助政府机构进行信息通信系统的设计、实施和管理，方便政府机构之间的协同工作和信息共享。政府服务技术框架强调，承担公共服务的信息通信系统应能够支持电子协作，更好地促进跨越部门界限的信息共享。该框架采用领域体系结构，以便降低集成复杂度，提升政府信息系统的应用效益，增强组件复用程度。

总之，发达国家在城市化进程中并没有明确提出智慧社区这一概念。他们大多数是在城市信息化和政府电子政务建设中，逐步覆盖和完成了社区信息化的建设。同时，无论是电子政务还是社区建设，先进国家和地区都采取标准化措施作为管理支撑和管理手段。社区建设离不开标准化的支持，标准化是确保社区工作协调一致和整体效能实现的重要基石。

目前，关注住区、社区国际标准化工作的主要为ISO/TC 268（社区可持续发展技术委员会）。2012年，ISO响应各方需求建立了ISO/TC 268，Sustainable Development in Communities（社区可持续发展技术委员会），下设4个标准工作组，1个分技术委员会，发布了8项国际标准，在研14项。主要涉及社区可持续发展需求和架构、可持续发展目标、技术工具支持等方面的标准化工作。主要发布的国际标准如下：

1）Sustainable cities and communities—Vocabulary（ISO 37100：2016）《城市与社区可持续—术语》

2）Sustainable development in communities—Management system for sustainable development—Requirements with guidance for use（ISO 37101：2016）《社区可持续发展—可持续发展管理系统—使用指导要求》

3）Sustainable development in communities—Indicators for city services and quality of life（ISO 37120：2014）《社区可持续发展—城市服务和生活质量指标》

4）Sustainable development in communities-Inventory of existing guidelines and approaches on sustainable development and resilience in cities（ISO/TR 37121：2017）《社区可持续发展—指导目录、城市可持续发展及扩展方法》

"国际电信联盟（ITU）"官网2020年10月9日发布消息，国际电信联盟（ITU）、国际标准化组织（ISO）和国际电工委员会（IEC）成立了新的"智慧城市标准化联合工作组"，旨在通过响应可持续城市和社区"使城市更具包容性、安全性、韧性和可持续性"的目标，来促进智慧城市的国际标准化进程。

关于智能建筑的国际标准，主要由ISO/TC 205负责，具体由建筑物环境设计技术委员会建筑物控制系统设计工作组归口管理，包括建筑环境设计、能效评估、通信协议等方面的要求，具体如表6-1所示。

国外标准体系　　表6-1

序号	标准号	标准阶段	标准英文名称	标准中文名称
1	ISO 16484-1: 2010	已出版阶段	Building automation and control systems（BACS） —Project specification and implementation	《建筑自动化和控制系统　工程规范及实现》

续表

序号	标准号	标准阶段	标准英文名称	标准中文名称
2	ISO 16484-2: 2004	已出版阶段	Building automation and control systems（BACS）—Hardware	《建筑自动化和控制系统　硬件》
3	ISO 16484-3: 2005	已出版阶段	Building automation and control systems（BACS）—Functions	《建筑自动化和控制系统　功能》
4	ISO 16484-4	已预备阶段	Building automation and control systems（BACS）—Applications	《建筑自动化和控制系统　应用》
5	ISO 16484-5: 2012	已出版阶段	Building automation and control systems（BACS）—Data communication-Protocol	《建筑自动化和控制系统　数据通信协议》
6	ISO 16484-6: 2005	已出版阶段	Building automation and control systems（BACS）—Data communication-Conformance testing	《建筑自动化和控制系统　数据通信一致性测试》
7	ISO 16484-7	预备阶段	Building automation and control systems（BACS）—Impact on energy performance of buildings	《建筑自动化和控制系统　建筑能效》

6.1.1.2　国内标准化情况

1．国内标准化组织

近年来，我国多个标准化相关机构或协会已开展了智慧社区的标准体系框架的研究和部分标准的研制工作，涉及民政、工信、公安、住建等部门，主要组织有全国智能建筑及居住区数字化标准化技术委员会（SAC/TC 426）、全国服务标准化技术委员会（SAC/TC 264）、全国电子业务标准化技术委员会（SAC/TC 83）、全国信息技术标准化技术委员会（SAC/TC 28）、全国公共安全基础标准化技术委员会（SAC/TC 351）。其中：

全国智能建筑及居住区数字化标准化技术委员会归口管理了居住区数字化技术应用的相关标准；

全国服务标准化技术委员会归口管理了社区服务类的相关标准；

全国电子业务标准化技术委员会归口管理了社区信息化术语、数据元等相关标准；

全国信息技术标准化技术委员会归口管理了社区信息化总体要求、数据字典、信息系统等相关标准；

全国公共安全基础标准化技术委员会归口管理了社区网格服务相关标准。

为统一协调各领域标准制定，原信息产业部科技司联合民政部基层政权和社区建设司成立了“社区信息化标准研究起草小组”，开展对社区公共服务平台、社区自然人数据库、社区信息分类代码等标准的研制工作。

国家标准委于2014年成立国家智慧城市标准化协调推进组、总体组和专家咨询组，总体统筹规划和协调管理包括智慧社区在内的智慧城市标准化工作。我国智慧社区相关标准化组织如图6-1所示。

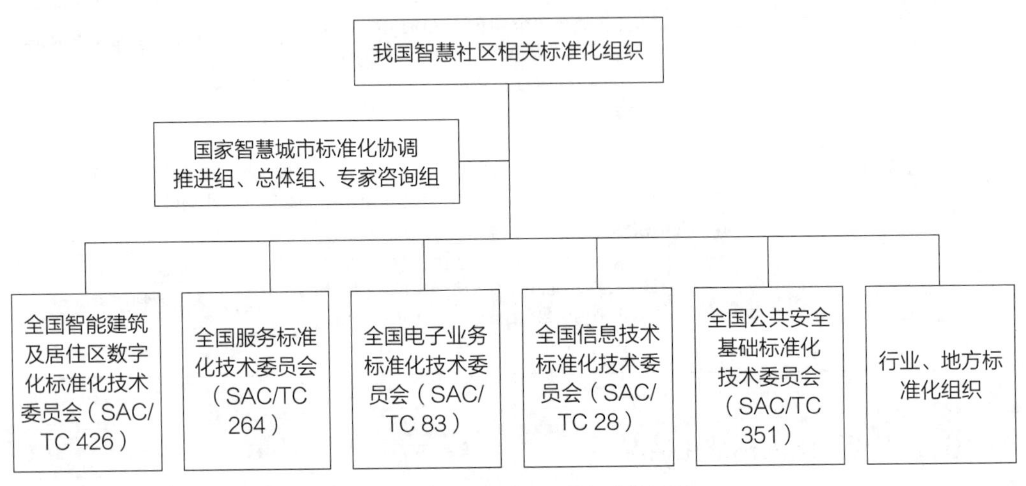

图6-1　我国智慧社区相关标准化组织

2. 国内标准化进程

国内智慧社区的标准化工作经历了三个阶段：

（1）基础设施标准化阶段（20世纪90年代起）。在这一阶段中，不仅智慧社区这一概念尚未出现，而且我国城镇化进程也尚处于初期，标准化的工作由原建设部及各行业主管部门分头推进，主要围绕城乡住宅小区建设的燃气、照明、供配电、通信等基础设施展开。21世纪以来，也陆续出现了节能节水、低碳环保等绿色建筑相关的行业或地方标准。

（2）社区服务标准化和社区数字化阶段（2006年起）。在这一阶段中，伴随着我国城镇化进程，社区的职能边界不断拓展，服务需求不断提升。一方面，由全国服务标准化技术委员会（SAC/TC 264）等推进社区服务的标准化工作，另一方面，由住房和城乡建设部、工业和信息化部等推进社区信息化的标准化工作。两个方面的工作几乎同时起步，国内各地方出台了相关建设指南和标准。

（3）智慧社区标准化阶段（2012年起）。在智慧社区概念出现之前，社区服务和社区信息化两大领域一直未能充分融合。随着住房和城乡建设部《智慧社区建设指南（试行）》的颁布和国家智慧社会标准化研究工作的推进，智慧社会标准进入了系统化协调推进阶段。

由于各个领域技术进步的推动和应用时间的需求，上述三个阶段均无明显的界限和终点，各项标准的制订、修订工作仍在持续进行。国内智慧社区标准化进程及主要里程碑如图6-2所示。

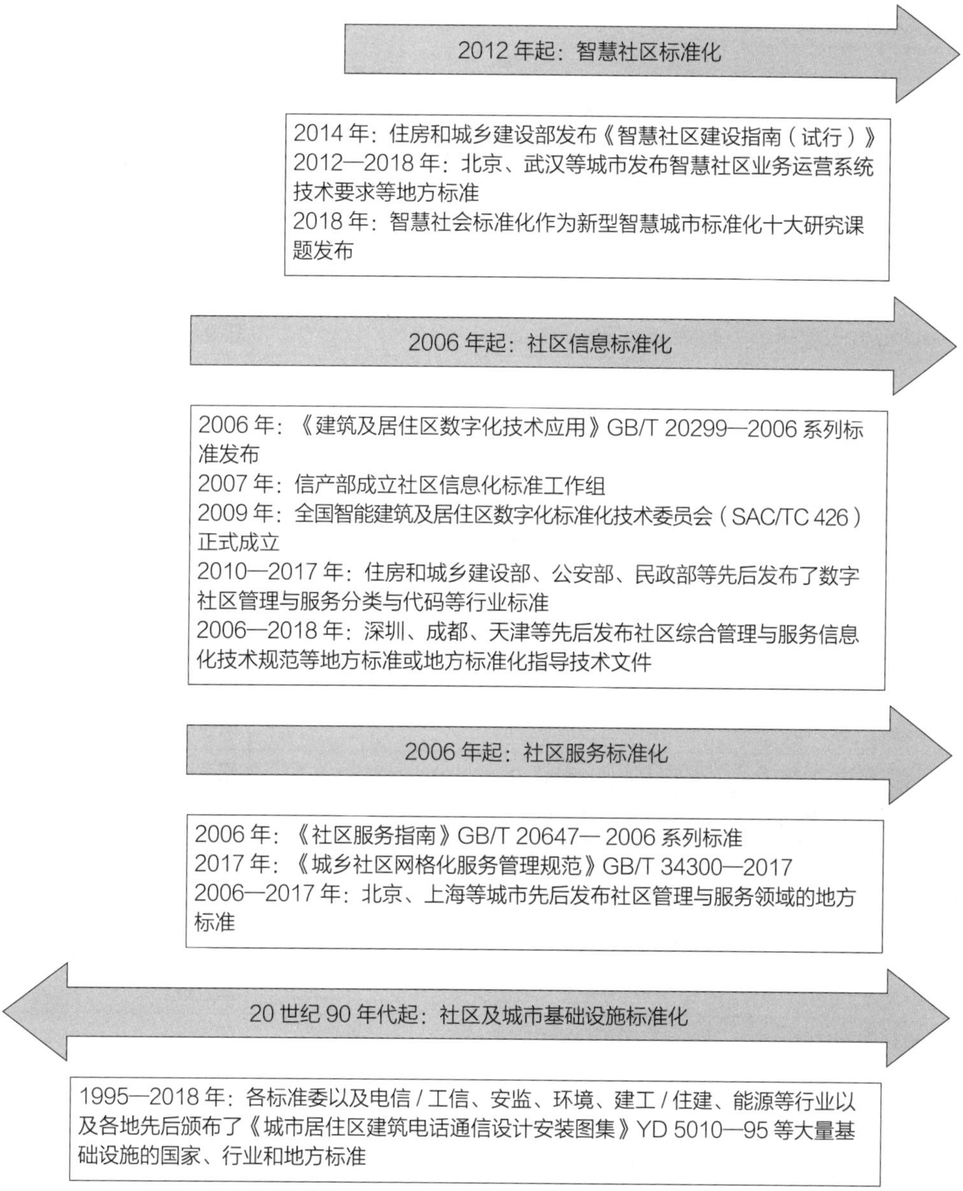

2012 年起：智慧社区标准化

2014 年：住房和城乡建设部发布《智慧社区建设指南（试行）》
2012—2018 年：北京、武汉等城市发布智慧社区业务运营系统技术要求等地方标准
2018 年：智慧社会标准化作为新型智慧城市标准化十大研究课题发布

2006 年起：社区信息标准化

2006 年：《建筑及居住区数字化技术应用》GB/T 20299—2006 系列标准发布
2007 年：信产部成立社区信息化标准工作组
2009 年：全国智能建筑及居住区数字化标准化技术委员会（SAC/TC 426）正式成立
2010—2017 年：住房和城乡建设部、公安部、民政部等先后发布了数字社区管理与服务分类与代码等行业标准
2006—2018 年：深圳、成都、天津等先后发布社区综合管理与服务信息化技术规范等地方标准或地方标准化指导技术文件

2006 年起：社区服务标准化

2006 年：《社区服务指南》GB/T 20647— 2006 系列标准
2017 年：《城乡社区网格化服务管理规范》GB/T 34300—2017
2006—2017 年：北京、上海等城市先后发布社区管理与服务领域的地方标准

20 世纪 90 年代起：社区及城市基础设施标准化

1995—2018 年：各标准委以及电信 / 工信、安监、环境、建工 / 住建、能源等行业以及各地先后颁布了《城市居住区建筑电话通信设计安装图集》YD 5010—95 等大量基础设施的国家、行业和地方标准

图6-2　智慧社区标准化发展历程

3．国内标准化成果

我国在智慧社区相关标准化研究方面，已经积累了较大的成果。据不完全统计，我国现有智慧社区相关国家标准89项、相关行业标准17项、相关地方标准106项。

国内与智慧社区相关的标准可以被分为社区基础设施类标准、社区服务类标准、社区信息化类标准三部分。

（1）社区基础设施类标准

社区基础设施标准主要包括城乡住宅小区建设的燃气、照明、供配电、通信等基础设施标准，以及节能节水、低碳环保等绿色建筑、智能建筑标准，如表6-2所示。

社区基础设施类标准　　表6-2

标准号	标准名称	标准分类
GB/T 26928—2011	节水型社区评价导则	国家标准
GB 50180—2018	城市居住区规划设计标准	国家标准
GB 50808—2013	城市居住区人民防空工程规划规范	国家标准
GB/T 50378—2019	绿色建筑评价标准	国家标准
GB 50028—2006	城镇燃气设计规范（2020 版）	国家标准
GB 50034—2013	建筑照明设计标准	国家标准
GB 50052—2009	供配电系统设计规范	国家标准
GB 50189—2015	公共建筑节能设计标准	国家标准
GB 50555—2010	民用建筑节水设计标准	国家标准
GB 50013—2018	室外给水设计标准	国家标准
GB 50014—2021	室外排水设计标准	国家标准
GB 50015—2019	建筑给水排水设计标准	国家标准
GB 50282—2016	城市给水工程规划规范	国家标准
GB/T 50293—2014	城市电力规划规范	国家标准
GB 50311—2016	综合布线系统工程设计规范	国家标准
GB/T 50312—2016	综合布线系统工程验收规范	国家标准
GB 50318—2017	城市排水工程规划规范	国家标准
GB 50336—2018	建筑中水设计标准	国家标准
GB 50343—2012	建筑物电子信息系统防雷技术规范	国家标准
GB 50348—2018	安全防范工程技术标准	国家标准
GB 50613—2010	城市配电网规划设计规范	国家标准
GB 50763—2012	无障碍设计规范	国家标准
GB 50846—2012	住宅区和住宅建筑内光纤到户通信设施工程设计规范	国家标准

续表

标准号	标准名称	标准分类
GB 50847—2012	住宅区和住宅建筑内光纤到户通信设施工程施工验收规范	国家标准
GB 50314—2015	智能建筑设计标准	国家标准
GB 50339—2013	智能建筑工程质量验收规范	国家标准
GB 50606—2010	智能建筑工程施工规范	国家标准
JG/T 191—2006	城市社区体育设施技术要求	行业标准
JGJ/T 425—2017	既有社区绿色化改造技术标准	行业标准
JGJ 286—2013	城市居住区热环境设计标准	行业标准
JGJ/T 229—2010	民用建筑绿色设计规范	行业标准
CJ/T 164—2014	节水型生活用水器具	行业标准
AQ/T 9001—2006	安全社区建设基本要求	行业标准
DL/T 5700—2014	城市居住区供配电设施建设规范	行业标准
HJ/T 351—2007	环境标志产品技术要求　生态住宅（住区）	行业标准
YD 5010—95	城市居住区建筑电话通信设计安装图集	行业标准
SZDB/Z 310—2018	低碳社区评价指南	地方标准化指导性技术文件（深圳市）

（2）社区服务类标准

社区服务类标准主要规范社区公共服务、物业管理、健康护理、教育培训等服务。目前比较重要的标准是由中国标准化研究院、民政部等单位共同合作起草的《社区服务指南》GB/T 20647系列国家标准。该系列标准包括9个部分：总则，环境管理，文化、教育、体育服务，卫生服务，法律服务，青少年服务，社区扶助服务，家政服务，物业服务。

其他部分相关国家标准和地方标准如表6-3所示。

社区服务类标准　　表6-3

标准号	标准	标准分类
GB/T 34300—2017	城乡社区网格化服务管理规范	国家标准
DB11/T 1466—2017	社区管理与服务规范	地方标准（北京市）
DB45/T 1607—2017	老年人宜居社区建设规范	地方标准(广西壮族自治区）
DB31/T 1023—2016	老年宜居社区建设细则	地方标准（上海市）
DB23/T 1297—2008	社区服务 通用要求	地方标准（黑龙江省）

（3）社区信息化类标准

社区信息化类标准主要覆盖社区数字化、信息化所需的基础软硬件和网络技术、数据编码、数据共享与交换、应用系统等。2006年由建设部、信息产业部、北京市质量技术监督局等单位共同合作起草的《建筑及居住区数字化技术应用》GB/T 20299—2006系列标准是我国该领域较早的国家标准。该系列标准包括4个部分：系统通用要求、检测验收、物业管理、控制网络通信协议应用要求，涵盖了建筑及住宅社区数字技术应用领域的各个方面，包括控制网络通信协议、产品设计、系统搭建、检测验收和物业管理实施等。

其他部分相关国家标准、地方标准和行业标准见表6-4。

社区信息化类标准　　表6-4

标准号	标准	标准分类
GB/T 31490.1—2015 GB/T 31490.4—2015 GB/T 31490.7—2015	社区信息化　第 1 部分：总则 社区信息化　第 4 部分：数据元素字典 社区信息化　第 7 部分：信息系统技术要求	国家标准
GB/T 29854—2013	社区基础数据元	国家标准
GB/T 29855—2013	社区信息化术语	国家标准
GA/T 2000.33—2020	公安信息代码　第 33 部分：社区、居（村）委会编码规则	行业标准
MZ/T 053—2014	社区公共服务综合信息平台基本规范	行业标准
CJ/T 174—2003	居住区智能化系统配置与技术要求	行业标准
CJ/T 281—2008	居住区 DCN 控制网络通信协议	行业标准
CJ/T 376—2011	居住区数字系统评价标准	行业标准
DB12/T 490.1—2013 DB12/T 490.2—2013 DB12/T 490.3—2013	社区管理和服务信息化规范　第 1 部分：总则 社区管理和服务信息化规范　第 2 部分：数据规范 社区管理和服务信息化规范　第 3 部分：交换规范	地方标准（天津市）
SZDB/Z 3—2006	社区服务与综合管理信息化技术规范	地方标准化指导性技术文件（深圳市）

同时，各国标委以及行业和地方也先后编制了社区信息化的大量标准，其内容涵盖术语、编码、平台、通信、评价、安全、运维等各个方面。但标准之间范围交叉、内容相异的现象十分突出。

4．智慧社区标准化工作

2014年5月，住房和城乡建设部办公厅发布了《智慧社区建设指南（试行）》，对如何利用信息技术，加强社区管理和服务进行了论述，其主要内容包括智慧社区的指导思想和发展目标、评价指标体系、总体架构与支撑平台、基础设施与建筑环境、社区治理与公共服务、小区管理服务、便民服务、主题社区、建设运营模式、保障体系建设等。但涉及智慧社区核心的数据和智能，标准化工作仍有待进一步推进。

北京、上海、深圳等不同城市，也推出了相关的地方标准和导则。

（1）北京

2013年12月，按照《智慧北京行动纲要》的统一部署和贯彻落实《关于在全市推进智慧社区建设的实施意见》的有关要求，北京市社会办、北京市经济信息化委、北京市民政局在总结北京市智慧社区试点建设工作的基础上，共同研究制定了《北京市智慧社区建设指导标准》，深入推进智慧社区建设工作。

指导标准中提出了智慧社区建设的远景目标是将社区建设成为政务高效、服务便捷、管理睿智、生活智能、环境宜居的社区生活新业态，实现5A模式“智慧社区、美丽家园、幸福生活”，使“任何人（Anyone）、在任何时候（Anytime）、任何地点（Anywhere）、通过任何方式（Anyway）、能得到任何服务（Any service）”。

指导标准中还对标准的结构、内容以及标准的评估机制作了进一步的阐述。

（2）上海

为更好地推进上海市智慧社区建设，在总结试点示范工作和借鉴国内智慧社区建设经验的基础上，上海市经济信息委、上海市民政局、上海市文明办联合编制了《上海市智慧社区建设指南（试行）》（以下简称《指南》）。指导社区开展智慧社区建设工作，并将此项工作纳入文明社区、文明镇创建工作。

《指南》从六个方面对智慧社区的建设内容提出了要求，分别是：

1）信息基础设施网络化；

2）生活服务便利化；

3）社区管理与公共服务信息化；

4）小区管理智能化；

5）家居生活智能化；

6）其他，如保障体系、信息汇聚与管理等。

（3）深圳

2013年12月，深圳市政府发布了《深圳市智慧社区建设导则（试行）》，规定了智慧社区建设的基本内容、基本原则、技术要求，以及运营和管理的基本方法，涵盖了建筑物及基础设施、智慧应用、智慧社区信息化体系结构和平台设计、智慧社区试点示范与评价推广、智慧社区评价指标体系、智慧社区建设与运营指标体系等内容。

在我国，智慧社区作为城镇化发展的新战略及社区管理服务的新模式，伴随着智慧城市概念的提出应运而生。新城建时期中国智慧社区的深度发展应密切结合《中华人民共和国国民经济和社会发展第十四个五年规划和2035年远景目标纲要》，全面贯彻落实“创新、协调、绿色、开放、共享”的新发展理念，提出新一代智慧社区的新内涵、新模式，厘清并确定新一代智慧社区的主要目标是实现标准统筹指导的顶层设计和落地实施体系。

目前，与智慧社区相关的标准比较多，根据住房和城乡建设部标准定额研究所编写《智慧住区及智能建筑产品系列标准应用实施指南》可知，智慧社区和智能建筑领域已经颁布的相关标准有194项，其中国家标准101项（强制标准71项，推荐标准40项）、行业标准73项、地方标准3项、团体标准2项、国际标准15项。其中，具有代表性的标准如表6-5所示。

智慧社区相关标准　　表6-5

标准号	标准名称	标准分类
GB/T 20299.1—2006	建筑及居住区数字化技术应用　第 1 部分：系统通用要求	国家标准
GB/T 20299.2—2006	建筑及居住区数字化技术应用　第 2 部分：检测验收	国家标准
GB/T 20299.3—2006	建筑及居住区数字化技术应用　第 3 部分：物业管理	国家标准
GB/T 20299.4—2006	建筑及居住区数字化技术应用　第 4 部分：控制网络通信协议应用要求	国家标准
GB/T 37142—2018	住宅用综合信息箱技术要求	国家标准
GB/T 29854—2013	社区基础数据元	国家标准
GB/T 29855—2013	社区信息化术语	国家标准
GB/T 31490.1—2015	社区信息化　第 1 部分：总则	国家标准
GB/T 31490.4—2015	社区信息化　第 4 部分：数据元素字典	国家标准
GB/T 31490.7—2015	社区信息化　第 7 部分：信息系统技术要求	国家标准
GB/T 38321—2019	建筑及居住区数字化技术应用　家庭网络信息化平台	国家标准
GB/T 38323—2019	建筑及居住区数字化技术应用　家居物联网协同管理协议	国家标准
GB/T 38319—2019	建筑及居住区数字化技术应用　智能硬件技术要求	国家标准
GB/T 38237—2019	智慧城市　建筑及居住区综合服务平台通用技术要求	国家标准

续表

标准号	标准名称	标准分类
GB/T 38840—2020	建筑及居住区数字化技术应用　基础数据元	国家标准
GB/T 42455.1—2023	智慧城市　建筑及居住区　第 1 部分：智慧社区信息系统技术要求	国家标准
GB/T 50378—2019	绿色建筑评价标准	国家标准
GB/T 50640—2010	建筑工程绿色施工评价标准	国家标准
GB 50180—2018	城市居住区规划设计标准	国家标准
GB 3096—2008	声环境质量标准	国家标准
GB/T 34068—2017	物联网总体技术　智能传感器接口规范	国家标准

在国家层面大力支持智慧社区建设的宏观背景下，各地方、行业组织根据国务院的指导意见，陆续出台适合本地区、本行业发展的指导建设方针、建设指南、指导标准、评价标准，为当地绿色和智慧社区、住区、小区的建设和评定提供指导，推动区域智慧社区的建设与发展，如表6-6所示。

地方、行业组织在社区、住区、小区领域建设指导意见　　表6-6

地区 / 组织	时间	名称
上海市	2013 年	上海市智慧社区建设指南（试行）
北京市	2013 年	北京市智慧社区指导标准
深圳市	2014 年	深圳市智慧社区建设导则（试行）
陕西省	2014 年	绿色生态居住小区建设评价标准
内蒙古自治区	2016 年	智慧小区设计标准
贵州省	2017 年	贵州省绿色生态小区评价标准
重庆市	2018 年	重庆市智慧小区评价标准
海南省	2018 年	海南省绿色生态小区技术标准
山东省	2018 年	山东省绿色智慧住区建设指南
中国工程建设标准化协会	2019 年	绿色住区标准

总体来说，现阶段我国还处于智慧社区应用和发展的初级阶段，存在着缺乏智慧社区顶层规划，未形成可持续的建设运营模式等问题。基于此，住房和城乡建设部正在开展《智慧住区建设标准研究》项目，其中指引智慧住区长效发展的建设模式研究和试点工作是重要研究内容之一。

6.1.2 智慧社区标准体系架构

根据建筑及居住区信息化的业务范围，确定智慧社区数字化标准体系框架如图6-3所示。

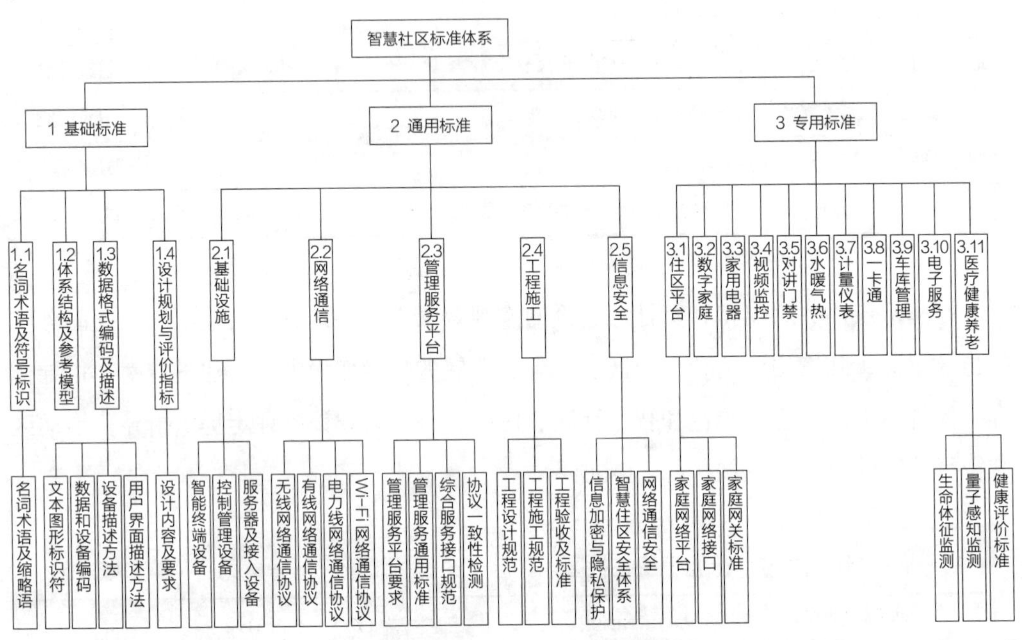

图6-3 智慧社区数字化标准体系框架图

6.1.3 智慧社区标准明细

6.1.3.1 基础标准（表6-7）

基础标准表　　表6-7

体系编码	标准号	标准名称	级别	标准状态	国际标准号及采用关系	被代替标准号或作废	备注
[1]1.1.1	名词术语						
[1]1.1.1.1	JGJ/T 313—2013	建设领域信息技术应用基本术语标准	行业标准	现行			
[1]1.1.1.2		建筑及居住区　智慧社区术语	国家标准	待制定			
小计	2（现行：1，待制定：1）						
[1]1.1.2	信息分类编码						
[1]1.1.2.1	GB/T 38840—2020	建筑及居住区数字化技术应用　基础数据元	国家标准	现行			

续表

体系编码	标准号	标准名称	级别	标准状态	国际标准号及采用关系	被代替标准号或作废	备注
[1]1.1.2.2		智慧城市　建筑及居住区　智慧社区数据标准	国家标准	待制定			
小计	2（现行：1，待制定：1）						
[1]1.1.3	标识与符号						
[1]1.1.3.1	JG/T 198—2007	建筑对象数字化定义	行业标准	现行			
[1]1.1.3.2	CJ/T 330—2010	电子标签通用技术要求	行业标准	现行			
小计	2（现行：2）						
[1]1.1.4	设计规划与评价指标						
[1]1.1.4.1	GB/T 20299.2—2006	建筑及居住区数字化技术应用　第 2 部分：检测验收	国家标准	现行			
[1]1.1.4.2	GB/T 50312—2016	综合布线系统工程验收规范	国家标准	现行			
[1]1.1.4.3	GB 50339—2013	智能建筑工程质量验收规范	国家标准	现行			
[1]1.1.4.4	GB/T 50378—2019	绿色建筑评价标准	国家标准	现行			
[1]1.1.4.5		智慧城市　建筑及居住区　第 2 部分：智慧社区评价	国家标准	在编			
[1]1.1.4.6		智慧城市　建筑及居住区　智慧社区数字化系统测评标准	国家标准	待制定			
[1]1.1.4.7		智慧社区信息交换技术标准	国家标准	待制定			
小计	7（现行：4，在编：1，待制定：2）						
总计	13（现行：8；在编：1；待制定：4）						

6.1.3.2　通用标准

1．基础设施通用标准（表6-8）

基础设施通用标准表　　表6-8

体系编码	标准号	标准名称	级别	标准状态	国际标准号及采用关系	被代替标准号或作废	备注
[2]1.3.1.1	GB 10408.1—2000	入侵探测器　第 1 部分：通用要求	国家标准	现行			

续表

体系编码	标准号	标准名称	级别	标准状态	国际标准号及采用关系	被代替标准号或作废	备注
[2]1.3.1.2	GB 10408.2—2000	入侵探测器　第 2 部分：室内用超声波多普勒探测器	国家标准	现行			
[2]1.3.1.3	GB 10408.3—2000	入侵探测器　第 3 部分：室内用微波多普勒探测器	国家标准	现行			
[2]1.3.1.4	GB 10408.4—2000	入侵探测器　第 4 部分：主动红外入侵探测器	国家标准	现行			
[2]1.3.1.5	GB 10408.5—2000	入侵探测器　第 5 部分：室内用被动红外探测器	国家标准	现行			
[2]1.3.1.6	GB 10408.6—2009	微波和被动红外复合入侵探测器	国家标准	现行			
[2]1.3.1.7	GB/T 10408.8—2008	振动入侵探测器	国家标准	现行			
[2]1.3.1.8	GB 10408.9—2001	入侵探测器　第 9 部分：室内用被动式玻璃破碎探测器	国家标准	现行			
[2]1.3.1.9	GA 701—2007	指纹防盗锁通用技术条件	行业标准	现行			
[2]1.3.1.10	GB/T 37142—2018	住宅用综合信息箱技术要求	国家标准	现行			
[2]1.3.1.11	GB/T 38319—2019	建筑及居住区数字化技术应用　智能硬件技术要求	国家标准	现行			
[2]1.3.1.12	GA/T 644—2006	电子巡查系统技术要求	行业标准	现行			
[2]1.3.1.13	GA/T 678—2007	联网型可视对讲系统技术要求	行业标准	现行			
[2]1.3.1.14	GA/T 1302—2016	停车服务与管理信息系统通用技术条件	行业标准	现行			
[2]1.3.1.15	GY/T 106—1999	有线电视广播系统技术规范	行业标准	现行			
[2]1.3.1.16	JG/T 162—2017	民用建筑远传抄表系统	行业标准	现行			
[2]1.3.1.17	JGJ/T 285—2014	公共建筑能耗远程监测系统技术规程	行业标准	现行			
[2]1.3.1.18	JGJ/T 334—2014	建筑设备监控系统工程技术规范	行业标准	现行			

续表

体系编码	标准号	标准名称	级别	标准状态	国际标准号及采用关系	被代替标准号或作废	备注
[2]1.3.1.19	JGJ/T 417—2017	建筑智能化系统运行维护技术规范	行业标准	现行			
[2]1.3.1.20	GB 4717—2005	火灾报警控制器	国家标准	现行			
[2]1.3.1.21	GB 14287.1—2014	电气火灾监控系统　第1部分：电气火灾监控设备	国家标准	现行			
[2]1.3.1.22	GB 14287.2—2014	电气火灾监控系统　第2部分：剩余电流式电气火灾监控探测器	国家标准	现行			
[2]1.3.1.23	GB 14287.3—2014	电气火灾监控系统　第3部分：测温式电气火灾监控探测器	国家标准	现行			
[2]1.3.1.24	GB 14287.4—2014	电气火灾监控系统　第4部分：故障电弧探测器	国家标准	现行			
[2]1.3.1.25	GB 22134—2008	火灾自动报警系统组件兼容性要求	国家标准	现行			
[2]1.3.1.26	GB/T 24363—2009	信息安全技术　信息安全应急响应计划规范	国家标准	现行			
[2]1.3.1.27	GB/T 7946—2015	脉冲电子围栏及其安装和安全运行	国家标准	现行			
[2]1.3.1.28	GB/T 28181—2022	公共安全视频监控联网系统　信息传输、交换、控制技术要求	国家标准	现行			
[2]1.3.1.29	GB 50348—2018	安全防范工程技术标准	国家标准	现行			
[2]1.3.1.30	CJ/T 333—2010	城市公用事业互联互通卡密钥及安全技术要求	行业标准	现行			
[2]1.3.1.31	GA/T 72—2013	楼寓对讲电控安全门通用技术条件	行业标准	现行			
[2]1.3.1.32	GA/T 645—2014	安全防范监控变速球型摄像机	行业标准	现行			
[2]1.3.1.33	GA/T 646—2016	安全防范视频监控矩阵设备通用技术要求	行业标准	现行			
[2]1.3.1.34	GA/T 761—2008	停车库（场）安全管理系统技术要求	行业标准	现行			
[2]1.3.1.35	GA/T 1127—2013	安全防范视频监控摄像机通用技术要求	行业标准	现行			
[2]1.3.1.36	GA/T 1216—2015	安全防范监控网络视音频编解码设备	行业标准	现行			

续表

体系编码	标准号	标准名称	级别	标准状态	国际标准号及采用关系	被代替标准号或作废	备注
[2]1.3.1.37	GB 20815—2006	视频安防监控数字录像设备	国家标准	现行			
[2]1.3.1.38	GB/T 30147—2013	安防监控视频实时智能分析设备技术要求	国家标准	现行			
[2]1.3.1.39	GA/T 367—2001	视频安防监控系统技术要求	行业标准	现行			
[2]1.3.1.40	GA/T 938—2012	安防指静脉识别应用系统设备通用技术要求	行业标准	现行			
[2]1.3.1.41	GA/T 394—2002	出入口控制系统技术要求	行业标准	现行			
[2]1.3.1.42	GA/T 992—2012	停车库（场）出入口控制设备技术要求	行业标准	现行			
[2]1.3.1.43	GA/T 1093—2013	出入口控制人脸识别系统技术要求	行业标准	现行			
[2]1.3.1.44	GA/T 1132—2014	车辆出入口电动栏杆机技术要求	行业标准	现行			
[2]1.3.1.45	GA/T 1260—2016	人行出入口电控通道闸通用技术要求	行业标准	现行			
[2]1.3.1.46	GB/T 31070.1—2014	楼寓对讲系统　第1部分：通用技术要求	国家标家	现行			
[2]1.3.1.47	GB/T 37142—2018	住宅用综合信息箱技术要求	国家标准	现行			
[2]1.3.1.48		建筑自动化和控制系统 安全	国家标准	待制定			
小计	48（现行：47，待制定：1）						

2. 网络通信通用标准（表6-9）

网络通信通用标准表　　表6-9

体系编码	标准号	标准名称	级别	标准状态	国际标准号及采用关系	被代替标准号或作废	备注
[2]1.3.2.1	YD/T 1258.3—2009	室内光缆系列　第3部分：房屋布线用单芯和双芯光缆	行业标准	现行			
[2]1.3.2.2	YD/T 926.1—2023	信息通信综合布线系统　第1部分：总规范	行业标准	现行			

续表

体系编码	标准号	标准名称	级别	标准状态	国际标准号及采用关系	被代替标准号或作废	备注
[2]1.3.2.3	YD/T 926.2—2009	大楼通信综合布线系统　第 2 部分：电缆、光缆技术要求	行业标准	现行			
[2]1.3.2.4	YD/T 1258.2—2009	室内光缆系列　第 2 部分：终端光缆组件用单芯和双芯光缆	行业标准	现行			
[2]1.3.2.5	YD/T 1258.4—2019	室内光缆　第 4 部分：多芯光缆	行业标准	现行			
[2]1.3.2.6	YD/T 1258.5—2019	室内光缆　第 5 部分：光纤带光缆	行业标准	现行			
[2]1.3.2.7	YD/T 1528—2016	光纤收发器技术要求	行业标准	现行			
[2]1.3.2.8	GB/T 38323—2019	建筑及居住区数字化技术应用　家居物联网协同管理协议	国家标准	现行			
小计	8（现行：8）						

3．管理服务平台通用标准（表6-10）

管理服务平台通用标准表　　表6-10

体系编码	标准号	标准名称	级别	标准状态	国际标准号及采用关系	被代替标准号或作废	备注
[2]1.3.3.1	GB/T 38237—2019	智慧城市　建筑及居住区综合服务平台通用技术要求	国家标准	现行			
[2]1.3.3.2	GB/T 38321—2019	建筑及居住区数字化技术应用　家庭网络信息化平台	国家标准	现行			
[2]1.3.3.3	GB 16806—2006	消防联动控制系统	国家标准	现行			
[2]1.3.3.4	GB/T 42407—2023	门窗智能控制系统通用技术要求	国家标准	现行			
[2]1.3.3.5	GB/T 15566.1—2020	公共信息导向系统　设置原则与要求　第 1 部分：总则	国家标准	现行			
[2]1.3.3.6	GB/T 15566.11—2012	公共信息导向系统　设置原则与要求　第 11 部分：机动车停车场	国家标准	现行			
[2]1.3.3.7	GB/T 32581—2016	入侵和紧急报警系统技术要求	国家标准	现行			

续表

体系编码	标准号	标准名称	级别	标准状态	国际标准号及采用关系	被代替标准号或作废	备注
[2]1.3.3.8	GB/T 33778—2017	视频监控系统无线传输设备射频技术指标与测试方法	国家标准	现行			
[2]1.3.3.9	GB 50200—2018	有线电视网络工程设计标准	国家标准	现行			
[2]1.3.3.10	GB 50343—2012	建筑物电子信息系统防雷技术规范	国家标准	现行			
[2]1.3.3.11	GB 50464—2008	视频显示系统工程技术规范	国家标准	现行			
[2]1.3.3.12	GB/T 50526—2021	公共广播系统工程技术标准	国家标准	现行			
[2]1.3.3.13	GB 50898—2013	细水雾灭火系统技术规范	国家标准	现行			
[2]1.3.3.14	GB 50918—2013	城镇建设智能卡系统工程技术规范	国家标准	现行			
[2]1.3.3.15		建筑物的节能效应 建筑自动化、控制和建筑管理的贡献 第1部分：一般框架和程序	国家标准	待制定			
[2]1.3.3.16		建筑的节能效应 建筑管理系统 功能模块	国家标准	待制定			
[2]1.3.3.17		建筑自动化和控制系统 能效评估	国家标准	待制定			
[2]1.3.3.18		智慧城市 建筑及居住区 智慧园区数字系统通用要求	国家标准	待制定			
小计	18（现行：14，待制定：4）						

4. 工程施工通用标准（表6-11）

工程施工通用标准表 表6-11

体系编码	标准号	标准名称	级别	标准状态	国际标准号及采用关系	被代替标准号或作废	备注
[2]1.2.4.1	JGJ/T 121—2015	工程网络计划技术规程	行业标准	现行			
[2]1.2.4.2	JGJ/T 236—2011	建筑产品信息系统基础数据规范	行业标准	现行			
[2]1.2.4.3	GB/T 50851—2013	建设工程人工材料设备机械数据标准	国家标准	现行			

续表

体系编码	标准号	标准名称	级别	标准状态	国际标准号及采用关系	被代替标准号或作废	备注
[2]1.2.4.4	GB/T 51212—2016	建筑信息模型应用统一标准	国家标准	现行			
[2]1.2.4.5	JG/T 421—2013	土木工程用光纤光栅温度传感器	行业标准	现行			
[2]1.2.4.6	JG/T 422—2013	土木工程用光纤光栅应变传感器	行业标准	现行			
[2]1.2.4.7	JG/T 269—2010	建筑红外热像检测要求	行业标准	现行			
[2]1.2.4.8	GB 50093—2013	自动化仪表工程施工及质量验收规范	国家标准	现行			
[2]1.2.4.9	GB 50166—2019	火灾自动报警系统施工及验收标准	国家标准	现行			
[2]1.2.4.10	GB 50254—2014	电气装置安装工程　低压电器施工及验收规范	国家标准	现行			
[2]1.2.4.11	GB 50255—2014	电气装置安装工程　电力变流设备施工及验收规范	国家标准	现行			
[2]1.2.4.12	GB 50256—2014	电气装置安装工程　起重机电气装置施工及验收规范	国家标准	现行			
[2]1.2.4.13	GB 50257—2014	电气装置安装工程　爆炸和火灾危险环境电气装置施工及验收规范	国家标准	现行			
[2]1.2.4.14	GB 50303—2015	建筑电气工程施工质量验收规范	国家标准	现行			
[2]1.2.4.15	GB 50606—2010	智能建筑工程施工规范	国家标准	现行			
[2]1.2.4.16		建筑自动化和控制系统工程实现	国家标准	待制定			
小计	16（现行：15，待制定：1）						

5．信息安全通用标准（表6-12）

信息安全通用标准表　　表6-12

体系编码	标准号	标准名称	级别	标准状态	国际标准号及采用关系	被代替标准号或作废	备注
[2]1.2.5.1	GB/T 20271—2006	信息安全技术　信息系统通用安全技术要求	国家标准	现行			
[2]1.2.5.2	GB/T 18336.1—2015	信息技术　安全技术信息技术安全评估准则　第 1 部分：简介和一般模型	国家标准	现行			

续表

体系编码	标准号	标准名称	级别	标准状态	国际标准号及采用关系	被代替标准号或作废	备注
[2]1.2.5.3	GB/T 18336.2—2015	信息技术　安全技术　信息技术安全评估准则　第2部分：安全功能组件	国家标准	现行			
[2]1.2.5.4	GB/T 18336.3—2015	信息技术　安全技术　信息技术安全评估准则　第3部分：安全保障组件	国家标准	现行			
[2]1.2.5.5	GB/T 31507—2015	信息安全技术　智能卡通用安全检测指南	国家标准	现行			
[2]1.2.5.6	GB/T 37044—2018	信息安全技术　物联网信息安全参考模型及通用要求	国家标准	现行			
[2]1.2.5.7	GB/T 36951—2018	信息安全技术　物联网感知终端应用安全技术要求	国家标准	现行			
[2]1.2.5.8	GB/T 37024—2018	信息安全技术　物联网感知层网关安全技术要求	国家标准	现行			
[2]1.2.5.9	GB/T 37025—2018	信息安全技术　物联网数据传输安全技术要求	国家标准	现行			
[2]1.2.5.10	GB 4943.1—2011	信息技术设备安全　第1部分：通用要求	国家标准	现行			
小计	10（现行：10）						

6.1.3.3 专用标准（表6-13）

专用标准表　　　　表6-13

体系编码	标准号	标准名称	级别	标准状态	国际标准号及采用关系	被代替标准号或作废	备注
[3]1.2.1.1	GB/T 20299.4—2006	建筑及居住区数字化技术应用　第4部分：控制网络通信协议应用要求	国家标准	现行			
[3]1.2.1.2	GB/T 38321—2019	建筑及居住区数字化技术应用　家庭网络信息化平台	国家标准	现行			
[3]1.2.1.3	GB/T 38323—2019	建筑及居住区数字化技术应用　家居物联网协同管理协议	国家标准	现行			
[3]1.2.1.4	GB/T 38319—2019	建筑及居住区数字化技术应用　智能硬件技术要求	国家标准	现行			

续表

体系编码	标准号	标准名称	级别	标准状态	国际标准号及采用关系	被代替标准号或作废	备注
[3]1.2.1.5	GB/T 38840—2020	建筑及居住区数字化技术应用　基础数据元	国家标准	现行			
[3]1.2.1.6	CJ/T 166—2014	建设事业集成电路(IC)卡应用技术条件	行业标准	现行		CJ/T 166—2006	
[3]1.2.1.7	CJ/T 243—2016	建设事业集成电路（IC）卡产品检测	行业标准	现行		CJ/T 243—2007	
[3]1.2.1.8	CJ/T 304—2017	建设事业智能卡操作系统技术要求	行业标准	现行		CJ/T 304—2008	
[3]1.2.1.9	CJ/T 306—2009	建设事业非接触式CPU 卡芯片技术要求	行业标准	现行			
[3]1.2.1.10	CJ/T 331—2016	城市公用事业互联互通卡通用技术要求	行业标准	现行		CJ/T 331—2010	
[3]1.2.1.11	CJ/T 332—2016	城市公用事业互联互通卡清分清算技术要求	行业标准	现行		CJ/T 332—2010	
[3]1.2.1.12	CJ/T 333—2010	城市公用事业互联互通卡密钥及安全技术要求	行业标准	现行			
[3]1.2.1.13	CJJ/T 116—2014	建设领域应用软件测评工作通用规范	行业标准	现行			
[3]1.2.1.14	CJ/T 356—2010	家用及建筑物用电子系统（HBES）通用技术条件	行业标准	现行			
[3]1.2.1.15	CJ/T 455—2014	电子标签产品检测	行业标准	现行			
[3]1.2.1.16	CJJ/T 117—2017	建设电子文件与电子档案管理规范	行业标准	现行		CJJ/T 117—2007	
[3]1.2.1.17	GB/T 38052.1—2019	智能家用电器系统互操作　第 1 部分：术语	国家标准	现行			
[3]1.2.1.18	GB/T 35143—2017	物联网智能家居　数据和设备编码	国家标准	现行			
[3]1.2.1.19	GB/T 35134—2017	物联网智能家居　设备描述方法	国家标准	现行			
[3]1.2.1.20	GB/T 36528—2018	数字家庭服务资源分类与代码	国家标准	现行			
[3]1.2.1.21	GB/T 34043—2017	物联网智能家居　图形符号	国家标准	现行			
[3]1.2.1.22	GB/T 39189—2020	物联网智能家居　用户界面描述方法	国家标准	现行			
[3]1.2.1.23	GB/T 39190—2020	物联网智能家居　设计内容及要求	国家标准	现行			
[3]1.2.1.24	YD/T 1384—2005	住宅通信综合布线系统	行业标准	现行			

续表

体系编码	标准号	标准名称	级别	标准状态	国际标准号及采用关系	被代替标准号或作废	备注
[3]1.2.1.25	GB/T 30246.1—2013	家庭网络　第 1 部分：系统体系结构及参考模型	国家标准	现行			
[3]1.2.1.26	GB/T 30246.6—2013	家庭网络　第 6 部分：多媒体与数据网络通信协议	国家标准	现行			
[3]1.2.1.27	GB/T 30246.7—2013	家庭网络　第 7 部分：控制网络通信协议	国家标准	现行			
[3]1.2.1.28	GB/T 38052.3—2019	智能家用电器系统互操作　第 3 部分：服务平台间接口规范	国家标准	现行			
[3]1.2.1.29	GB/T 38052.4—2019	智能家用电器系统互操作　第 4 部分：控制终端接口规范	国家标准	现行			
[3]1.2.1.30	GB/T 38052.5—2019	智能家用电器系统互操作　第 5 部分：智能家用电器接口规范	国家标准	现行			
[3]1.2.1.31	DL/T 1398.41—2014	智能家居系统　第 4—1 部分：通信协议—服务中心主站与家庭能源网关通信	行业标准	现行			
[3]1.2.1.32	DL/T 1398.42—2014	智能家居系统　第 4—2 部分：通信协议—家庭能源网关下行通信	行业标准	现行			
[3]1.2.1.33	GB/T 40979—2021	智能家用电器个人信息保护要求和测评方法	国家标准	现行			
[3]1.2.1.34	GB/T 36464.2—2018	信息技术　智能语音交互系统　第 2 部分：智能家居设计　第 1 部分：通用要求	国家标准	现行			
[3]1.2.1.35	GB/T 30246.5—2014	家庭网络　第 5 部分：终端设备规范　家用和类似用途电器	国家标准	现行			
[3]1.2.1.36	GB/T 30246.9—2013	家庭网络　第 9 部分：设备描述文件规范　二进制格式	国家标准	现行			
[3]1.2.1.37	GB/T 30246.8—2013	家庭网络　第 8 部分：设备描述文件规范 XML 格式	国家标准	现行			
[3]1.2.1.38	GB/T 36432—2018	智能家用电器系统架构和参考模型	国家标准	现行			
[3]1.2.1.39	GB/T 36423—2018	智能家用电器操作有效性通用要求	国家标准	现行			

续表

体系编码	标准号	标准名称	级别	标准状态	国际标准号及采用关系	被代替标准号或作废	备注
[3]1.2.1.40	GB/T 28219—2018	智能家用电器通用技术要求	国家标准	现行			
[3]1.2.1.41	GB/T 35136—2017	智能家居自动控制设备通用技术要求	国家标准	现行			
[3]1.2.1.42	GB/T 39579—2020	公众电信网　智能家居应用技术要求	国家标准	现行			
[3]1.2.1.43	GB/T 37142—2018	住宅用综合信息箱技术要求	国家标准	现行			
[3]1.2.1.44	DL/T 1398.31—2014	智能家居系统　第 3-1 部分：家庭能源网关技术规范	行业标准	现行			
[3]1.2.1.45	GB/T 30246.3—2013	家庭网络　第 3 部分：内部网关规范	国家标准	现行			
[3]1.2.1.46	GB/T 39044—2020	政务服务平台接入规范	国家标准	现行			
[3]1.2.1.47	GB/T 20299.3—2006	建筑及居住区数字化技术应用　第 3 部分：物业管理	国家标准	现行			
[3]1.2.1.48	GB/T 38321—2019	建筑及居住区数字化技术应用　家庭网络信息化平台	国家标准	现行			
[3]1.2.1.49	GB/T 36426—2018	智能家用电器服务平台通用要求	国家标准	现行			
[3]1.2.1.50	GB/T 38047.1—2019	智能家用电器可靠性评价方法　第 1 部分：通用要求	国家标准	现行			
[3]1.2.1.51	GB/T 40657—2021	公众电信网　智能家居应用测试方法	国家标准	现行			
[3]1.2.1.52	YD/T 3321—2018	家庭网络的电磁环境与评估方法	行业标准	现行			
[3]1.2.1.53	GB/T 35796—2017	养老机构服务质量基本规范	国家标准	现行			
[3]1.2.1.54	GB/T 39509—2020	健康管理保健服务规范	国家标准	现行			
[3]1.2.1.55	GB/T 20647.9—2006	社区服务指南　第 9 部分：物业服务	国家标准	现行			
[3]1.2.1.56	GB 10408.6—2009	微波和被动红外复合入侵探测器	国家标准	现行			
[3]1.2.1.57	GB/T 34004—2017	家用和小型餐饮厨房用燃气报警器及传感器	国家标准	现行			

续表

体系编码	标准号	标准名称	级别	标准状态	国际标准号及采用关系	被代替标准号或作废	备注
[3]1.2.1.58	GA/T 678—2007	联网型可视对讲系统技术要求	行业标准	现行			
[3]1.2.1.59	DL/T 1398.34—2014	智能家居系统 第3-4部分：家电监控模块技术规范	行业标准	现行			
[3]1.2.1.60	GB/T 37877—2019	智能家用电器的智能化技术 电冰箱的特殊要求	国家标准	现行			
[3]1.2.1.61	GB/T 39384—2020	智能家用电器的智能化技术 洗衣机的特殊要求	国家标准	现行			
[3]1.2.1.62	GB/T 39377—2020	智能家用电器的智能化技术 葡萄酒储藏柜的特殊要求	国家标准	现行			
[3]1.2.1.63	GB/T 38041—2019	智能家用电器的智能化技术 电热水器的特殊要求	国家标准	现行			
[3]1.2.1.64	GB/T 37879—2019	智能家用电器的智能化技术 空调器的特殊要求	国家标准	现行			
[3]1.2.1.65	GB/T 30246.4—2013	家庭网络 第4部分：终端设备规范 音视频及多媒体设备	国家标准	现行			
[3]1.2.1.66	GB/T 38052.6—2023	智能家用电器系统互操作 第6部分：智能家电公共管理单元接口规范	国家标准	现行			
[3]1.2.1.67		数字家庭服务交互统一接口框架	国家标准	在编			
[3]1.2.1.68		智能家居设备测试规范	国家标准	在编			
[3]1.2.1.69		智能家居系统测试规范	国家标准	在编			
[3]1.2.1.70		数字家庭平台接口规范	行业标准	在编			
[3]1.2.1.71		数字家庭设备管理控制软件总线技术规范	行业标准	在编			
[3]1.2.1.72		数字家庭安全技术要求	行业标准	在编			
[3]1.2.1.73		数字家庭系统技术要求及分级评价	行业标准	在编			

续表

体系编码	标准号	标准名称	级别	标准状态	国际标准号及采用关系	被代替标准号或作废	备注
[3]1.2.1.74		家庭信息箱及关键技术要求	行业标准	在编			
[3]1.2.1.75		数字家庭基础标准：术语及缩略语	国家标准	待制定			
[3]1.2.1.76	GB/T 38052.7—2023	智能家用电器系统互操作　第 7 部分：一致性测试规范	国家标准	现行			
[3]1.2.1.77		数字家庭碳排放计算模型	国家标准	待制定			
[3]1.2.1.78		数字家庭场景设计规范	国家标准	待制定			
[3]1.2.1.79		数字家庭工程实施规范	国家标准	待制定			
[3]1.2.1.80		数字家庭模拟用户测试	国家标准	待制定			
[3]1.2.1.81		数字家庭建设评价指标	国家标准	待制定			
[3]1.2.1.82		数字家庭平台运营管理标准	国家标准	待制定			
[3]1.2.1.83		数字家庭社区服务人员管理标准	国家标准	待制定			
[3]1.2.1.84		数字家庭社区应用服务管理标准	国家标准	待制定			
[3]1.2.1.85		智能家居设备智能化能力分级和评价	国家标准	待制定			
[3]1.2.1.86		数字家庭养老服务规范	国家标准	待制定			
[3]1.2.1.87		智能家居产品通用技术要求	行业标准	待制定			
[3]1.2.1.88		数字家庭系统技术要求及分级评价	行业标准	待制定			
[3]1.2.1.89		数字家庭建设评价指标	行业标准	待制定			
[3]1.2.1.90		数字家庭平台接口规范	行业标准	待制定			
[3]1.2.1.91		数字家庭服务交互统一接口框架	行业标准	待制定			
[3]1.2.1.92		数字家庭设备管理控制软件总线技术规范	行业标准	待制定			
[3]1.2.1.93		数字家庭安全技术要求	行业标准	待制定			

续表

体系编码	标准号	标准名称	级别	标准状态	国际标准号及采用关系	被代替标准号或作废	备注
[3]1.2.1.94		数字家庭碳排放计算模型	行业标准	待制定			
[3]1.2.1.95		数字家庭工程实施规范	行业标准	待制定			
[3]1.2.1.96		数字家庭元数据技术要求	行业标准	待制定			
[3]1.2.1.97		智慧城市　建筑及居住区　智慧社区数字化技术应用	国家标准	在编			
[3]1.2.1.98		建筑及居住区数字化技术应用　信息系统密码应用要求	国家标准	待制定			
[3]1.2.1.99		智慧城市　建筑及居住区 调适通用要求	国家标准	待制定			
[3]1.2.1.100		建筑及居住区数字化技术应用　数字家庭平台技术要求	国家标准	待制定			
[3]1.2.1.101		建筑及居住区数字化技术应用　数字家庭互联互通通用技术要求	国家标准	待制定			
[3]1.2.1.102		建筑及居住区数字化技术应用　数字家庭系统检测要求	国家标准	待制定			
[3]1.2.1.103		建筑及居住区数字化技术应用　数字家庭系统安全要求	国家标准	待制定			
[3]1.2.1.104		建筑及居住区数字化技术应用　数字家庭工程应用	国家标准	待制定			
[3]1.2.1.105		建筑及居住区数字化技术应用　房屋安全监测通用要求	国家标准	待制定			
[3]1.2.1.106	GB/T 20299.1—2006	建筑及居住区数字化技术应用　第 1 部分：系统通用要求	国家标准	现行			
[3]1.2.1.107	GB/T 20299.2—2006	建筑及居住区数字化技术应用　第 2 部分：检测验收	国家标准	现行			
小计	107（现行：69，在编：9，待制定：29）						

6.1.4　智慧社区标准化建议

智慧社区标准化建设旨在有目标、有计划、有步骤地建立起联系紧密、相互协调、层次分明、构成合理、满足实际需求的系列标准并予以贯彻实施，以指导和支撑我国各地智慧社区信息化建设的总体规划与落地，同时规范和引导我国智慧社区相关信息化产业的发展。

下面从标准化研制工作的指导思想以及工作建议两方面对智慧社区标准化研制工作的体制机制进行明确，以便健康有序地推动智慧社区标准化的研制工作。

1．指导思想

智慧社区标准化研制工作应依托现有智慧社区信息化和标准工作的基础，坚持基础技术标准制定与行业应用标准制定相结合、标准制定与示范应用相结合，适时推出与我国智慧社区应用和产业发展相适应的标准体系，并积极参与和推动国际智慧社区标准的制定工作，强化智慧社区标准的实施与服务力度，为我国智慧社区建设发展提供强有力的支持和保障。

2．工作建议

（1）研究标准制定工作的创新机制

标准研制应以企业为主体，倡导用户与企业积极参与我国智慧社区标准研制工作。建议各地方智慧社区建设涉及的用户单位与承建企业高度重视智慧社区标准化研制工作，积极将典型、有效、自主的智慧社区应用实践经验固化为标准，提升我国智慧社区标准的适用性和实用性，并在智慧社区规划、实施、验收、运行中加强标准的实施。

（2）标准应用推广和实施

标准研制过程采用边实验边验证的途径，确保标准的落地、适用、推广和实施。标准应用推广过程结合标准宣贯、标准验证、标准试点及推广，最终达到以标准为核心推动力，推进智慧社区相关产业的可持续发展。

（3）促进标准国际化发展

推进国际标准化工作和与国际其他城市在智慧社区建设方面的合作，国际国内标准化工作同步推进，将我国智慧社区标准化工作积极向国际标准化成果转化，扩大我国的标准影响力。

结合目前建筑及居住区数字化发展现状及需求，梳理了亟须制订的标准共4项，见表6-14。

智慧社区标准表　　表6-14

序号	标准名称	技术内容和适用范围
1	建筑及居住区数字化技术应用　房屋安全监测通用要求	主要内容：本标准拟规定房屋安全监测的内容、监测要求、结构分析验算等内容； 适用范围：本标准适用于房屋质量安全鉴定
2	智慧城市　建筑及居住区智慧园区数字系统通用要求	主要内容：本标准拟规定智慧园区信息与通信技术支撑的智慧园区总体技术框架、功能要求和对外接口等方面的技术要求等； 适用范围：本标准适用于新建、扩建和改建的智慧园区信息与通信技术的整体规划及具体项目的规划、设计、建设与运维
3	智慧城市　建筑及居住区智慧社区数字化系统测评标准	主要内容：本标准拟规定智慧社区应用软件的测试环境、测试过程、功能测试、性能测试等内容； 适用范围：本标准适用于对智慧社区应用软件的测评
4	建筑自动化和控制系统　工程实现	主要内容：本标准拟规定建筑自动化和控制系统工程实现的基本功能要求； 适用范围：本标准适用于建筑自动化和控制系统工程实现的功能设计和实施

3．具体落实项目

（1）提升建筑及居住区标准化水平。提升建筑及居住区设备、系统、平台、场景之间的互联互通，需要统一智能建筑及居住区有关设计、建设、运维标准体系，对基础标准、通用标准、专用标准、安全运维标准进行完善，对建筑涉及通信协议、数据编码、平台接口进行规范。

（2）推动国产密码应用。随着物联网、云计算、大数据等信息化技术与建筑及居住区的融合发展，越来越多的设备、系统、平台在建筑及居住区中得到应用，并实现快速、高效的连接与互通，这也为信息传输带来了更大的安全隐患。密码算法和密码产品的自主可控是确保我国信息安全的重中之重，随着《中华人民共和国密码法》的正式实施，商用密码的使用有了法律保障。在智能建筑领域，尤其是商业建筑、公共建筑中，针对建筑网络信息安全，要加快推动国产密码算法在智能建筑领域的应用，通过软加密、芯片加密、网闸加密等多种方式提高建筑信息、数据的安全性、自主性、可控及可信水平。

（3）加快产学研用相结合。目前智能建筑及居住区领域存在巨大的人才缺口，首先需要高等院校开设相关专业，其次要培育专业技术类院校发展，建立校企联合办学机制，行业协会要搭建在校学生实习平台，畅通产学通道，技术标准组织要依托标准内容举办宣贯会、培训会，组织行业交流会议，促进行业技术、理念交流。

（4）开展试点示范项目，推动技术应用落地。通过开展标准应用试点示范，推动新型城市基础设施建设的落地应用，以需求为导向，支持新技术、新产品的应用示范和市场推广。为新型城市基础设施建设提供有力支撑，形成技术创新、标准研制、市场应用的良性发展局面。

6.2　数字家庭标准体系

6.2.1　数字家庭标准化现状

数字家庭以及智能家居在国外发展速度很快，自从1984年世界上的第一幢智能建筑在美国康涅狄格州出现以后，美国、加拿大、欧洲、澳大利亚和东南亚等经济比较发达的国家和地区先后提出了各种智能家居方案。到目前为止，智能家居系统已经开始应用在新加坡、韩国和中国的多个社区家庭，许多国内外的知名企业也开始研究与智能家庭相关的设备和技术，其中就包括三星、海尔等企业。各种与智能家庭相关的组织和企业也开始相继制定智能家居设备技术标准，希望能够早日在智能家居领域提供统一的技术标准。

家庭空间作为人类生活的一个主要物理空间，科学技术的进步和发展使得家庭空间正在不断地实现人类追求舒适、方便和安全的永恒生活目标，这些目标的逐步实现主要体现在组成家庭空间的各种物理设备（信息、家电和通信等设备）及其自动化、数字化、网络化和智能化技术的不断发展和应用。随着电子技术、计算机技术、网络技术和通信技术的发展，一些实际的商业应用出现在家庭生活中，例如家庭自动化、智能家居、网络家电、数字家庭等。从功能上看，这些应用主要实现了家居生活的自动化（电气设备的自动控制和调节）和信息化（基于网络的信息获取和传输）；而从使用方式上看，这些应用都是以设备为中心，为了使设备更好地服务于用户，必要时需要用户的主动参与（通过手机或办公室计算机远程启动家里的空调或热水器）。

《信息设备资源共享协同服务标准》（闪联标准）（《信息设备资源共享协同服务　第1部分：基础协议》SJ/T 11310—2005、《信息设备资源共享协同服务　第2部分：应用框架》SJ/T 11310.2—2015、《信息设备资源共享协同服务　第3部分：基础应用》SJ/T 11310.3—2015、《信息设备资源共享协同服务　第4部分：设备验证》SJ/T 11311—2005、《信息设备资源共享协同服务　第5部分：设备类型》SJ/T 11310.5—2015、《信息设备资源共享协同服务　第6部分：服务类型》SJ/T 11310.6—2015）是目前我国由主要家电生产厂商所制定的推荐性行业标准，主要用于数字家庭的信息网络领域。该推荐性标准的目的是希望能够按照标准化的方式实现计算机、消费性电子设备及通信设备（3C设备）的互联、互通以及资源共享和协同服务等，其核心是3C 设备的网络化。制定这个标准的组织形成了完整的产业链（终端设备商、系统集成商、网络运营商和内容服务供应商），相关的产品也进入了市场，并且初具产业化规模。从消费者的角度看，这些用于数字家庭的产品并不能真正实现用户对家庭空间的完美追求，首先，基于这个标准的产品在家庭空间中只能构成初级应用，无法实现能够满足用户个性化需求的高级服务和应用；其次，以设备为核心的家庭信息网络中没有融入人的因素，仅实现了设备之间的自动发现，而无法实现设备对人的需求信息的自动感知和动态服务。

普适计算的目标是在用户察觉不到计算设备和计算服务存在的情况下，实现整个物理空间中计算设备和计算服务的无所不在，用户可以随时随地使用部署在周围环境中的计算服务。因此，普适计算使得信息空间与物理空间实现有机融合，其以人为本的思想体现在设备对用户信息实时的自动感知和用户使用计算服务的透明性和沉浸性。

如果将普适计算思想延伸到家庭中，构建一种有边界的普适计算环境—家庭智慧空间，在这样的家庭环境中，家庭空间中的设备与用户很好地融合，用户感受不到设备的存在，但是却可以享受到设备带来的服务，达到设备在不知不觉中为人提供服务的目的，从而极大地满足人们对生活舒适、便捷的追求目标。基于普适计算技术的智慧家庭空间以人的需求为中心，从根本上改变了人们主动适应家庭中各种物理设备的被动式服务思想，强调用户能在不被打扰的前提下主动、动态地使用家庭中各种物理设备，并且以灵活的方式享受各种物理设备所提供的服务和资源。在智慧家庭空间中，信息计算嵌入日常生活中，实现了任何位置、任何时候、任何成员都能访问任何信息和服务的交互，能在真正意义上实现以人为本的智能化生活方式。

依据美国国家标准和技术学会（NIST）的定义，智慧空间（Smart Space）就是“一个工作空间，该空间中嵌入了计算设备、信息设备和多模态的传感器，其目的是使用户能够在该空间中非常方便地访问信息和获得计算机的服务，从而实现高效地单独工作和与他人协同工作的目的”。

智慧空间涉及多个技术领域，同时由于智慧空间的应用领域不同，所采用的技术也有很大差异，智能家居则属于家庭智慧空间，是指将具备计算能力、感知能力、执行能力的各类智慧设备安装在家居空间内的多个位置，使得普通的家庭物理空间变成一个基于知识表达和规则推理，能够为家居环境中的各类实体（家庭用户或机器）提供必要的环境信息和技术支持的智慧空间。

在技术层面，研究人员在生产小型、易于插拔和节能型的传感器方面已经取得了很大的进步，这使得在现实世界中配置智能家庭的技术成为可能。通过传感器数据来实现的机器学习技术已经被成功地应用于用户行为的识别，可是，数据、知识和应用程序的异构性限制了这些技术在普通家庭中的广泛配置。由于传感器的类型不同及缺乏统一的标识语言导致的数据异构妨碍了数据的无缝交互、合成和重用。由于缺乏均一性和统一化导致的异构妨碍了不同系统之间已定义好的领域知识的共享。不同应用程序要求对不同人类行为的识别，而缺乏对相关行为的语义描述则导致应用程序的异构。

在很多计算机科学领域，包括电子商务、信息合成，以及语义Web都能识别本体，并且将其作为一项很有前景的能够实现知识共享和重用的手段。本体是一种共享概念的、形式化的、明确的规范，它通过双方共识的术语和形式化的公理来捕捉和规范支持具有内在语义的领域知识。本体支持通过一系列的建模元语来定义类、个体及它们的属性和关系。形式化的公理以一种明确的方式通过建模元语和它们的关系规范了术语的潜在含义。一致同意的术语使得在一个系统内的不同组件之间及不同系统之间的数据和知识共享及重用成为可能。普适计算项目已经在概念和知识的建模及推理方面应用了本体技术。这些工作证明本体是一项很有前景的技术，它可以被应用在处理数据、知识和应用程序异构性方面。

6.2.2 数字家庭标准体系架构

通过数字家庭标准体系研究，可以为将来的标准研究提供重要、完备的指导。同时，标准体系可以体现不同标准之间的联系，保障研发、生产、安装、服务等一系列环节的可靠性与科学性。

标准体系确立了数字家庭领域已经制定和待制定的国家标准和行业标准。范围是家庭内部的数字家庭设备互联、信息共享和通信、数据、设备等方面的技术规范要求，以及家庭内外数字家庭系统进行信息交互，实现应用服务的数据格式、通信协议和应用管理描述等方面的技术规范要求。体系根据市场需求和产业发展需要，综合考虑技术产品现状和未来发展趋势，遵循完整、协调、先进和可扩展的原则。

数字家庭标准体系包括基础标准、通用标准和专用标准三个组成部分，该标准体系包含5个主要方面，其相互关系如图6-4所示。

基础标准是指在数字家庭专业范围内作为其他标准的基础并普遍使用，具有广泛指导意义的术语、符号、基本分类、基本原则等的标准。如数字家庭术语标准、数字家庭术语和符号标准等。

通用标准是指针对数字家庭标准化对象制定的覆盖面较大的共性标准。如通用的设计、施工、验收要求，通用的质量要求，以及通用的技术架构等。

图6-4　标准体系组成

专用标准是指针对某一具体标准化对象作为通用标准的补充、延伸制定的专项标准。它覆盖面一般不大。如某个范围的技术要求，某种产品的应用技术以及管理技术等。

需要指出的是，由于数字家庭系统产品、系统和服务种类繁多，相关领域技术发展迅速，为了保持标准体系的可持续性、与技术发展的同步性，标准的研究制定将会根据新业务的需要不断完善扩充；同时，为了保证标准中数据、指标来源的客观性、可靠性和科学性，配套的技术验证和检测平台建设也是必需的。

6.2.3　数字家庭标准明细

6.2.3.1　基础标准

数字家庭基础标准包含术语、数据和设备编码、文本和图形符号标准。本小节内容归纳已有标准，并根据新技术发展、数字家庭系统特点和要求，对现有标准提出修改意见，参与标准修订工作，与制定新标准规范相结合，如表6-15所示。

基础标准明细表　　表6-15

标准号	标准名称	级别	标准状态	国际标准号及采用关系	被代替标准号或作废	备注
术语及缩略语						
GB/T 38052.1—2019	智能家用电器系统互操作 第 1 部分：术语	国家标准	现行			
	数字家庭基础标准：术语及缩略语	国家标准	待编			
小计	2（现行：1，待编：1）					
数据和设备编码						
GB/T 35143—2017	物联网智能家居　数据和设备编码	国家标准	现行			
GB/T 35134—2017	物联网智能家居　设备描述方法	国家标准	现行			
GB/T 36528—2018	数字家庭服务资源分类与代码	国家标准	现行			
	智能家居互联互通数据模型规范		在编			
	数字家庭元数据技术要求		待编			
小计	5（现行：3，在编：1，待编：1）					
文本图形表示符						
GB/T 34043—2017	物联网智能家居　图形符号	国家标准	现行			
GB/T 39189—2020	物联网智能家居　用户界面描述方法	国家标准	现行			
小计	2（现行：2）					
总计	9（现行：6，在编：1，待编：2）					

从表6-15中可以看出《数字家庭基础标准：术语及缩略语》的标准待编写，内容涉及规定智能家居领域通信技术、数据描述、设备及功能、应用服务等方面的基本术语名称、对应的英文名称、缩略语及定义解释等。

6.2.3.2　通用标准

数字家庭通用标准主要包括工程标准、运营管理标准和技术标准等方面的内容。

1．工程标准

工程标准包含数字家庭工程设计要求、布线等现场施工要求、系统验收内容和条件，以及系统建设评估办法等多个方面的标准，如表6-16所示。

工程标准明细表　　表6-16

标准号	标准名称	级别	标准状态	国际标准号及采用关系	被代替标准号或作废	备注
工程设计规范						
GB/T 39190-2020	物联网智能家居设计　内容及要求	国家标准	现行			
	数字家庭场景设计规范		待编			
小计	2（现行：1，待编：1）					
工程实施规范						
YD/T 1384-2005	住宅通信综合布线系统	行业标准	现行			
	数字家庭工程实施规范		待编			
小计	2（现行：1，待编：1）					
工程验收规范						
	数字家庭模拟用户测试		待编			
小计	1（待编：1）					
工程评价规范						
	数字家庭建设评价指标		待编			
小计	1（待编：1）					
总计	6（现行：2，待编：4）					

2．运营管理标准

运营管理标准包括平台运营管理、服务人员管理和应用服务管理标准，如表6-17所示。

运营管理标准明细表　　表6-17

标准号	标准名称	级别	标准状态	国际标准号及采用关系	被代替标准号或作废	备注
平台运营管理						
	数字家庭平台运营管理标准		待编			
小计	1（待编：1）					
服务人员管理						
	数字家庭社区服务人员管理标准		待编			
小计	1（待编：1）					
应用服务管理						
	数字家庭社区应用服务管理标准		待编			
小计	1（待编：1）					
总计	3（待编：3）					

3　技术标准

数字家庭由于涉及的技术领域较多，相关领域的技术发展比较快速，标准制定工作比较活跃。设备互操作体系结构部分主要解决数字家庭多种通信体制间相互交换信息，相互管理和控制的问题，包括互操作体系模型和异构多系统信息交互接口。数字家庭设备通用技术要求部分主要解决界定某个设备是否属于数字家庭产品的问题，包括产品的接口、功能、性能等方面的定性描述和具体技术参数的定量描述。

（1）互联互通

数字家庭互联互通标准包括基础协议、云云互通、端云互通和端端互通等标准，详见表6-18。

互联互通标准明细表　　表6-18

标准号	标准名称	级别	标准状态	国际标准号及采用关系	被代替标准号或作废	备注
基础协议						
GB/T 30246.1—2013	家庭网络　第 1 部分：系统体系结构及参考模型	国家标准	现行			
GB/T 30246.6—2013	家庭网络　第 6 部分：多媒体与数据网络通信协议	国家标准	现行			
GB/T 30246.7—2013	家庭网络　第 7 部分：控制网络通信协议	国家标准	现行			
	智能家居互联互通控制接口规范		待编			
小计	4（现行：3，待编：1）					
云云互通						
GB/T 38052.3—2019	智能家用电器系统互操作　第 3 部分：服务平台间接口规范	国家标准	现行			
	数字家庭平台接口规范	申请行业标准	待编			
小计	2（现行：1；待编：1）					
端云互通						
GB/T 38052.4—2019	智能家用电器系统互操作　第 4 部分：控制终端接口规范	国家标准	现行			
GB/T 38052.6—2023	智能家用电器系统互操作　第 6 部分：智能家电公共管理单元接口规范	国家标准	现行			
GB/T 38052.5—2019	智能家用电器系统互操作　第 5 部分：智能家用电器接口规范	国家标准	现行			
DL/T 1398.41—2014	智能家居系统　第 4-1 部分：通信协议—服务中心主站与家庭能源网关通信	行业标准	现行			

续表

标准号	标准名称	级别	标准状态	国际标准号及采用关系	被代替标准号或作废	备注
	智能家居互联互通跨平台接入规范　第1部分：通用要求		在编			
	智能家居互联互通跨平台接入规范　第2部分：WLAN设备		在编			
	智能家居互联互通跨平台接入规范　第3部分：蓝牙Mesh设备		在编			
	智能家居互联互通跨平台接入规范　第4部分：Zigbee设备		在编			
	智能家居互联互通跨平台接入规范　第5部分：本地控制		在编			
	智能家居信息安全技术要求　第4部分：跨平台接入协议		待编			
小计	10（现行：4，在编：5，待编：1）					
端端互通						
DL/T 1398.42—2014	智能家居系统　第4-2部分：通信协议—家庭能源网关下行通信	行业标准	现行			
	数字家庭设备管理控制软件总线技术规范		待编			
小计	2（现行：1，待编：1）					
总计	18（现行：9，在编：5，待编：4）					

（2）安全标准

数字家庭安全标准包括总体要求、数据与隐私保护和信息安全等标准，详见表6-19。

安全标准明细表　表6-19

标准号	标准名称	级别	标准状态	国际标准号及采用关系	被代替标准号或作废	备注
总体要求						
	数字家庭安全技术要求		待编			
小计	1（待编：1）					
数据安全与隐私保护						
GB/T 40979—2021	智能家用电器个人信息保护要求和测评方法	国家标准	现行			
	智能家居信息安全技术要求　第6部分：数据安全与隐私保护		在编			
小计	2（现行：1，在编：1）					

续表

标准号	标准名称	级别	标准状态	国际标准号及采用关系	被代替标准号或作废	备注
信息安全						
GB/T 41387—2022	信息安全技术智能家居通用安全规范	国家标准	现行			
	智能家居信息安全技术要求　第1部分：智能家居终端		待编			
	智能家居信息安全技术要求　第2部分：云平台		待编			
	智能家居信息安全技术要求　第3部分：移动应用		待编			
	智能家居信息安全技术要求　第5部分：安全管理		待编			
小计	5（现行：1，待编：4）					
总计	8（现行：2，在编：1，待编：5）					

（3）AI技术标准

数字家庭AI技术标准包括AI训练集、计算机视觉和语音识别等标准，详见表6-20。

AI技术标准明细表　　表6-20

标准号	标准名称	级别	标准状态	国际标准号及采用关系	被代替标准号或作废	备注
AI 训练集						
	智能家居语音交互 AI 训练集规则		待编			
小计	1（待编：1）					
计算机视觉						
	智能家居人机交互 AI 能力技术要求　第2部分：计算机视觉交互		待编			
	智能家居图像识别对象技术要求		待编			
小计	2（待编：2）					
语音识别						
GB/T 36464.2—2018	信息技术　智能语音交互系统　第2部分：智能家居设计　第1部分：通用要求	国家标准	现行			
	智能家居人机交互 AI 能力技术要求　第1部分：智能语音		待编			
	智能家居语音交互语义库技术要求		待编			
小计	3（现行：1，待编：2）					
总计	6（现行：1，待编：5）					

（4）设备通用标准

数字家庭安全标准包括家庭网络、智能家电和智能家居等标准，详见表6-21。

设备通用标准明细表 表6-21

标准号	标准名称	级别	标准状态	国际标准号及采用关系	被代替标准号或作废	备注
家庭网络						
GB/T 30246.5—2014	家庭网络　第 5 部分：终端设备规范　家用和类似用途电器	国家标准	现行			
GB/T 30246.9—2013	家庭网络　第 9 部分：设备描述文件规范　二进制格式	国家标准	现行			
GB/T 30246.8—2013	家庭网络　第 8 部分：设备描述文件规范　XML 格式	国家标准	现行			
小计	3（现行：3）					
智能家电						
GB/T 36432—2018	智能家用电器系统架构和参考模型	国家标准	现行			
GB/T 36423—2018	智能家用电器操作有效性通用要求	国家标准	现行			
GB/T 28219—2018	智能家用电器通用技术要求	国家标准	现行			
小计	3（现行：3）					
智能家居						
GB/T 35136—2017	智能家居自动控制设备通用技术要求	国家标准	现行			
	智能家居产品通用技术要求		待编			
小计	2（现行：1，待编：1）					
总计	8（现行：7，待编：1）					

（5）测试与评价标准

数字家庭测试与评价标准包括信息安全测试、互联互通测试、AI技术测试和设备及系统评价等标准，详见表6-22。

测试与评价标准明细表 表6-22

标准号	标准名称	级别	标准状态	国际标准号及采用关系	被代替标准号或作废	备注
信息安全测试						
	智能家居信息安全测试方法　第 1 部分：智能家居终端		待编			
	智能家居信息安全测试方法　第 2 部分：云平台		待编			

续表

标准号	标准名称	级别	标准状态	国际标准号及采用关系	被代替标准号或作废	备注
	智能家居信息安全测试方法　第 3 部分：移动应用		待编			
	智能家居信息安全测试方法　第 5 部分：安全管理		待编			
	智能家居信息安全测试方法　第 6 部分：数据安全与隐私保护		待编			
小计	5（待编：5）					
互联互通测试						
GB/T 30246.11—2013	家庭网络　第 11 部分：控制网络接口一致性测试规范	国家标准	现行			
GB/T 38052.7—2023	智能家用电器系统互操作　第 7 部分：一致性测试规范	国家标准	现行			
	智能家居互联互通一致性与互操作测试规范　第 1 部分：云服务平台		待编			
	智能家居互联互通一致性与互操作测试规范　第 2 部分：APP		待编			
	智能家居互联互通一致性与互操作测试规范　第 3 部分：网关及控制类终端		待编			
	智能家居互联互通一致性与互操作测试规范　第 4 部分：WLAN 设备		待编			
	智能家居互联互通一致性与互操作测试规范　第 5 部分：蓝牙 Mesh 设备		待编			
	智能家居互联互通一致性与互操作测试规范　第 6 部分：Zigbee 设备		待编			
小计	8（现行：2，待编：6）					
AI 技术测试						
	智能家居人机交互 AI 能力评价标准　第 1 部分：智能语音		待编			
	智能家居人机交互 AI 能力评价标准　第 2 部分：计算机视觉交互		待编			
小计	2（待编：2）					
设备及系统评价						
	智能家居设备智能化能力分级和评价		待编			
	数字家庭系统技术要求及分级评价		待编			
小计	2（待编：2）					
总计	17（现行：2，待编：15）					

6.2.3.3 专用标准

数字家庭专用标准主要包括终端设备、网络设施、测试标准和应用服务与平台等标准。

1．网络设施

数字家庭网络设施包括网络接入设施、家庭信息箱和家庭网关/路由设备等标准，详见表6-23。

网络设施明细表 表6-23

标准号	标准名称	级别	标准状态	国际标准号及采用关系	被代替标准号或作废	备注
网络接入设施						
GB/T 39579—2020	公众电信网　智能家居应用技术要求	国家标准	现行			
小计	1（现行：1）					
家庭信息箱						
GB/T 37142—2018	住宅用综合信息箱技术要求	国家标准	现行			
	家庭信息箱及关键技术要求		待编			
小计	2（现行：1，待编：1）					
家庭网关 / 路由设备						
DL/T 1398.31—2014	智能家居系统　第 3-1 部分：家庭能源网关技术规范	行业标准	现行			
GB/T 30246.3—2013	家庭网络　第 3 部分：内部网关规范	国家标准	现行			
小计	2（现行：2）					
总计	5（现行：4，待编：1）					

2．应用服务与平台

应用服务与平台标准包括政务服务、健康养老服务、物业服务、低碳生活服务和应用服务平台协议等标准，详见表6-24。

应用服务与平台明细表 表6-24

标准号	标准名称	级别	标准状态	国际标准号及采用关系	被代替标准号或作废	备注
政务服务						
GB/T 39044—2020	政务服务平台接入规范	国家标准	现行			
小计	1（现行：1）					

续表

标准号	标准名称	级别	标准状态	国际标准号及采用关系	被代替标准号或作废	备注
健康养老服务						
	数字家庭养老服务规范		待编			
小计	1（待编：1）					
物业服务						
GB/T 20299.3—2006	建筑及居住区数字化技术应用 第 3 部分：物业管理	国家标准	现行			
小计	1（现行：1）					
低碳生活服务						
	数字家庭碳排放计算模型	国家标准	待编			
小计	1（待编：1）					
应用服务平台协议						
GB/T 38321—2019	建筑及居住区数字化技术应用 家庭网络信息化平台	国家标准	现行			
GB/T 36426—2018	智能家用电器服务平台通用要求	国家标准	现行			
	数字家庭服务交互统一接口框架	国家标准	待编			
	应用平台终端应用程序		待编			
小计	4（现行：2，待编：2）					
总计	8（现行：4，待编：4）					

3．测试标准

测试标准包括整机性能测试、系统性能测试和应用服务评价等标准，详见表6-25。

测试标准明细表　　表6-25

标准号	标准名称	级别	标准状态	国际标准号及采用关系	被代替标准号或作废	备注
整机性能测试						
GB/T 38047.1—2019	智能家用电器可靠性评价方法 第 1 部分：通用要求	国家标准	现行			
	智能家居设备测试规范	国家标准	待编			
小计	2（现行：1，待编：1）					
系统性能测试						
GB/T 40657—2021	公众电信网　智能家居应用测试方法	国家标准	现行			
YD/T 3321—2018	家庭网络的电磁环境与评估方法	行业标准	现行			

续表

标准号	标准名称	级别	标准状态	国际标准号及采用关系	被代替标准号或作废	备注
	智能家居系统测试规范	国家标准	待编			
小计	3（现行：2，待编：1）					
应用服务评价						
GB/T 35796—2017	养老机构服务质量基本规范	国家标准	现行			
GB/T 39509—2020	健康管理保健服务规范	国家标准	现行			
GB/T 20647.9—2006	社区服务指南　第 9 部分：物业服务	国家标准	现行			
小计	3（现行：3）					
总计	8（现行：6，待编：2）					

4．终端设备标准

数字家庭终端设备数量多，边界不很清晰，并且融入数字家庭的智能化产品种类有不断增加的趋势。本次标准体系只编写相关性大的一些终端产品标准，详见表6-26。

终端设备标准明细表　　表6-26

标准号	标准名称	级别	标准状态	国际标准号及采用关系	被代替标准号或作废	备注
家庭安防						
GB 10408.6—2009	微波和被动红外复合入侵探测器	国家标准	现行			
GB/T 34004—2017	家用和小型餐饮厨房用燃气报警器及传感器	国家标准	现行			
GA/T 678—2007	联网型可视对讲系统技术要求	行业标准	现行			
小计	3（现行：3）					
家用及类似电器						
DL/T 1398.34—2014	智能家居系统　第 3-4 部分：家电监控模块技术规范	行业标准	现行			
GB/T 37877—2019	智能家用电器的智能化技术　电冰箱的特殊要求	国家标准	现行			
GB/T 39384—2020	智能家用电器的智能化技术　洗衣机的特殊要求	国家标准	现行			
GB/T 39377—2020	智能家用电器的智能化技术　葡萄酒储藏柜的特殊要求	国家标准	现行			
GB/T 38041—2019	智能家用电器的智能化技术　电热水器的特殊要求	国家标准	现行			

续表

标准号	标准名称	级别	标准状态	国际标准号及采用关系	被代替标准号或作废	备注
GB/T 37879—2019	智能家用电器的智能化技术　空调器的特殊要求	国家标准	现行			
	家用智能浴室电器管理系统		待编			
小计	7（现行：6，待编：1）					
影音娱乐						
GB/T 30246.4—2013	家庭网络　第 4 部分：终端设备规范　音视频及多媒体设备	国家标准	现行			
小计	1（现行：1）					
电工照明						
DL/T 1398.33—2014	智能家居系统　第 3-3 部分：智能插座技术规范	行业标准	现行			
小计	1（现行：1）					
总计	12（现行：11，待编：1）					

6.2.4　数字家庭标准化建议

数字家庭的标准支撑体系应该包括管理、标准、服务和技术支持四个方面的内容，是一项较为长期和复杂的工程。

1．管理

管理机构、制度以及信息系统是实现数字家庭领域标准体系实施管理措施的三个组成部分。管理制度规范了产业参与者的职责、权利和义务，以及设计、实施、验收、评估、审批等各个环节有效的流程和措施，并依托现有的法律和政府规定的明确奖惩规则，从而鼓励产业健康发展。对技术、产品、服务、设计及实施、检验和监督等各个组织就数字家庭领域，依据技术标准进行有效管理还需要一个高效和可靠的机构保证。对测试、认证、产品和系统的质量、项目和服务的运行状况等进行信息化管理的系统也将成为必要的手段。随着技术标准的确立和产业的发展，制度、机构和支撑信息系统将在未来三年逐步完善。

2．标准

数字家庭标准体系是数字家庭产业发展的技术规范总体规划，是标准化工作的基本依据。通过基础标准、通用标准和专用标准的确立，建立完善的体系结构，支撑产业的健康持续发展。

3．服务

数字家庭标准体系的建立、推广实施、运行维护和监督全过程均需要专门的服务机构，通过服务信息网络，针对服务对象的要求，提供合适的服务内容。在住房和城乡建设部、国家质量监督检验检疫总局的领导下，数字家庭标准推广中心的建立将会有力地保证标准的顺利推广和实施。通过数字家庭综合服务平台以及数字家庭系统验证平台，利用标准宣贯、教育培训、样板示范工程建设，技术支持和质量检测等多种服务手段，向住宅开发商、系统集成商、设备厂商、服务提供商、普通用户和政府及相关行业管理部门提供数字家庭整体概念、解决方案和服务，从多方面发挥技术标准体系的产业指导作用，促进行业整体发展。

4．技术支持

数字家庭标准体系的技术支持是由系统设备产品的自动识别，设计、实施的监督和验收、运行的在线监控等多种技术手段组成的，主要包括条码、射频标签、物联网、三网融合等综合技术措施。

在数字家庭标准体系确定的前提下，将根据市场需求和技术发展，特别是产业健康发展的迫切性，分阶段完成上述标准，并不断完善。另外，将积极开展与相关的国内外标准组织开展合作，以直接采用、根据需要修订、合作制定等多种方式，充分利用现有的技术标准研究成果，加速标准的制定过程。亟须制定的标准，如表6-27所示。

数字家庭行业标准立项清单明细表　　表6-27

序号	标准名称	技术内容和适用范围
1	建筑及居住区数字化技术应用智能家居产品通用技术要求	主要内容：规定智能家居产品功能、性能及安全性方面要求； 适用范围：适用于所有数字家庭智能化产品
2	建筑及居住区数字化技术应用家庭信息箱通用技术要求	主要内容：规定家庭信息箱尺寸、模块组成、接入布线及信息接入、信息安全等要求； 适用范围：适用于家庭信息箱产品的检验检测
3	建筑及居住区数字化技术应用数字家庭系统技术要求及分级评价	主要内容：规定数字家庭系统的分级评价方法，包括：安全要求、互联 / 互操作要求、场景管理要求； 适用范围：适用于数字家庭智能化系统
4	建筑及居住区数字化技术应用数字家庭建设评价指标	主要内容：规定住区数字家庭建设等级划分与标志、申请等级评定应满足基本要求与条件、等级评定； 适用范围：适用于数字家庭建设工程项目考核评定
5	建筑及居住区数字化技术应用数字家庭平台接口规范	主要内容：规定数字家庭设备管理、服务运营等平台间实现跨厂商设备、服务及用户管理的数据交换接口； 适用范围：适用于所有平台接入互联互通

续表

序号	标准名称	技术内容和适用范围
6	建筑及居住区数字化技术应用数字家庭服务交互统一接口框架	主要内容：规定数字家庭设备管理、生活服务、政务服务统一交互技术框架； 适用范围：适用于所有家庭服务平台的接入
7	建筑及居住区数字化技术应用数字家庭设备管理控制软件总线技术规范	主要内容：规定数字家庭内部实现异构协议设备统一管理控制的软件接口； 适用范围：适用于所有数字家庭协同工作设备
8	建筑及居住区数字化技术应用数字家庭安全技术要求	主要内容：规定数字家庭安全框架、平台架构、设备权限管理、隐私保护等操作使用安全技术要求； 适用范围：适用于所有数字家庭智能化产品
9	建筑及居住区数字化技术应用数字家庭碳排放计算模型	主要内容：规定数字家庭技术应用于居家生活碳排放数据收集、计算的方法； 适用范围：适用于所有数字家庭控制系统
10	建筑及居住区数字化技术应用数字家庭工程实施规范	主要内容：规定数字家庭系统设计、施工、验收及维护的内容、要求及方法； 适用范围：适用于所有数字家庭工程项目

3
实践篇

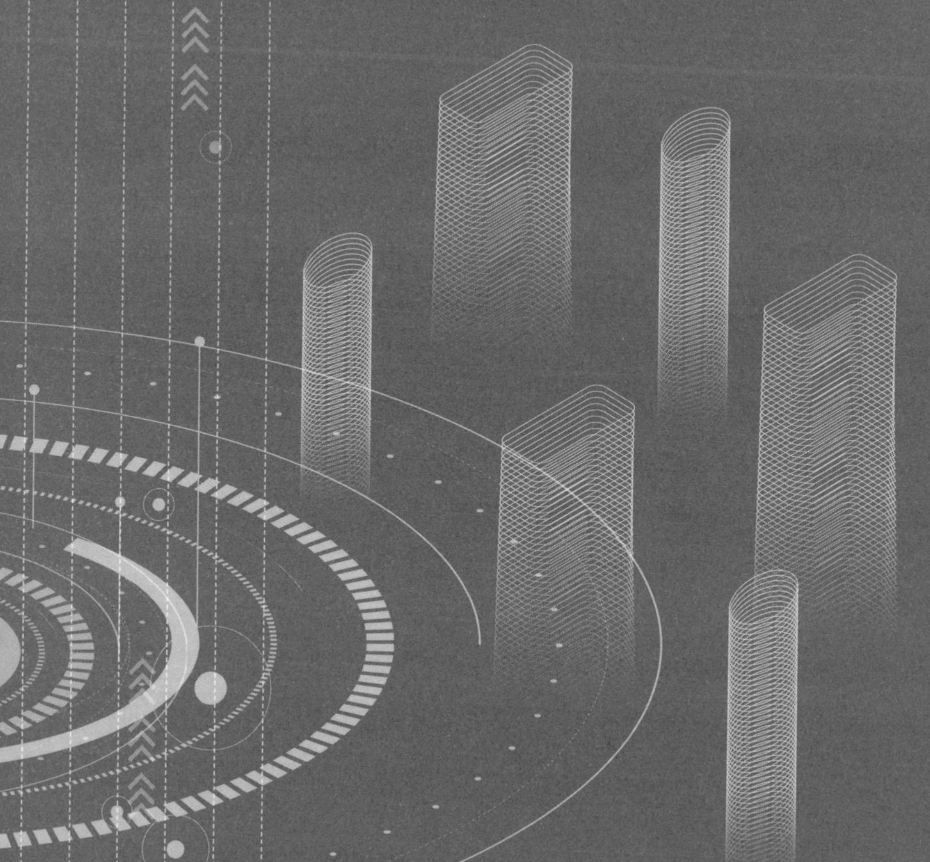

第7章 智慧社区典型案例

7.1 重庆市渝中区石油路街道医学院路小区智慧化改造项目

7.1.1 项目基本情况

近年来，重庆市渝中区政府部门大力推动老旧改造、智慧社区建设。2020年4月，重庆市人民政府印发《重庆市人民政府关于新形势下推动服务业高质量发展的意见》，明确要求搭建智慧社区服务平台。2020年6月，重庆市城市提升领导小组办公室印发《重庆市全面推进城镇老旧小区改造和社区服务提升专项行动方案》，就老旧小区改造范围、改造内容等作出相关规定。2021年3月，重庆市住房和城乡建设委员会发布《2021年度智慧小区建设目标任务分解》，提出2021年全市将打造智慧小区120个。

经调研，渝中区石油路街道医学院路小区隶属于石油路街道民乐村，小区总建筑面积92911m^2，总楼栋数28栋，总户数1192户，总人数约3546人。小区建筑老旧，多为木质结构，楼道、居民家中消防类传感器缺失，车辆占用消防通道，存在消防隐患；高空抛物事件频发，“老旧改”建设物料无人看管，频繁被盗；门禁常开，化粪池无明显标识、无液位监测设施，各类垃圾、废旧材料无序堆放，清运不及时；政策宣传设备缺失，街道、政府政策信息传递不及时不顺畅；未建设应急广播系统，居民应急反应速度慢。

该项目以渝中区石油路街道医学院路老旧社区智能化改造建设为基础，切实解决部分老旧社区存在的安防盲区、人防管理缺位、高空抛物、社区商铺占道经营、垃圾分类及智能化设施建设滞后等突出问题，为居民提供安全、高效、便捷的智慧化服务。

7.1.2 主要做法

石油路街道医学院路小区智慧化改造项目是重庆市老旧改造工作的一部分，是由区委、区政府定义的渝中区智慧社区先行示范点。项目由区城市更新公司作为统一业主单位牵头建设，项目建设采用“智能硬件+智能应用”结合“12+4+1”模式对“人、车、物、事件”等多个维度进行安全防范升级和民生服务提升。

“12”是指项目建设的智能子系统，包括消防监测系统、高空抛物监测系统、化粪池安全监测系统、居民一键报警求助系统、出入口人脸抓拍监控系统、电子巡更系统、社区电子显示系统、视频监控及智能分析系统、智慧停车系统、垃圾分类系统、空气质量监测系统以及智慧防疫系统。

“4”是指后续上线政府侧、物业侧、居民侧3大智能角色管理服务应用及1个可视化数据大屏展示系统平台。

“1”是指建设1个数据管理中心（图7-1）。

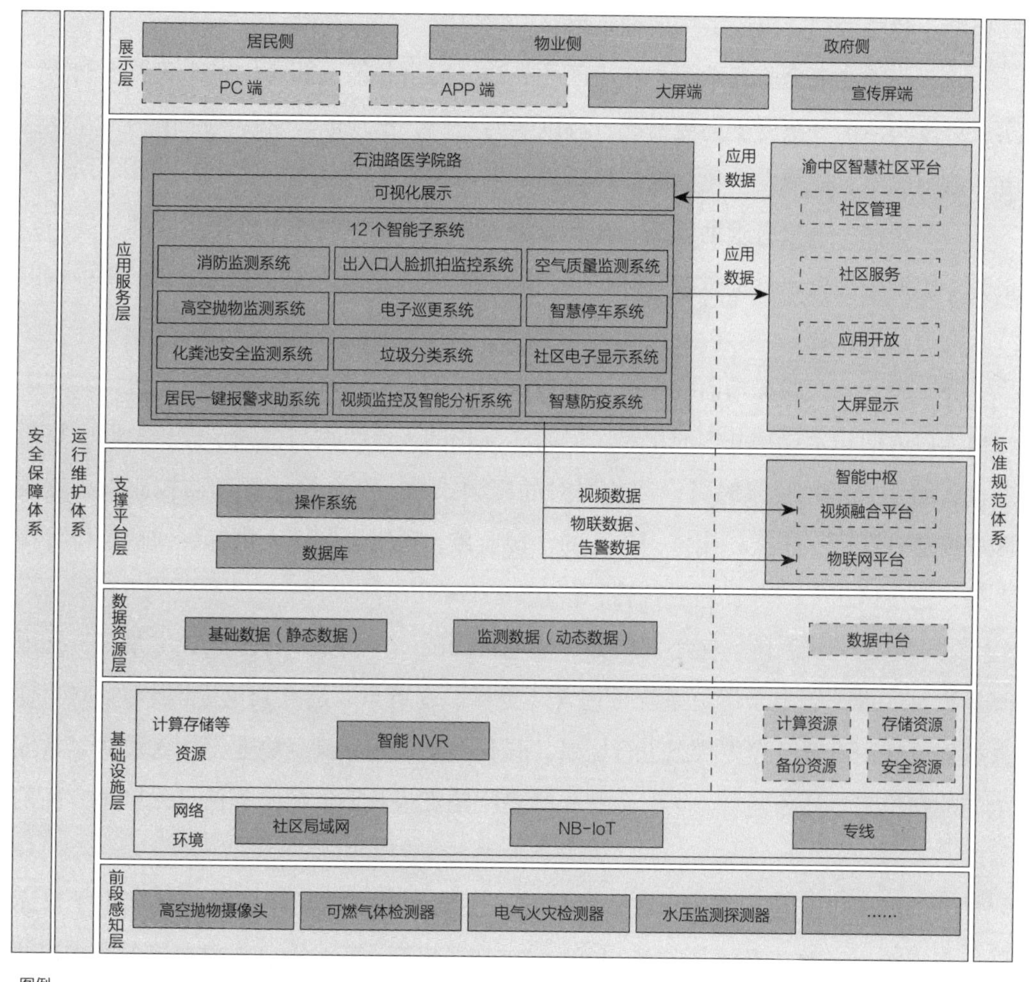

图7-1 重庆市渝中区石油路街道医学院路小区智慧化改造项目总体架构

1．前端智能设备建设

（1）消防监测系统。在商铺区、楼栋及重点居民家中部署火灾报警器和可燃气体探测器，在重要消防设备房、楼栋配电房及配电井部署电气火灾监测探测器，在消防水池、屋顶水箱或屋顶试压消火栓部署水压监测探测器，在小区公共开放式区域消防车道部署消防车道监控摄像头，实现对火灾、燃气、水压、电气、消防车道占用等实时监测、异常告警、分析研判，并对相应设备进行监管，及时发现设备故障，支持一键上报故障。

（2）高空抛物监测系统。在重点楼栋部署像素不低于400万的高清高空抛物摄像头，通过获取抛物者的楼层信息和高空抛物的事件整体记录，并根据公安部门对监控存储时长的要求，满足本地历史视频存储时长不低于90天，实现对高空抛物事件的智能识别、智能推动，跟进事件处理结果。

（3）化粪池安全监测系统。在小区化粪池、污水井部位部署化粪池满溢检测器，实现对化粪池沼气浓度、满溢情况、温度实时监测，出现危险事件实时预警，并支持电子地图展示，避免发生化粪池爆炸事件。

（4）居民一键报警求助系统。在孤寡老人、残疾人等弱势人群住所内部部署一键报警（求助）装置，系统具备一键呼叫、数据管理设置和系统设置的功能，实现对弱势人群的精准关怀。

（5）出入口人脸抓拍监控系统。通过在小区出入口部署人脸抓拍摄像机，实现小区出入口人脸识别抓拍并实时记录，同时，抓拍的人脸图片与视频录像相关联，事后查询人脸识别抓拍记录时可以回放当时的视频录像。结合其他视频监控建设，实现区—街道—社区—小区—楼栋—单元的全域监控，通过以图搜人更好更快地定位可疑人员，让小区出入安全管理更智慧。

（6）电子巡更系统。在小区周界、住宅楼周围、车辆集中停放区、水泵房、配电间等重要区域部署电子巡更系统（包含巡更棒、巡更点、巡查人员标识卡），对工作人员巡更规则设置及巡更状态进行记录，强化人防效用，满足物业工作人员对日常安全的巡视检查、任务监管、实时跟踪、隐患问题汇报及调度派工等信息化管理方面的需求。

（7）社区电子显示系统。在小区广场、主要通道、单元楼栋部署智能电子显示屏，将视频、音频、图片、文字、网页、实时视频流、实时第三方数据等各类多媒体信息进行全方位展现，实现对党建信息、政府政策信息、小区通知、经审批通过商业化广告、紧急通知等类型信息的全量、分区分域、分时分点地宣传。

（8）视频监控及智能分析系统。采用视频监控摄像头、智能NVR、视频监控及智能分析系统，实现对社区多场所“人、车、物、事”的自动监测、智能化记录与报警，让各场所在出现潜在的安全事件时，由被动监控转变为主动防御，提升场所的综合安防管理水平。

（9）智慧停车系统。采用车牌识别、道闸控制的方式，自动抓拍、记录、传输和处理车辆信息，并做出放行、拒绝和报警等操作，对进出社区的车辆进行管控，实现车辆相关信息的登记及管理、车辆进出的自动识别与放行等。

（10）垃圾分类系统。依托当前最先进的移动互联网、大数据、物联网、云计算等技术，通过信息化的手段，从垃圾分类宣传、垃圾分类投递、垃圾分类收集、垃圾分类清运、垃圾分类处理等方面着手，对垃圾分类各个环节进行智能化管理。

（11）空气质量监测系统。通过布设PM2.5传感器、PM10传感器、温湿度传感器等环境传感器，实现对扬尘、PM2.5、PM10以及有害气体的多站查询、实时监测、实时告警。

（12）智慧防疫系统。疫情期间，在小区家属区出入口部署测温健康码核验一体机，实现人证码合一核查、体温快速检测。解决传统人工核验健康码和检测体温效率低、速度慢等问题，同时减少检测过程中人与人之间的接触，方便人流聚集时的快速检测，消除安全隐患。

2．社区级大屏展示系统建设

社区级大屏展示系统通过接入高空抛物数据、重要出入口人脸数据、消防类相关数据（包含火灾、电气、燃气、消防水压、消防车道占用等）、重点人群报警数据、公共区域监控数据、人脸门禁出入数据、信息发布数据、巡更数据、智慧停车相关数据、智能垃圾桶相关数据、化粪池监测数据等各类前端子系统采集的数据，在社区管理中心大屏集中展示智慧社区相关各类设备采集的信息和视频流数据，通过3D展现方式，实现数据的可视化。系统建成后，能够直观地看到石油路街道医学院路智慧社区的成果，通过图形化、数字化的展现，能够对数据进行及时有效的分析，开展社区治理，掌握石油路街道医学院路智慧社区的整体全貌（图7-2）。

3．数据管理中心

在“智慧社区”办公室部署数据管理中心，包括电脑主机及显示器、高清显示屏和其他管理中心智能设备（如机柜、智能NVR、交换机、核心路由、硬盘、PDU等），用于实现智慧社区管理平台展示及各智能子系统运行状态、报警信息实时预警及故障排除、远程管理。

图7-2　重庆市渝中区石油路街道医学院路小区智慧化改造项目——视频监控大屏

7.1.3　工作成效

该项目实施至今，已覆盖渝中区其他7个小区，在社区内建设了数十余台人脸识别PAD、百余台智能摄像头，基于AIoT数智服务管理平台接入了近千台物联设备，并提供了近100路智能算法分析，实现了日均人脸识别次数达10万余次、总服务人群近40万人。

该项目成果为政务服务类，从以下三个方面为社区建设带来一定的经济效益。第一，该项目可减少重复建设，节约建设成本。通过项目建设，达到统一的规划和标准的使用规范，进一步完善渝中区老旧社区智能化改造，形成信息共享，减少重复建设，在整个渝中区智慧社区信息化系统内达到节约建设成本的目的。第二，该项目可提高社区综合管理和维护能力，节约人力成本。项目建成后，将实施信息化统一管理模式，以提高对系统和应用的综合管理与维护能力，利用较少的人力成本完成以往需投入较多人力才能完成的管理和维护任务，达到人力成本的节约。第三，该项目可降低社区管理成本，优化业务流程、提高业务效率。项目建成后，将促进渝中区各管理部门业务协同，优化业务流程，提高工作覆盖面、工作效率以及工作质量，降低管理成本。

首先，在社会效益方面，项目建设可切实解决老旧社区管理的突出问题，有效防范各类安全风险，逐步增强人民群众的获得感、幸福感和安全感，进一步规范社区秩序，促进老旧社区管理的健康有序提升。其次，项目建设进一步提高了工作信息化水平，通过优化业务流程，深化业务协同，促进社区管理智能化，让社区监管得到更有力的保障。再次，项目建设可实现科学分析判断社区管理趋势和发展态势，为社区管理宏观调控决策提供依据，为政策实施提供有力保障。最后，该项目建设可提高社区的公共服务能力，通过有效采集并及时对外发布政策宣传和惠民信息，增强社区的管理能力和服务水平。

7.2　嘉兴桂苑智慧社区建设

桂苑社区位于嘉兴市南湖区，建造于1999年，2000年居民入住，共有44幢住宅楼，1535户居民，约4500人，建筑规模10万m^2。在进行改造前，普遍存在污水横溢、“空中飞线”、违章搭建、环境脏乱、物业缺失、服务不足等问题。

2018年底，桂苑社区被列入嘉兴市老旧住宅小区改造点。着眼“让生活智慧化”目标品质提升，主要围绕小区内的道路、停车位、景观绿化、建筑立面、地下管线、雨污水分流、电力弱电上改下、活动空间优化等环境提挡、基础设施和公共服务设施提升工程；同时引入未来社区理念，有机植入未来邻里、教育、健康、低碳、服务、治理等场景元素，打造以和睦共治、绿色集约、智慧共享为目标的新型城市功能单元和智慧家园。桂苑社区成为嘉兴首个智慧社区和中心城市品质提升样板工程之一。

7.2.1　基础设施改造

在改造前期，市品质提升工作指挥部办公室因地制宜老（旧）住宅区改造提升专项行动组通过开展座谈、入户走访等形式的调研，围绕“为什么改、改什么、怎么改、改好了怎么管”四个问题，广泛征求居民意见。在广泛听取意见的基础上，专项行动组科学编制规划，细化实施方案，把基础设施改造、公共服务提升、环境整治等作为改造重点。

基础设施改造更新。针对雨污不分、管道破损导致的污水横溢，以及“空中飞线”等问题，桂苑社区实施了雨污分流工程，建设了地下管网，使所有线路入地改造，提升了社区整体感观和安全系数，作为最基础的部分，雨污分流和管线整治投入资源最多。

因地制宜提升公共服务。通过前期摸底调查，针对社区停车位少、公共服务设施欠缺等问题，专项组制定了具体方案。例如，把林荫式停车位作为首选，在原有的150个车位基础上，新增450个左右的车位，既保障了居民停车需求，又提升了景观绿化；重建了社区中心广场，新修建一条社区环绿道，并与三水湾公园连通。

相关基础设施改造过程中，充分考虑并推进相关基础设施信息化建设，为后续建设预留空间。

为使社区保持长效的可持续发展和长效管理，满足社区最基本的物业需求，相关部门、业主通过对比多家物业公司价位、协商座谈，确定一家物业管理公司（嘉兴健嘉）进驻桂苑社区。

7.2.2 智慧化建设改造

以嘉兴新型智慧城市建设为牵引，以未来社区建设为标杆，以智慧社区建设为重点，以共建共享为原则，在桂苑社区注入智慧化元素，引入智慧书屋、健康小屋等未来社区概念，打造嘉兴市首个智慧社区。

1．系统建设情况

智慧社区（物业）系统由嘉兴海视嘉安智城科技有限公司研发，与前述“134+2”体系匹配，框架如图7-3所示。

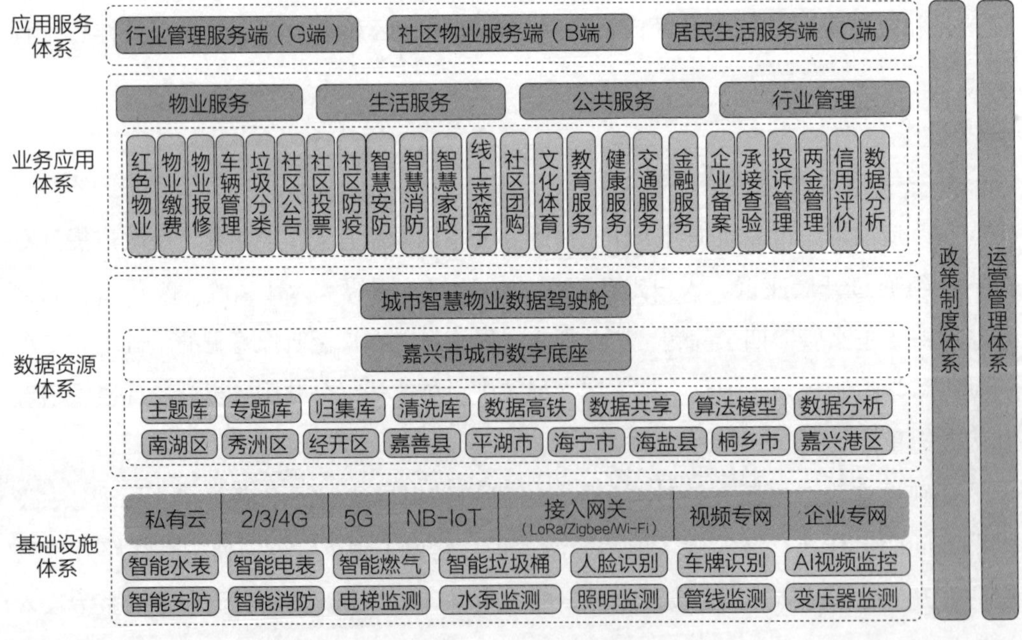

图7-3 智慧社区（物业）一体化构架图

2．应用体系

平台前期规划设计了16个物业服务场景、16个生活服务场景、18个公共服务场景、18个行业管理场景。特色应用包括：

出入口门禁：2020年，在之前社区门禁卡基础上，社区南北门安装了可识别身份证的门禁系统和自动无感测温功能的人脸识别系统，实现了与嘉兴市大数据中心的健康码自动验证，通过人脸比对，系统自动分析进出社区居民的健康码实时状态，第一时间形成测温和健康码大数据。系统不仅可以根据疫情管控的不同等级，对社区门禁设置不同等级的门槛，实现精准管控，还可以通过社区智慧能力对疫情期间的隔离人员、疑似接触人员进行有效管控，做好隔离期间重点人员的社区关怀和隔离期限自动提醒等工作。桂苑社区是嘉兴市第一个使用该系统的社区。

智能安防：社区建立了智慧化的安防管理系统，社区132个楼道已全部安装了治安摄像头，社区主次要出入口、重点公共区域、主要通道等区域，也均实现实时监控。

智慧绿道：在社区绿道节点设置人脸识别设备，支持人脸或微信注册，运动者无须佩戴硬件设备，在跑道内进行运动即可通过"人脸识别+云端数据"模式，记录其运动数据。在主要出入口及关键节点附近设置数据屏，呈现跑道内运动排行情况，同时可"刷脸"查看本人运动的时长、速度、热量消耗等详情分析及建议、排行榜等。

智慧书屋：在物业服务中心二层西侧开辟专门场地，建设社区智慧书屋，居民通过人脸识别门禁可"刷脸"进入；书屋内安装了数字图书阅览交互屏，居民可以直接触摸阅览电子屏的图书，也可用手机扫描屏幕二维码，实现手机同步阅读电子图书；通过与嘉兴市图书馆对接，居民不仅可以在智慧书屋归还书籍，也可以扫码阅读嘉兴市图书馆中的电子书，实现不出社区就能阅览群书。

信息发布：社区中心广场电子显示屏上，实时显示着室外空气质量和天气预报，接入三水湾农贸市场系统，居民通过手机APP查询菜价，线上图文选菜，也可通过视频沟通线上选菜，全程查看称重、活杀、打包的全过程，由菜场物流配送上门。

垃圾分类：利用物联网、互联网融合技术，实现垃圾投放的有源可溯。面向物业和社区工作人员，可提供垃圾投递统计数据，例如投放次数、重量、类别、积分等数据，居民可以通过APP（C端）进行查询。对垃圾乱弃事件进行预警，短信推送到物业和社区工作人员，经人脸识别追溯到当事人，并将短信推送给当事人。同时，对正确投递的行为采取积分奖励措施，调动居民参与垃圾分类的积极性。

"5G云诊室"场景：居民可以在社区设立的健康小屋自助测量血压、心率等生理基本信息，系统自动记录监测数据，自动将异常数据推送给社区责任医生处置。

7.2.3 工作经验

1．政策和资金保障

以国家、地方政策为牵引，推进智慧社区建设。结合住房和城乡建设部“老旧小区改造”、浙江省“未来社区建设”、《嘉兴市加快中心城市品质提升打造国际化品质江南水乡名城的实施意见》等政策，将智慧社区建设融入国家和地方发展战略；申请各类财政资金，自2019年，嘉兴市共133个老旧小区纳入中央补贴计划，获取中央补贴资金2.8亿元、省级专项资金5195.96万元；同时，为拓宽融资渠道，嘉兴市专题与国开行对接老旧小区改造合作模式，首批纳入国开行贷款支持项目约13.5亿元；成功申请专项债项目1个，项目总投资4.5亿元，发行额度1.8亿元。

2．组织和机构保障

成立“嘉兴市智慧社区运营中心”，以专业化运营团队运营智慧社区。该中心是嘉兴城市社区运行管理的“大脑”，作为整合社区公共设施资源与生态服务商，统筹智慧社区治理、公共服务、生活服务、物业服务等日常运营的中枢，承担着智慧社区智慧系统运维服务。推广社区APP，赋能物业服务企业及各类服务商，提供线上线下优质服务，打通物业服务平台与政府各类政务服务平台、公共服务平台相关资源、信息、流程的协同与共享，促进多部门联动治理，精密智控，建立“政府化运营+市场化运营”融合互补的可持续运营机制。

3．技术和人员保障

由嘉兴市人民政府和中国电子科技集团有限公司共同出资成立浙江嘉兴数字城市实验室有限公司（简称嘉数公司，注册资金5亿元人民币），在公共安全、智慧社区、社会综合治理、未来出行、应急管理、民生服务、智慧医疗、智慧环保及政府数字化转型等领域，开展相关基础理论、顶层设计、标准规范、新一代信息技术、平台与应用、生态构建六大方向的研究，探索“数字中国”落地的业务模式、技术模式和商业模式，以及新一代信息技术与城市治理、民生服务、企业创新等多种业务融合的创新方案。

4．策略和制度保障

按照基础类、完善类、提升类，分类实施老旧小区改造，以居民最关心、最迫切的问题为突破口，融入未来社区理念，注重补齐小区功能短板和提升公共服务水平，因地制宜制定“一区一策”改造方案，不断提升群众的获得感、幸福感和安全感。以

“红色物业”为工作载体，构建完善党组织领导下的社区居委会、业主委员会、物业服务企业等多方联动的“红色物业”体系，同时建立临时党支部、居民议事会、楼道长等制度，动员群众全程参与、监督、管理改造提升和后续运维。制定出台《嘉兴市住宅物业管理条例》，规范物业管理活动，维护业主和物业服务企业的合法权益，研究制定物业服务标准，落实智慧物业运维责任，建立智慧物业资金保障，开展物业服务评价等。

7.3 海尔云玺智慧社区建设项目

7.3.1 项目基本情况

海尔云玺项目为青岛产城创精心打造的新古典主义高层住宅项目，位于崂山区海尔路1号，占地3.16万m^2，住宅建面约8.6万m^2，由8栋16—31层高层组成，人均居住用地面积11.89m^2，为一星级绿色建筑。社区附近配备医疗、教育、购物等配套场景。

7.3.2 主要做法

1．创新技术

海尔云玺社区以5G+AI、大数据等技术为依托，基于AIoT+IOC平台，构建了智慧安全、智慧车库、智慧服务等多个智慧社区场景解决方案，打造触点体验不断迭代升级的数字空间新体验，实现从生产到生活再到生态的融合发展，用科技赋能全行业发展与智能生活，实时掌控社区人、事、物全景状态；运用大数据分析，优化资源，快速响应，实现社区的最佳运营，让业主的生活更加安全、便捷、智能，让物业管理更加智能、高效，实现社区的最佳运营，赋能企业高效管理。实现降本提效、信息共享、集团化管控的智慧管理。

2．智慧场景建设应用

（1）智慧车库场景

栏杆自动抬起，车辆缓缓驶入车库，照明灯随车行轨迹依次亮起，车库内空气清新又沁心。海纳云智慧车库解决方案能够智能监测环境的温湿度及尾气浓度，让车库好像“会呼吸”一般，蓝牙感知到停车会自动落锁，还可以点击手机APP一键锁车，不解锁车辆无法驶出车库，再也不怕爱车被盗，将地下车库打造成干燥清爽的第二会客厅。

（2）智慧消防场景

当社区内发生火灾危险时，能够应急联动指挥，一键调度，达到1分钟极速响应，迅速确定火灾发生的位置，大大提升消防响应速度和准确度，最佳逃生路线在此时也已经规划完成，周围消防安全设备的位置也会被快速主动告知。

（3）智慧安全场景

当走到社区的任何道闸、门禁处，海纳云将通过人脸识别等功能，让你感受“无感通行”的便捷舒适；亲友到访可由业主为其提供进出社区的二维码；快递、外卖等外来人员则需通过身份证与人脸双重比对记录才可进入。同时，遍布社区公共区域的人脸抓拍摄像机可精准记录每个人在社区内的行动轨迹，识别到可疑人员后将自动告警，通过“海客会”APP，业主还可查看家人在社区中活动的实时画面。

（4）智慧服务场景

生活中，业主无须东奔西走，即可通过“海客会”APP享受生活缴费、报事报修等生活服务，而物业管理方也能随时随地实现移动高效办公，通过管家端APP“海管家”可更加及时地处理业主反馈的问题。

（5）智慧照明场景

当车辆缓缓驶入地下车库，灯光自动开启，车走灯灭；在社区内，业主们讨厌的光污染或者一片漆黑的场景将不复存在，取而代之的是分时分区控制的智慧照明光源；物业管理人员从此对照明灯具运行数量、状态情况及耗电量等“了如指掌”；还有集照明、监控、环境监测、信息发布等功能于一体的智慧灯杆，一杆多用，大大降低能耗。

（6）智慧电梯场景

电梯轿厢在建筑中的实时空间位置、动态运行过程将被直观地展示，救援不及时等场景绝不会再出现；IOC智能运营中心全面记录电梯的运行轨迹，对于电梯故障，可以进行提前预警；当不被允许进入轿厢的大件物资被搬运上客梯时，“文明乘坐电梯”的警示语便会自动响起，保障电梯安全、有序运行。

（7）智慧环境场景

井盖数量多，出现问题不能及时响应，路面变陷阱，威胁路人和行车安全等问题已成为危及城市公共财产安全的一大痛点。现在，海纳云智慧环境解决方案可实现对井盖的实时监控和异常报警，联动人员高效处置；此外还加入了垃圾桶的满溢检测及定位功能，实现普通垃圾桶的功能升级，垃圾桶满溢、倾倒报警，第一时间通知到物业。

（8）智慧建筑场景

工程图实现3D展示，楼宇内水、电、气、冷、风等管线（含流向）及设备的空间分布清晰可见，当社区内的供水、供气、供热出现故障时，后台可联动人员高效处置，节约了很多施工时间和人力核对成本；社区内资产，哪怕仅是一台笔记本电脑，也能在10万m^2的空间中立刻被找到。

（9）智慧弱电场景

对于社区的数据中心管理者们来说，数据中心设备多、水电网等线路纷繁复杂、管理运维费时费力等问题一直是让他们“头痛不已”的难题。现在，物业及企业管理方可借助海纳云智慧弱电解决方案模块化设计的数据机房和智慧数据中心整体解决方案，让IoT物联网平台更安全、更稳定、更高效、更节能，并具备建设周期短、资金少、运营费用低、管理简单等优势，真正实现社区数据中心的数字化、智能化管理。

（10）IoT平台

智慧社区IoT平台是管理和调度社区各类服务资源与智能化应用系统的支撑平台，以社区居民需求为导向推动政府及社会资源整合的集成平台，平台可为社区管理和服务提供标准化的接口，并集社区政务、公共服务、商业及生活服务等多平台于一体，实现用户一站式服务。

7.3.3　工作成效

1．经济效益

实现节能降耗。地上景观照明控制可节省电费20%。地下车库泛光照明由原来的灯具常亮升级为感应照明，实现车来灯亮、车走灯灭，年平均节省电费25%，节能降耗的同时还提高了灯具的使用寿命；公区用水、用电分区实时监管，能耗异常快速定位报警，减少“跑冒滴漏”，年节省能耗5%左右。基础设施智能化的同时，建设成本降低50%，施工周期缩短80%。

2．模范效益

打造示范社区。海尔云玺智慧社区项目通过建立统一的综合管控平台，打破社区内人员、停车、能源等系统的数据壁垒，实现数据采集、共享，支撑上层应用并实现万物互联，APP线上交互为业主提供7×24h无休值守、社区设备智能监管、监测服务，打造青岛首个具有示范意义的绿色智慧社区。

3．模式效益

实现协同管理。建成完备的智能化基础设施，满足智慧社区硬件发展需要，作为数据采集终端支撑运营、管理与服务，同时为后期发展预留硬件储备。搭建集成管控平台，将社区智能化和信息化系统集成到同一平台，实现社区运营协同统一管理。通过管理系统，能耗降低10%，人工成本下降30%。

4．社会效益

实现便捷服务。搭建智慧社区物业方APP、业主方APP，采用互联网思维，联合社会资源，拓展社区的服务内容和服务能级，提供主动式、个性化、体验式的服务，满足业主工作及生活的需求。在实现服务便捷化的同时，也增加了23%的服务收益。

5．运营效益

实现精准运营。基于设备数据、交互数据、经营数据等一系列数据信息，通过边缘计算进行数据清洗、整理、分析，最终为智慧社区的运营提供决策依据。巡检效率提升60%，资产利用率提高20%，人员盘点效率提升47%，运维成本降低35%，寿命延长15%。

7.4 济南市智慧物业管理服务平台

7.4.1 建设背景

随着经济的发展和城市化进程的不断推进，物业管理作为城市管理的基础组成部分，在推动城市经济发展、加快和谐社会构建、促进城市经营模式转变和提高城市文明程度等方面都发挥了重要作用。历经四十余年的发展，我国物业管理行业，正努力摆脱市场发展无序、缺乏配套法规和规范性文件辅助行业发展的局面，呈现出良好的发展趋势，但物业基础数据不完善、主管部门监管难度大、物业服务职能定位不清晰、社区综合治理难度大等仍是物业工作中长期存在的普遍性问题。当前，面对物业服务企业迅猛增长，人工成本增加、信息化力量深度融合等相应发展因素，物业管理行业整体仍处于低标准化状态。

为推进物业服务标准化，促进物业管理行业高质量发展，济南市以《关于推动物业服务企业加快发展线上线下生活服务的意见》《关于加快推进新型城市基础设施建设的指导意见》和《济南市加快推进新型城市基础设施建设试点及产业链发展实施方案》要求为总牵引，广泛运用5G、互联网、物联网、云计算、大数据、区块链和人工智能等技术，建设济南市智慧物业管理服务平台，补齐居住社区短板，推动物业服务线上线下融合发展，满足居民多样化多层次生活服务需求，增强人民群众的获得感、幸福感、安全感。

7.4.2　平台介绍

济南市智慧物业管理服务平台根据新城建背景要求，通过有效的传输网络，将多元的物业信息管理、服务、住宅智能化等进行集成，按照“1263”建设规划开展系统建设工作，即1个中心，2大平台，6大应用、3大场景（图7-4）。

系统主要依托于“一个中心、两个子系统”，即智慧物业专题基础数据库、智慧物业监管子系统和智慧物业服务子系统，来实现对众多模块的统一管理，实现统一数据库、统一管理、统一授权、统一服务、统一业务流程等，构建居住社区生活服务生态，为居民提供智慧物业服务，真正将物业管理做到“看得见，管得着”。

打造“六类应用、三个场景”，六类应用涵盖红色物业、行业监管、维修资金、老旧小区、物业服务（便民服务）与业主自治。三个场景即政府场景、企业场景、公众场景，实现主管部门、物业企业、业主委员会等相关机构及群众通过不同的权限配置以切换应用场景，提高物业服务企业运行的便捷性和有序性，同时满足用户对象多

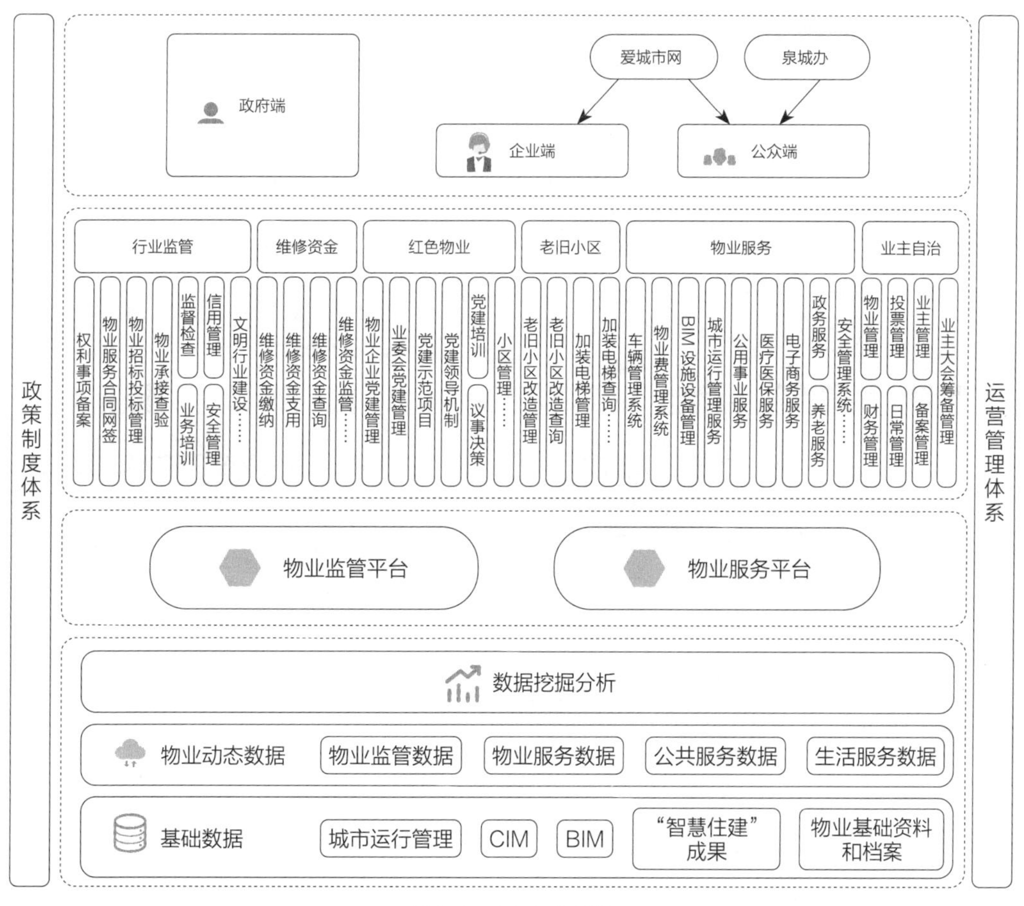

图7-4　系统整体架构

样化多层次生活服务需求，增强人民群众的获得感、幸福感、安全感。实现居住社区生活服务线上线下融合，促进城市高质量发展。同时，基于物业数字底座的智慧物业管理服务平台建设，能够聚焦顶层设计，以党建为引领推动红色物业建设；以信息化手段完善物业行业监管；推动物业服务提质升级，赋能老旧小区改造，助力疫情防控等多项工作。

7.4.3 建设内容

1．建立“一个中心”，打造物业专题基础数据库

数据中心汇集了全域全量采集得到的物业管理数据，以物业区域划分为基础，采集物业管理数据。可优化数据组织方式，直观掌握全市物业项目信息，目前已汇集住宅物业项目4239个，非住宅物业项目1764个；直观掌握全市物业企业信息，在册物业服务企业1072家，具有独立法人资格的企业1008家，分支机构64家，补齐了物业管理数字化短板。通过数据集成，充分利用智慧住建数据成果，设计数据综合展示驾驶舱，将全市“智慧物业”涉及的各方面信息，展示在综合驾驶舱，做到一屏通览全局；引入政务服务、公用事业服务数据资源，与物业数据资源互融互通，建立动态、可视的物业大数据中心；以物业项目空间数据为入口，依托数据中心，无论是全市物业的宏观情况，还是具体某个小区物业的微观细节，都可全方位掌握，查询任意小区相关信息，例如：是哪家物业公司服务、有多少业主、有哪些设施设备等，物业相关信息都有详细的记录，为各种应用场景提供动态需求信息（图7-5—图7-9）。

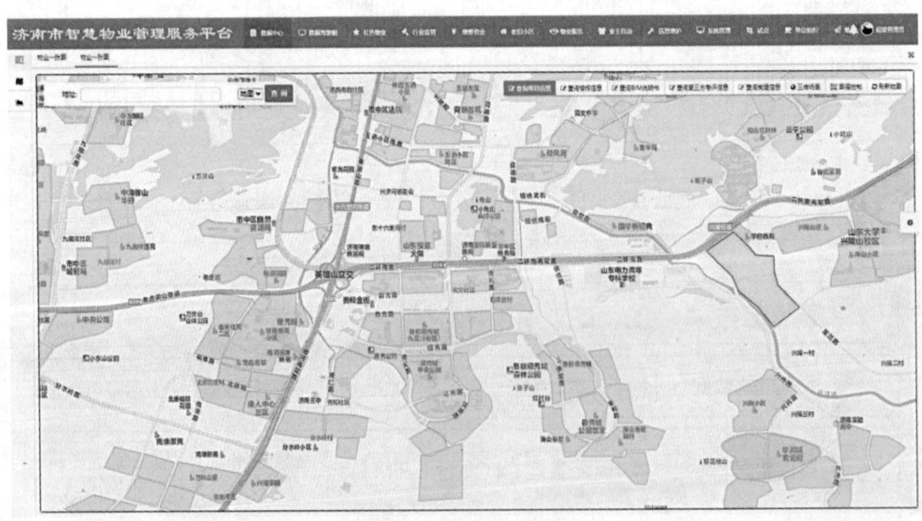

图7-5　物业管理区域分布图

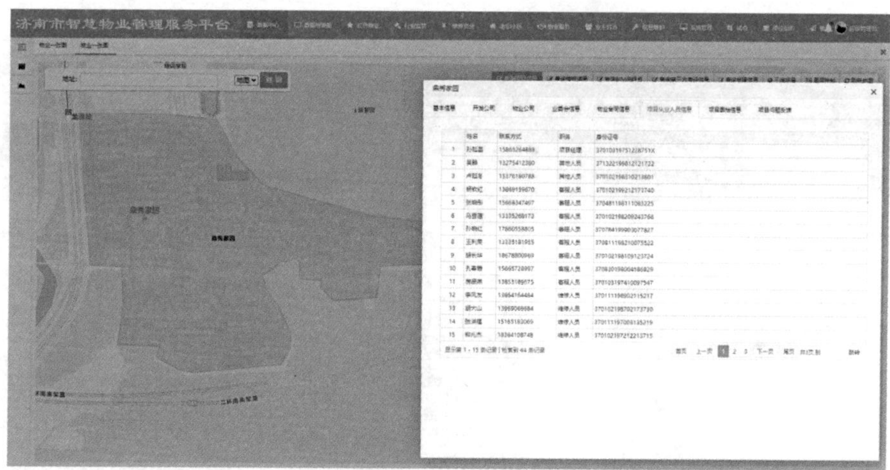

图7-6　项目人员实名制信息

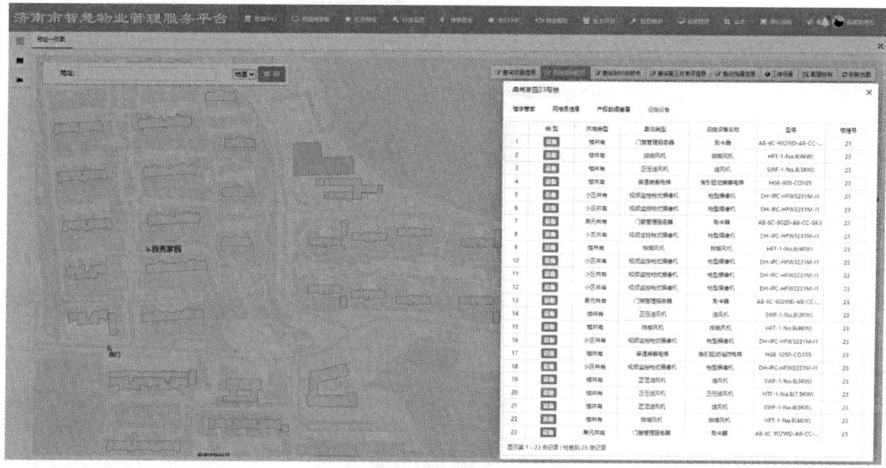

图7-7　设施设备数据

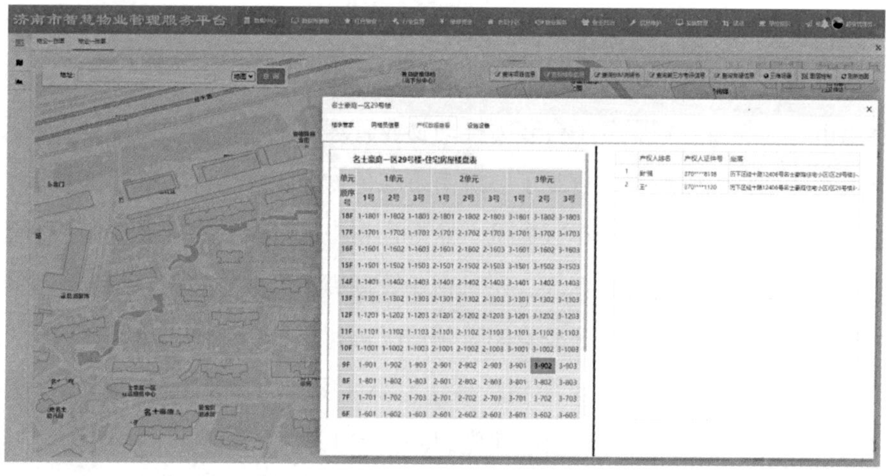

图7-8　业主产权数据

图7-9　小区实景三维模型数据

2．依托“两大平台”，加速智慧物业监管服务建设

智慧物业监管平台主要包括四大应用：红色物业、维修资金、行业监管、老旧小区。通过物业监管平台，促进物业企业规范经营、物业管理行业健康有序发展，为物业管理服务活动提供了有力的数据支撑和决策分析依据。智慧物业服务平台的应用着眼于物业服务、业主自治两方面。物业服务的对象是物业企业和居民，为物业企业提供平台，为居民提供服务。业主自治，其模块包括业主大会筹备管理、业委会基本信息管理、业主管理、业主身份认证、投票管理等。

3．涵盖“六大应用”，提高智慧综合治理融合度

红色物业：红色物业的建设坚持和加强党组织对物业管理工作领导，由党建引领，落实住房和城乡建设部和市委组织部相关工作部署，对物业开展的各项工作起到指引作用，通过“指尖上的党务”促进社区党建工作。

济南市智慧物业管理服务平台着力推动物业管理与基层治理深度融合，建设内容包含红色物业数据驾驶舱，可直观了解济南市红色物业工作情况，除小区数量、专业物业服务小区数量、社区托管小区数量、业主自管小区数量、专业物业服务覆盖率、物业服务整体覆盖率等统计指标外，还对物业管理类型、业委会组建情况、业委会党组织情况、物业企业党组织情况及党建认领情况进行了分析（图7-10）。

通过物业全域数据采集，汇集到从事住宅小区服务的物业企业729家，其中已经建立党组织的企业677家（含单独组建党组织的214家、联合组建的463家），未成立党组织的企业82家（图7-11）。

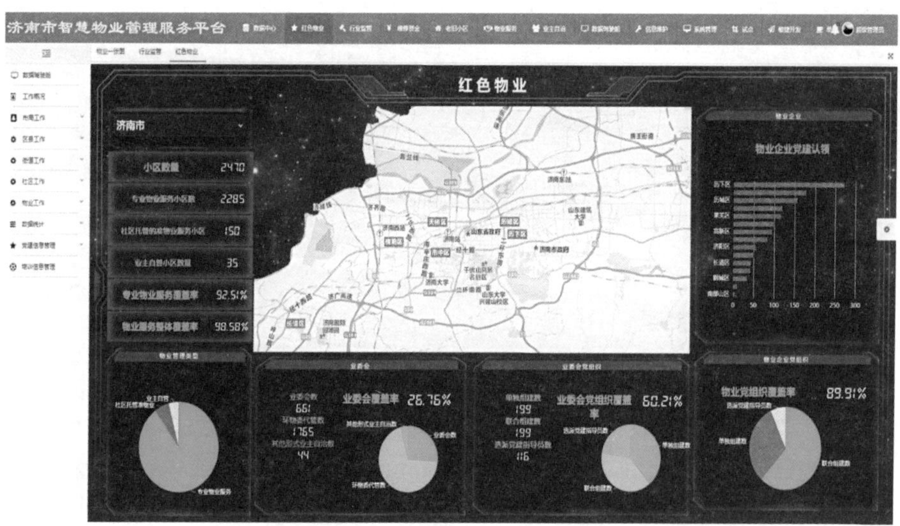

图7-10　红色物业数据驾驶舱

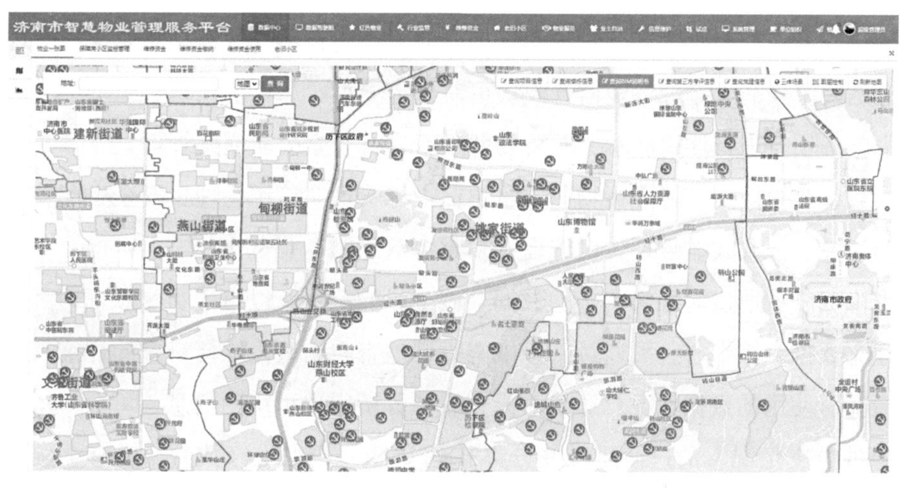

图7-11　物业党建一张图

红色物业构建了四级层级管理，联动监管，联动协调。包括社区、街道、区县、市四个层级，每一层级管理部门对应不同的业务职能。社区配合街道完成日常巡查、纠纷处理、居民自治、综合执法、质量评价等工作；区县主要承担包括物业管理区域划分、前期物业管理以及权利事项备案等工作的督促指导；市级对各区县开展的各项工作起指导、监管的作用，同时还承担物业企业备案、文明行业建设、行业技能培训等工作。通过四级层级管理模块，实现物业企业党建管理、业委会管理、党建联建管理、小区议事决策等主要工作的信息化，搭建了沟通议事平台。红色物业同时也作为一个宣传窗口，对先进典型进行展示、公布，全面形成了党建引领、基层主抓、物业

图7-12　红色物业工作概况

企业共建共治的工作格局（图7-12）。

行业监管：行业监管涉及对物业管理行业工作的各项管理，是物业企业管理中最基本也是最主要的工作。行业监管模块可对住宅项目、非住宅项目、未竣工项目及无物业服务的项目进行详情展示，并对物业项目进行了全生命周期管理。

同时，该模块还支持进行物业项目招标投标管理、信用管理、安全生产管理、文明行业建设、公共收益管理、设施设备采集、双轮驱动等工作。

维修资金：通过对维修资金的数据全域全量的采集，以市区、物业管理区域为基础，建立数据管控中心，可通过管控中心直观地查看市区内维修资金的详细情况，近几年缴存、使用的数据情况。通过对比查看，分析得出可用的信息，可全方位掌握维修资金的收支情况。通过使用维修分类3D占比图，根据维修数量、维修金额两个维度，可看出哪些部位属于易损易坏部位，可提前进行养护，以杜绝安全隐患。根据交存率、使用率、低于预交比例的排名可分析得出哪些小区能够积极配合、小区是否存在老旧的情况、是否续交房屋过多（图7-13）。

微信小程序可促进业主进行线上办公，业主可通过微信小程序登录，获取信息后可查看自己的房屋信息及账户信息，选择对应房屋，查看账单信息，包含余额、本金、利息、交易日志等信息。资金缴存页面可展示房屋是否缴存，未缴存维修资金的房屋可进行在线缴存。

根据公布的表决列表可查看未表决、已表决数据，对未表决数据，可查看项目信息，而对已表决信息可查看其项目信息、表决情况。对于物业已经创建的维修资金使用项目，可点击详细公示内容进行查看。

老旧小区：老旧小区改造是推进城市更新、满足人民群众美好生活需要的重大民生工程和发展工程。通过老旧小区模块，利用智慧住建数据成果，有效评估区县街道办上报改造项目的合理性，对改造全过程进行追踪，实现老旧小区改造项目的空间定位展示；通过一张图管理，还可进行加装电梯的展示、查询、统计、分析与管理。通过与智慧物业平台结合，统筹推进完整社区建设，使决策者能够精准掌握老旧小区改造需求，掌握现有信息，优化老旧小区项目设计（图7-14）。

物业服务：推进智能化物业服务，物业服务模块逐步接入了全市各类物业项目的智能监控设备，提升物业服务企业在设施设备管理、车辆管理、安全管理等方面的智能化水平，拓展服务范围。现正逐步对接城市政务服务平台13大类50余小类，为政务

图7-13　维修资金监管可视化平台

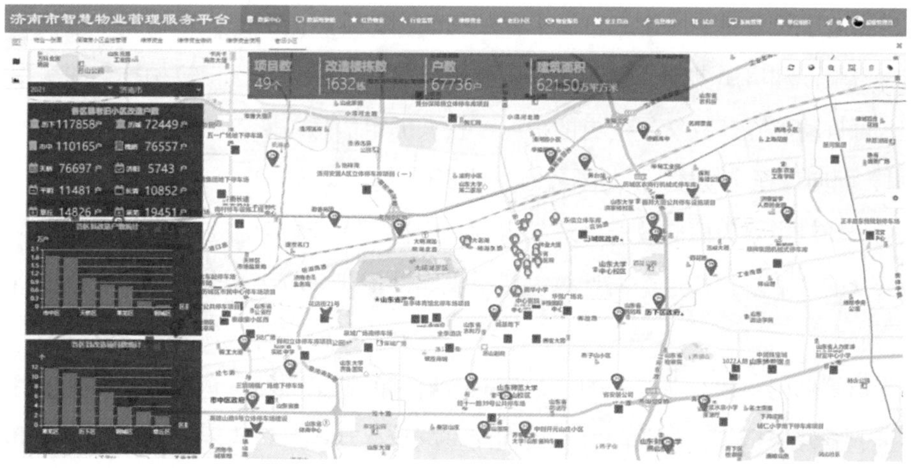

图7-14　老旧小区改造专题图

服务下沉到居住社区提供支撑；逐步对接公用事业服务平台，为居民提供在线预约等便民服务；逐步对接医疗医保服务平台，提供医疗医保服务。促进智慧物业管理服务平台与其他平台互联互通，提供一体化管理与服务，建造便民惠民智慧生活服务圈，提高社区治理数字化、智能化水平（图7-15）。

图7-15　对接物业小区监控画面

业主自治：为推进共建共治共享，发挥各方主体作用，健全业主委员会治理结构，推行了业主决策共管模式。对物业管理活动中依法应当由业主大会决定或者应当由业主共同决定的事项，通过电子投票系统进行投票表决，接受业主监督。系统目前共整理2614885条产权数据，涉及2070个小区，济南市已有20余个小区使用智慧物业平台电子投票系统进行电子表决。电子投票的使用有效对接了群众需求，提高了城市管理与服务水平。

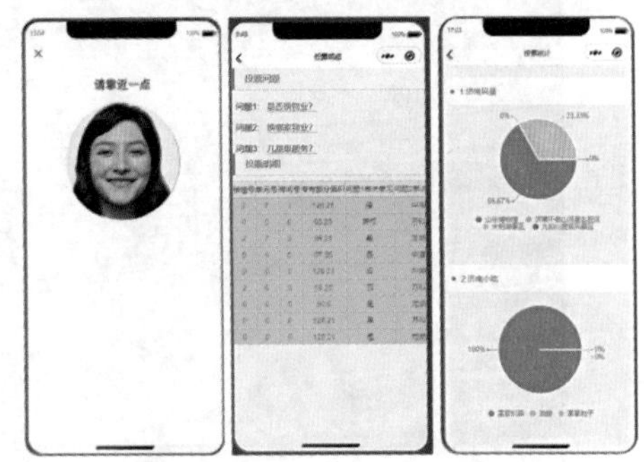
图7-16　电子投票小程序界面

通过与自然资源规划部门协同，建立信息共享更新机制，建立物业投票数据库，以此为主要手段确认业主产权信息，同时以业主动态反馈，社区街道复核为辅，确保业主身份和房屋信息准确。使用物业管理服务平台进行电子投票时，无法进行线上验证的业主，可以向召集人申请人工审核确认，完成身份验证和房屋绑定。物业管理服务平台根据市不动产登记机构推送的房屋登记信息，可自动解除产权发生变更的房屋产权人绑定信息（图7-16）。

4．面向“三个场景”，明晰各方主体责任

三个场景主要为面向政府管理部门的政府端，面向物业服务企业的企业端，面向社会公众的公众端。通过个人计算机、手机等设备建立应用端入口，聚合物业管理行业生态服务。

为监管部门搭建行业管理通道。面向政府端的场景包括红色物业、行业监管、老旧小区、维修资金等，相关内容均可在网页端与移动端进行查看。为便于移动办公，需亲临现场的工作，例如“双随机、一公开”、监督检查，第三方测评等，可随时随

地通过移动端开展工作。同时，以《济南市物业管理条例》为抓手，微信小程序“泉城智慧物业丨政府端”研究开发相关功能，用于辅助物业项目健康体检工作，全面衡量物业企业服务质量。针对有专业物业服务的住宅小区，对党建工作、智慧物业数据管理、信息备案管理、信息公示公开、物业服务管理、疫情防控工作、安全生产工作、矛盾纠纷化解八项内容进行全方位、多元化的督导检查。运用信息化、科学化的工作手段，大大提高了物业服务督导检查工作的工作效率，丰富了全市物业小区的相关数据，构建了全面、系统、高效、便捷的物业项目健康体检新模式，在全国范围内开创了该领域的新篇章（图7-17）。

企业端微信小程序为物业服务企业提供平台支撑和技术支持。物业服务包括多种场景，包括住宅、非住宅（如商务楼宇、政府机关）等多种业态；公众对物业企业服务的需求也向多元化、个性化升级，因此物业企业进行智慧化管理是非常必要的。智慧物业管理服务平台深入把握多种物业服务场景，并与信息化技术相结合，引导物业服务企业进行数字化转型。通过平台进行企业基本信息管理、企业总部人员管理、项目团队人员管理，并依据人员基本信息进行核酸信息比对、复核，可大大提高工作效率，降低人力成本。

公众端微信小程序为公众提供便利生活服务。面对业主需共同进行投票解决的事项，传统的投票存在投票率低、监管难、废票多、统计繁琐等多种问题。电子投票的出现，能让业主“指尖投票”瞬间完成，不受时间限制，同时可省去验证、填表等繁琐步骤，小区自治更便捷、权益保障更有力；业主能够依法依规维权，物业公司的各项决策结果也可更加公开透明。电子投票有效防止投票篡改、弄虚作假，提高了投票结果的公信力，使管理机构的相关决策有理有据。

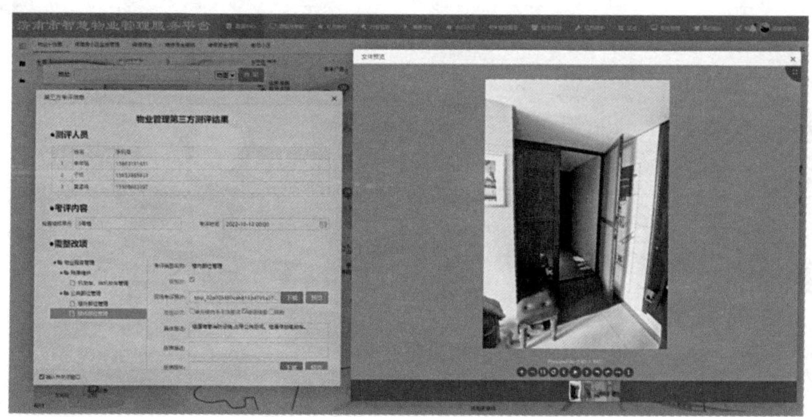

图7-17　物业项目健康体检网页端界面

5．推进试点工作，助力智慧物业系统纵深建设

推进BIM应用试点。以银丰山青苑、山东省千佛山医院为例，通过研发居住建筑能源损耗监测及设施设备监控技术、基于BIM的居住建筑监测及智能运维技术，形成相应的居住建筑监测监控方案与基于BIM的运维智能管理系统和方案，支持开放的BIM建模和模型共享，对住宅项目与非住宅项目均构建了BIM模型。用户可通过点击模型特定部件，进行相应属性信息查询。平台可自动定位部件，以图形化显示进行模型管理、空间管理、设施设备管理、巡检管理、维修管理、监测管理、资产管理、能耗管理等，提高了设施设备智能管理水平，实现智能化运行维护、安全管理和节能增效。同时推行BIM版住宅说明书，将其与物业一张图的房屋信息进行关联，实现图上直接查看物业项目的房屋户型情况以及对应说明书（图7-18）。

推进物联设施设备试点。将设施设备说明书、设备维保手册等资料与BIM构件关联，实现维修保养信息的有序存储和快速查询，文档支持多种形式并按专业进行分类存储和管理，提高了作业人员的工作效率。管理建筑物内的所有设备设施（包括隐蔽工程）信息，包含从采购、安装到生产运营、维护管理直至报废的全生命周期的信息。可以通过设置资产编码作为识别码，实现设备设施、模型及文档三者的互动互联。通过扫码查看设备信息及维保状态，提高物业管理及维修人员的工作效率，减少设备故障维修时间，提高设备利用率。

推进倾斜摄影试点。通过倾斜摄影影像，能够清晰直观地从多个角度观察地物，更加真实地反映地物的情况，以济南市领秀城为例，利用无人机倾斜摄影技术通过无

图7-18　打造BIM场景界面

人机低空多维镜头摄影获取高清立体影像数据，快速实现地理信息的获取，最终生成实景三维地理信息模型。目前，济南市全域房屋都已根据房屋面和房屋高度生成白模影像，三维立体地反映房屋建筑空间信息，能够根据不同建成年代、层数、结构生成专题图，可用于进行日照分析、通视分析、淹没分析等（图7-19）。

推进全景地图采集试点。对小区内部的街道，街景，以及全景静态进行全方位的数据采集，为之后实现实景可视化奠定数据基础。街景影像的采集，可用于直观形象的导航，反映现实世界的真实场景（图7-20）。

图7-19　房屋实景三维模型

图7-20　街景影像

第8章

数字家庭典型案例
——山东滨州悦海文苑数字家庭改造建设项目

8.1 项目基本情况

深圳市君和睿通科技股份有限公司（以下简称君和睿通）专注于数字家庭的智慧屏、智能面板、智能传感等产品的研发、生产和制造，提供完整的智慧社区、数字家庭建设解决方案，并提供智慧社区运营服务平台和运营解决方案。

在当前地产趋缓的情形下，如何满足购房者的安全性、便捷性和舒适性等诉求，如何提升地产项目的市场综合竞争力，积极响应国家提倡的数字化改造和数字化建设的号召，对在建和存量地产精装公寓等项目进行数字化升级改造，实现社区管理数字化、居家生活数字化、应用场景数字化、综合治理平台化大数据化，是目前地产商提升房屋居住综合性能、改善居住环境、提升商品房销售业绩的可行方向，同时，实现家庭数字化满足广大居民的数字化生活也是重要的民生需求之一。

随着近年来住宅智能化产业的迅猛发展，庞大的智能化产品体系生态下，不同厂商设备间的网络互联、数据互通与场景互动的相互兼容和适配，亟须从顶层设计给出引领方向，实现数据安全、互联互通、标准化、规范化有序发展，极大丰富人民群众生活所需的同时，确保人民群众的消费权益，以及数据安全与个人隐私得到充分保障。

综上所述，对居民需求侧、企业供给侧，以及政府供需调节和产业政策引导层面，智慧社区和数字家庭都同时具备非常重要的划时代意义。

君和睿通采用满足住房和城乡建设部数字家庭标准的智能家居产品与智慧楼宇可视对讲系统，提升山东滨州悦海文苑项目整体价值，带给用户数字化智慧人居新体验。君和睿通携手数字家庭为地产项目赋值，带给人们安全、简约、舒适、便捷的居家环境（图8-1）。

悦海文苑是滨州大河置业有限公司开发的住宅项目，小区定位中高端智慧生活区，享有很高的声誉。悦海文苑一共846户，数字家庭建设内容如下：

（1）智能门口机P3-T；（2）室内智慧屏M3PRO-AG；（3）智能照明；（4）智能面板M9；（5）智能锁；（6）智能新风；（7）智能空调；（8）智能安防。

图8-1　山东滨州悦海文苑项目

8.2　主要做法

本项目的智慧社区建设和数字家庭建设采取实施策略，按平台、公区设备、户内设备三部分，结合项目情况给予“基础包+项目增配”的建议实施方案，可落地性强，建设方案及内容如图8-2—图8-5所示。

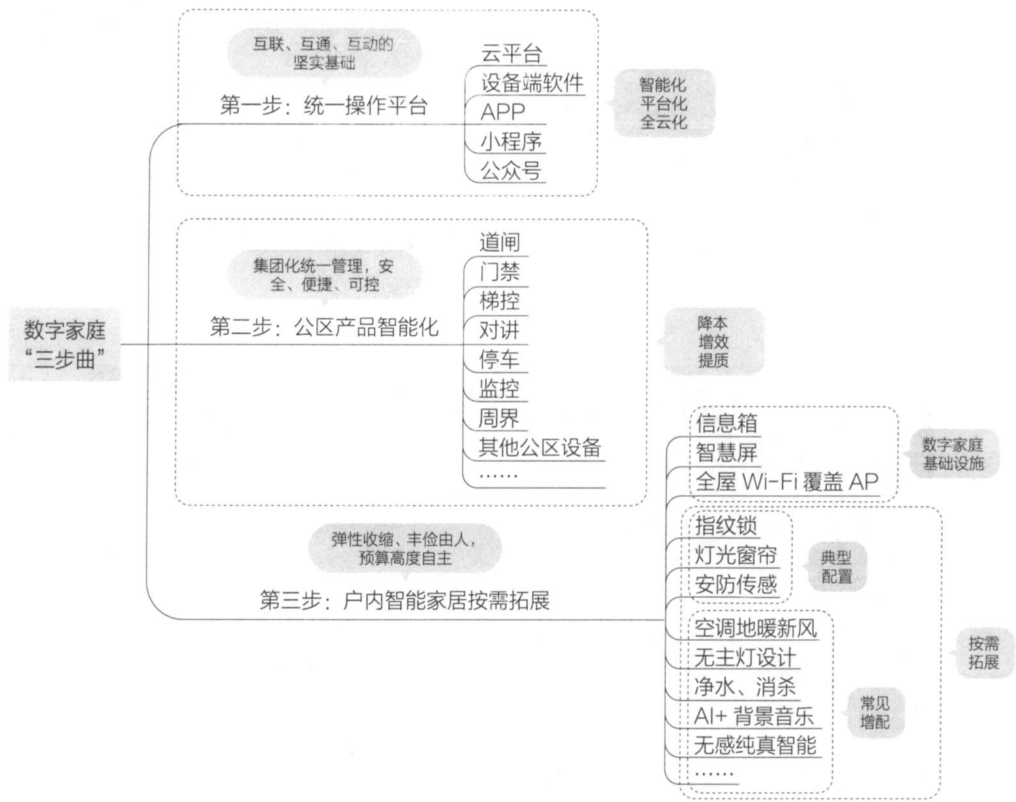

图8-2　智慧社区和数字家庭项目落地“三步曲”

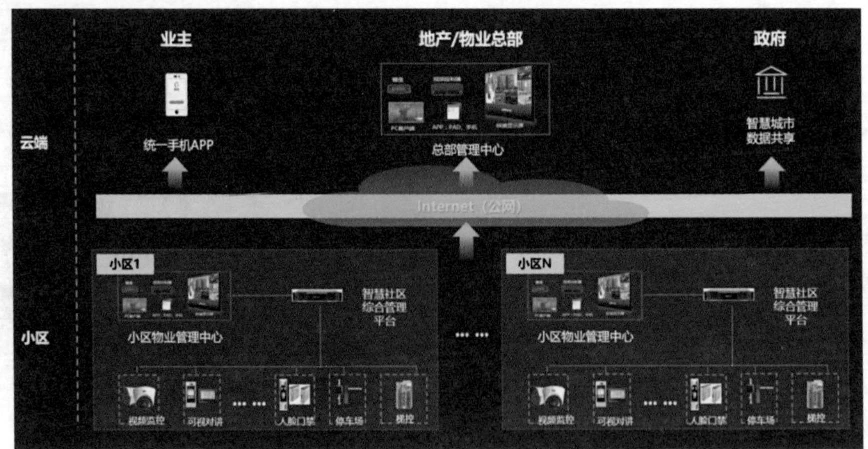

图8-3　智慧社区网络拓扑示意图

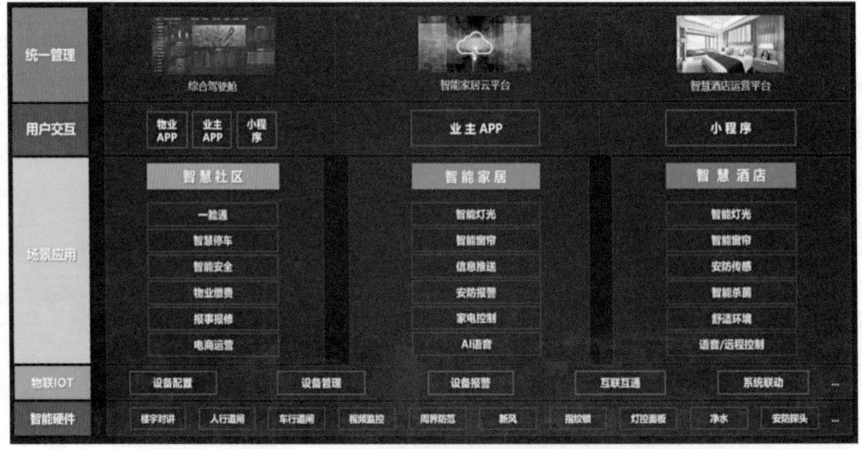

图8-4　智慧社区和数字家庭系统功能框图

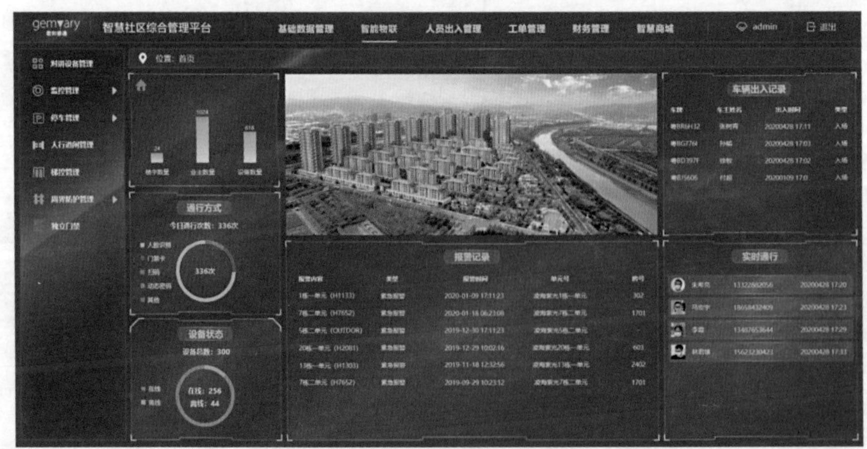

图8-5　智慧社区和数字家庭平台运行数据大屏展示

本项目采用的数字家庭产品展示如图8-6—图8-8所示。

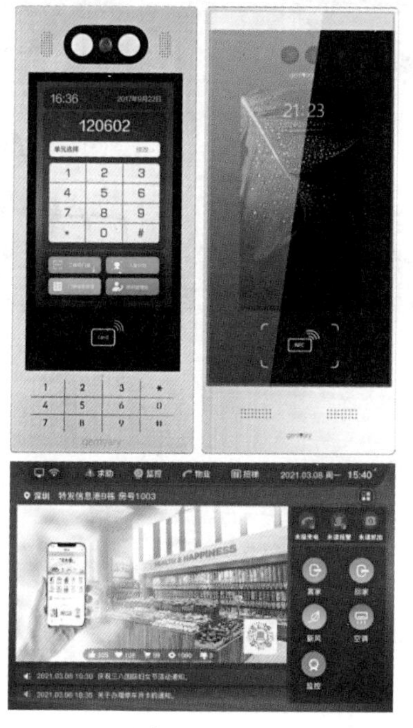

图8-6　门口机、梯口机和室内智慧屏M3PRO-AG

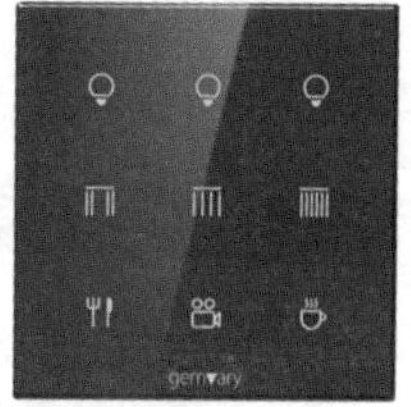

图8-7　智能组合面板

图8-8　物业端和业主端APP

本项目部分特色功能介绍如下：

1．智能云门禁

提供了人脸识别、小程序钥匙包、动态密钥三种开门方式，用户可按需使用，有效满足综合便利性和住户隐私需求。

2．智能云梯

免接触乘梯（一脸通、智慧屏/小程序/APP招梯）、电梯智能消杀。

住户或访客通过刷脸、钥匙包等开门时，联动电梯自动授权并根据需要点亮目标楼层，乘梯人全程不需要接触电梯按键。

电梯内置智能UVC消杀，乘梯人出梯后即自动启动，可及时有效杀灭传染性病毒，及时、精准、有效、大大降低防疫成本（图8-9）。

3．智能云呼

直呼业主手机，支持微信接听开门，接听体验和接电话一样，给业主尤其是新一代年轻购房者带来非常大的便利。

该特色功能对于老旧小区改造，具有绝佳的性价比。

图8-9　社区公共区域智能消杀

4．智慧推屏

典型信息推送场景：党建到户、物业通知、便民缴费、社区电商。

住户回家、出门或经过门厅时，智慧屏人体雷达自动感应，根据后台数据精准推送相关内容，及时呈现，大大提升住户获得信息的便捷性、有效性、时效性，提升住户日常事务的处理效率（图8-10—图8-12）。

5．智能组合面板

通过一个86面板实现灯光、窗帘、场景控制，大大降低精装修设计难度，大幅降低材料成本和布线施工的人工及时间成本，墙面更简洁，装修更显大气（图8-13）。

6．智能消杀

门厅、厨房、洗手间是最容易滋生细菌的地方，在这些区域自动消杀能非常有效地提升居家环境卫生程度（图8-14）。

图8-10　智慧推屏——社区通知

图8-11　智慧推屏——便民缴费

图8-12　智慧推屏——社区电商

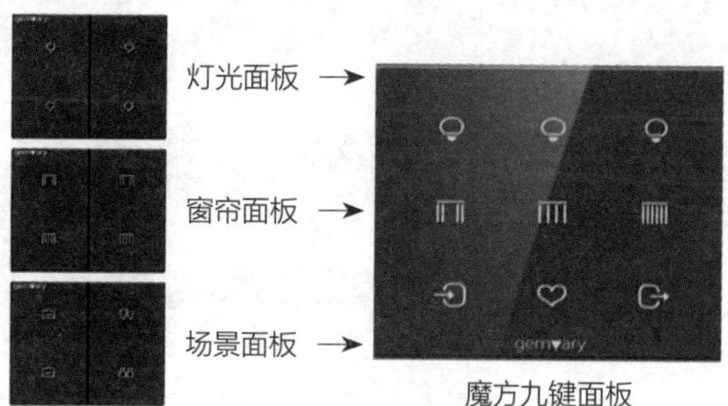

图8-13　智能组合面板

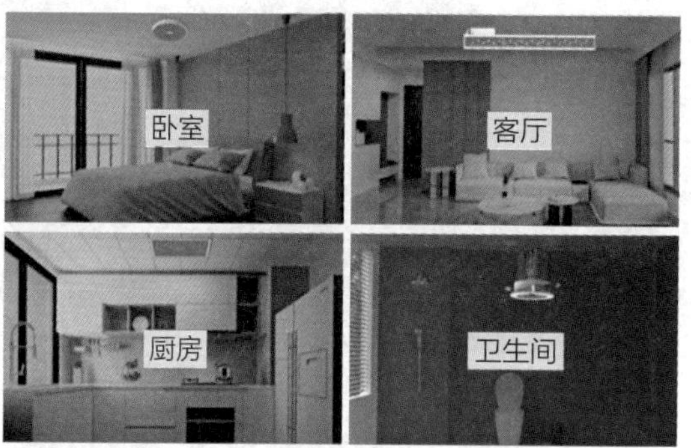

不让任何病毒带回家，彻底把病毒隔离在家门之外；保护全家人的健康
清除病毒，如流感、肺结核、霉菌、支原体、衣原体、梅毒、淋病等病菌，可让每一家庭减少 80% 的疾病

图8-14　户内智能消杀——保护全家人健康

8.3　工作成效

该项目对照传统精装修，进行数字家庭智能化设计改造后精装部分成本增加10%，对应的精装销售溢价则可以提升30%以上，投入产出比提升明显，另外成本增加按土地增值税递进规则还可以给项目方合理节税，具有较显著的经济效益。

房子是70年长周期的不动产，是老百姓安居乐业的物质基础和强大心灵堡垒，还是老百姓最大的家庭财产。地产商在建设初期做好智能化整体设计，提供核心基础设施和统一的设备拓展平台，不仅可大大降低业主前期基础投入的成本，也可为后期智能化拓展演进大大降低成本奠定基础。由住房和城乡建设、工业和信息化等部门牵头主导，制定统一的国家标准，确保互联互通互动，确保用户数据安全和个人隐私，可以更好地规范市场秩序，确保行业健康有序发展，预期具有非常好的综合社会效益，是中国特色社会主义事业的又一伟大产业实践。

相关项目经验希望可以更多更快复制推广到更多的地产项目，形成规模示范性效应，帮助地产商从高负债、高杠杆、高周转向高质量转型发展，同时更好地满足人民群众日益增长的对美好生活的需要，房住不炒，房子要住好！

4
展望篇

第9章

智慧社区发展展望

9.1 智慧社区能源互联网

能源互联网是将系统性思维和数字化技术与能源生产、传输、存储、消费以及能源市场深度融合的新型生态化能源系统，目标以可再生能源优先，以电力为基础，通过多能协同、供需协同等找到“能源不可能三角”的平衡点。随着人民生活水平迅速提高，生活能源消耗量占总体能耗量的比例也在逐步增大，成为仅次于工业的第二大能源消耗场景。构建智慧社区能源互联网可以对能源的供给和消费进行创新性变革，挖掘能源资源潜力，经济合理地引导社区用户优化消费多种能源，实现能源供需实时平衡，最大限度地推进可再生能源利用，促进可再生能源发展、全社会节能减排，同时提高电网运行安全性、供电可靠性和供用电能效，不断强化社区场景的能源管理，对我国碳达峰、碳中和的发展与实现具有重大意义。

社区能源互联网是由供电电源、分布式能源、储能元件、负荷等构成的微型能源互联网，主要特点表现为：能源形式的多元化和高渗透率；大量的分布式能源接入使得能源的生产侧、传输侧和需求侧在地理上不再分割；更为灵活的能源交互，需要社区之间的潮流分布和多源间的协同调度支持；用户的互动参与成为影响能源互联网安全经济运行的核心内容。

1. 理解社区能源互联网

试想下未来社区场景中，人们所使用的电动汽车、电动自行车、家用电器、屋顶光伏、计算机手机等都变成互联网的一分子，每个人的能源消耗、碳排放指标和生活需求都能够被打通变成数字化坐标，如果未来生活每一秒的各种需求都能被积聚起来，并被导向最有效的生产供给，会是什么样?

比如下面的场景：

你在平板电脑上手指轻划，把自家屋顶多余的光伏发电通过微信卖给附近准备给电动汽车充电的陌生人；

你可以根据能耗曲线对每一个家用电器设置最佳的开关时间并随时远程遥控，建筑物的能耗控制随时依据会议活动类型、人数和实时电价进行动态调整；

城市的整体能源消耗和二氧化碳排放随时依据天气和事件变化进行需求侧编排以实现最优；

所以，社区能源互联网，简单而言，就是类似信息互联网，对于社区所有的能量信息（分布式的产生、供应、消耗），都可以通过网络互联得到及时的反馈，并根据需求予以选择控制。

社区能源互联网相对于智慧电网更多关注新能源的影响，呈现的是一种试图把各种能源形式组合成一个大开大合的超级网络，包含了智能通信、智能电网、智能交通等众多智能与绿色概念。

2．国外的社区能源互联网

目前，美国虽然尚未明确提出社区能源互联网概念，但其提出的智能电网却与能源互联网的内涵有诸多相似之处。德国于2008年在智能电网的基础上选择了6个试点地区进行为期4年的E-Energy技术创新促进计划，成为实践能源互联网最早的国家。

3．社区能源互联网的关键环节

（1）将可再生能源作为主要能源廉价供应，并予以合理联网调度、利用

以数据形式存在于互联网上的信息，其实是非常廉价且可以挖掘的，但是，社区能源互联网的主要载荷——能量，却只能从自然界中开采，而且还存在着开采成本高（相比信息而言）等问题。

所以，要满足互联网的特点，就要保障精心构建的“社区能源互联网”有米下锅，必须让它能消化基本“无穷尽”供应的风能、太阳能等。但由于这些渠道的能量供应有非常强的随机性、间断性和模糊性，目前将它们成功地并入电网，或用其他形式高效利用起来，还是一件很困难的事情。

（2）支持社区分布式发电、储能及其他能源终端的接入平台

依靠PC、智能移动设备等的个人接入者，在信息互联网接入者的数量上占绝大多数；IT从业者用几十年时间构建了一套由通信协议、路由器、交换机、数据库、服务器等一系列软硬件设施组成的庞大系统，是人类文明迄今为止最伟大的成就之一。

社区能源互联网想要达到这样的运转效率，需要的技术准备只多不少：比如需要具备极强的信息流处理能力，用来预测和监视消费者的需求变化、极端不稳定的能量生产供应变化；同时它还要指挥相应的能量调配部门完成上传与下载能源的分流和整

合等，此过程中的数据和能量是超大规模的。

然后，社区能源互联网还需要具备极强的能量流处理能力。以智能电网为例，设想中，它需要7×24h完成功率以亿千瓦计的电流变、输、配调节，而且还必须满足实时的供需平衡要求（由电能特性决定），还要再引入分布式清洁能源和市场竞争两个超复杂的变量。

（3）类似互联网技术的能源共享、监测、管理技术

信息互联网的一大魅力就在于它能够打破地域的限制，因为信息传输的门槛和成本都相对较低。

社区能源互联网需要在社区场景对大量能源供给终端进行整合、汇聚，并能够面向社区的充电站、换电站、电视机、照明、路灯收集各类能源消费场景进行共享分配，并实现状态的监测管理，打造真正有序的能源互联网场景。

4．社区能源互联网的价值

（1）安全监管

社区能源设施分布广泛，包含电动汽车充电桩、电动自行车充电桩、换电柜、换电站等各类产品和场景，前文提到的利用社区能源互联网监测技术，能监测各类用电设施、传输线路的安全状态，实现异常事件的精准预警处置，助力社区安全的精细化治理。例如在电动自行车场景已有较为成熟的案例：

中国是世界上最大的电动自行车消费国，目前全国电动自行车保有量已超3亿台，且逐年递增约20%，用户平均2—3天需充一次电，充电桩市场需求庞大。在小区停车棚等公共场所安装智能充电桩，主要是基于保障居民出行充电安全的客观需求。

据国家应急管理部消防救援局统计的数据显示，2017—2021年间，全国共发生电动自行车火灾1万余起，年均约2000起，其中引发较大以上致人死亡火灾34起，共造成142人死亡（图9-1）。

电动自行车起火80%发生在充电过程；电动自行车火灾致人死亡的，90%的事故

图9-1　火灾事故展示

是因为停放在门厅过道，堵塞安全、消防通道。60%的电动自行车火灾发生在半夜熟睡期间，整个电动自行车起火时间仅需3分30秒，温度可达1200℃。

如何实现对社区场景下各类设施的网联化，实时监测各类设施的状态，构建智能化的预警防控体系，成为解决政府部门开展社区安全监管问题的关键。针对该问题，全国多个区域已在着手打造基于社区能源互联网的充电桩安全监测预警平台，旨在实现对电动自行车充电的安全监测和管理，降低安全风险。

搭建统一的电动自行车充电安全监管平台，将入户充电的预警数据、存量和新建充电桩的安全数据全面接入，构建电动车安全大数据底盘，实现电动车安全监管的业务全闭环（图9-2）。

从政府监管方面，通过本项目的建设能够深化电动自行车消防安全综合治理，进一步规范电动自行车使用管理，有效预防电动自行车“小火亡人”事故发生，加快推进电动自行车充电设施建设，减少电动自行车入户充电停放现象出现，有利于消除消防安全隐患，以防控电动自行车室内充电火灾事故风险，保障辖区人民群众生命财产安全；从行业发展方面，通过本项目的建设制定安全接入标准，将有效推进电动自行车行业的积极发展，提升行业的规范化程度；从市民体验方面，通过本项目智慧便民充电站的构建，社区居民能获得更优质、更便捷、更安全的生活环境。

（2）便民服务

我国新能源汽车和电动自行车产业发展迅猛，新能源交通工具如何充电是很多消费者关注的焦点。居住社区充电是主要场景，但充电桩进小区受阻、充电价格不透明，成为新能源产业发展的“痛点”之一。

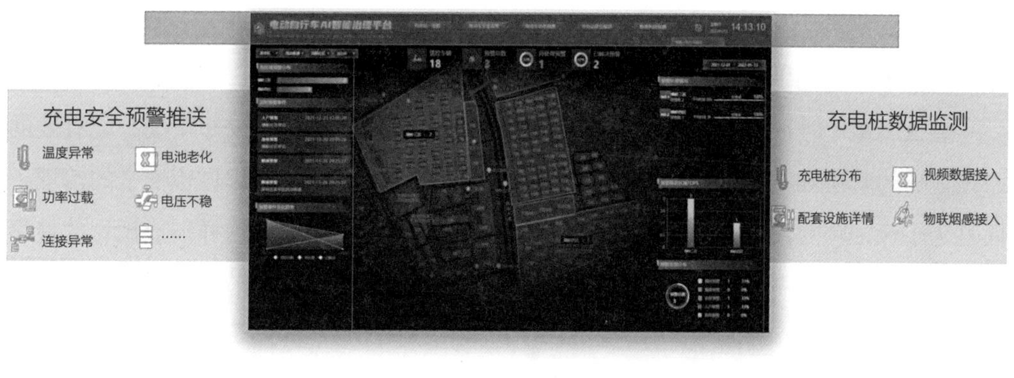

图9-2 电动自行车充电安全监管平台

为解决社区充电难题，国家发展改革委、国家能源局等部门共同发布《关于进一步提升电动汽车充电基础设施服务保障能力的实施意见》。

1）科学规划，让能源设施分布更合理

基于社区能源互联网技术，能为政府提供能源设施的科学规划选址工具，实现社区能源场景的合理、可持续、最优应用。

例如，在新能源领域，如何为充电桩、换电站的科学规划选址提供能力，解决充换电资源分布不合理的问题，让社区居民充电更便捷，成为亟须解决的问题。绿色出行理念深入人心，新能源汽车受到越来越多消费者的青睐。截至2020年底，全国新能源汽车保有量达492万辆，新能源汽车增量连续3年每年超过100万辆，呈持续高速增长趋势。

然而，在新能源汽车市场火爆的同时，充电桩的数量并没有与其完全匹配，据统计，截至2021年6月，全国充电基础设施累计数量为194万个，其中，公共类充电桩92.3万个，私人充电桩98.6万个，车桩比约为3∶1，难以满足人们的充电需求。

社区充电是私人乘用车充电的主要场景。对于私人乘用车车主来说，能够让充电桩进小区，实现在社区就近充电是最理想的方案。然而，这一方案常常受到多重阻碍，充电桩进小区步履维艰，有些车主打消了购买新能源汽车的念头。中国电动充电基础设施促进联盟发布的最新调查显示，充电难是主要原因。

我国二氧化碳排放力争2030年前达到峰值，2060年前实现碳中和。交通领域减碳前景广阔。推动新能源汽车走进千家万户，解决充电桩在小区的合理布设难题迫在眉睫。

那么，从政府角度来看，如何有效地解决充电桩资源合理布设和进小区的问题，首先需要具备科学有效的科技化手段，通过大数据来合理决策城市充电设施的安装和建设，基于科技化手段来指引城市治理和政策制定（图9-3）。

那么，基于社区能源互联网技术整合收集的各类供需信息、分布情况，能有效助力该业务的解决和推进。电动汽车充电站选址规划，不仅需要考虑城市安全的治理，而且为了保证项目运营的可持续性，应同步考虑收益的合理性，这样形成规划的最终目标，考虑安全、考虑供给的同时要考虑经济收益，还应考虑在节能减排方面产生的社会收益。

2）政策引导，让设施落地有保障

有了科学的决策结论和手段，真正推进相关设施的建设落地，一定需要相应的政策支撑和引导，保障充电服务设施的有效落地。

图9-3　电动自行车AI智能治理平台

2022年1月21日，国家发展改革委、国家能源局等部门共同发布《关于进一步提升电动汽车充电基础设施服务保障能力的实施意见》，其中指出，具备安装条件的居住社区管理单位和业主委员会不得阻挠用户建桩；同时，新建居住社区要确保固定车位100%建设充电设施或预留安装条件。预留安装条件时需将管线和桥架等供电设施建设到车位以满足直接装表接电需要。有了政策支持，充电桩进小区在推进难度上得到有效降低。

各地也在积极探索“政府主导、企业主动、多方协作”的居民区充电桩建设新模式，明确房地产行政主管部门、街道、社区、居委会，以及人防、绿化等各个政府部门的主体责任，将年度居民区充电桩安装数量细化分解到街道、社区，实现多方协同推进。各地价格主管部门抓好充电设施峰谷电价政策落实。鼓励将智能有序充电纳入新能源汽车和充电桩产品功能范围，加快形成行业统一标准。

总之，通过“科技手段+政府引导”的方式，将极大推进城市充电能源设施的有效落地，这对社区能源互联网的建设和应用，将起到很好的样板作用，下一步在更多领域实现设施网联化运营，具备更高的可行性。

未来，随着我国充电桩保有量持续快速增长，充电桩密度不断提高，充电服务水平持续改善，我国充电基础设施行业未来的发展将持续向好，将为居民带来更美好的社区生活。

（3）低碳达成

社区能源互联网将能源和信息，同社区场景的深度融合，综合运用先进的电力电子技术、信息技术和智能管理技术，将大量分布式能量采集、储存装置和新型电力网络、石油网络、天然气网络等能源节点互联起来，实现能量双向流动、能量对等交换与网络共享。

如果我们能穿越时空到未来，可能会看到社区能源互联网是这样智能化规划人们的能源使用的——傍晚下班回家，房间灯自动亮起。手机APP传来信息："这是今天屋顶光伏发电的20度电，扣除您每天平均用电量还剩13度，是否上传至虚拟电厂？"回答"确定"后，手机APP继续发送："明天凌晨3点是用电低谷，电价最低，是否需要将洗衣机定时为凌晨3点启动？"我们只需回答"好的"，一切就顺其自然完成了。社区能源互联网为一个家庭节约的能源有限，但推广到一个社区、一座城市、全省、全国乃至整个人类社会，所节省的能源将会是巨大的。

社区能源互联网，既是生产者也是消费者，还具有能源的智能调控与能源市场的灵活响应等特点。能源互联网可以改变整个能源的时空配置，使能源可能达到负成本、零成本。

试想一下未来，我们使用的电动汽车、家用电器、屋顶光伏、计算机、手机都变成互联网的一分子，每个人的能源消耗、碳排放指标都能够被数字精确衡量，每一秒的各种用能需求都能得到最有效的生产供给。通过这种科学、领先、最优的能源供给模式，在社区场景的持续运行优化，能够有效节省能源消耗，助力低碳社区打造。

9.2 智慧社区康养

《中华人民共和国国民经济和社会发展第十四个五年规划和2035年远景目标纲要》中明确："推动养老事业和养老产业协同发展，健全基本养老服务体系，大力发展普惠型养老服务，支持家庭承担养老功能，构建居家社区机构相协调、医养康养相结合的养老服务体系。完善社区居家养老服务网络，推进公共设施适老化改造，推动专业机构服务向社区延伸，整合利用存量资源发展社区嵌入式养老""发展银发经济，开发适老化技术和产品，培育智慧养老等新业态。"

老龄化加剧与智能家居产品的广泛普及，推动了银发经济的发展，越来越多的老年人更愿意居家养老，居家与社区、医疗、养老服务机构相结合，能更便捷、更精准地为老年人提供服务，未来社区康养市场将逐步扩大。

智慧社区康养的建设应包括：为社区重点人群提供便利以及稳定的活动场所，让老年人更便利地获得服务；为居民建立健康电子档案，及时登记更新身体状况、兴趣爱好、参加活动频率等个人基本情况；与卫生服务中心合作，根据居民健康状况提供有针对性的指导建议；可在个体居家养老基础上，探索智能建筑及居住区养老新模式，如布点日间照料中心，可采用“医+养+护”的模式。构建智能建筑及居住区健康大数据管理系统，通过将智能建筑及居住区采集到的健康大数据与临床决策支持系统进行集成，实现在医院、诊所/诊室内进行疾病远程诊断。健康决策支持系统按顺序构建了日常健康监测、初始临床检查、详细临床检查和诊断后决策支持的信息框架。

基于智慧社区健康大数据管理系统，在住区内开展以下工作：老幼保健、妇幼保健、心理咨询、家庭护理、康复训练、亚健康诊断预防、慢性病诊断治疗、健康大数据采集分析，逐步培育出智能建筑及居住区健康大数据生态。

9.3 绿色低碳社区

工业化、绿色化、智能化是我国住房和建筑业高质量发展的主要方向，绿色低碳社区的建设日益成为智慧社区发展的新趋势。我国始终高度重视应对气候变化，坚持绿色发展、循环发展、低碳发展，高质量可持续发展。我国从“十二五”起，将应对气候变化融入社会经济发展全局考量，促进低碳发展，近年来充分进行产业结构调整、能源和资源节约、提高资源利用率、优化能源结构、发展非化石能源、发展循环经济等举措。

建设绿色低碳社区是城市住房建设的新趋势，是以习近平新时代中国特色社会主义思想为指导，全面贯彻党的十九大和十九届历次全会精神，深入贯彻习近平生态文明思想，按照党中央、国务院决策部署，坚持稳中求进工作总基调，立足新发展阶段，完整、准确、全面贯彻新发展理念，构建新发展格局，坚持生态优先、节约优先、保护优先，坚持人与自然和谐共生，坚持系统观念，统筹发展和安全，以绿色低碳发展为引领，推进城市更新行动，加快转变城市社区建设方式，提升绿色低碳发展质量，不断满足人民群众对美好生活的需要。2020年9月，习近平主席在第75届联合国大会一般性辩论上首次明确提出我国二氧化碳排放力争于2030年前达到峰值，努力争取2060年前实现碳中和。2021年，中央层面印发了两项重要文件，一是《中共中央国务院关于完整准确全面贯彻新发展理念做好碳达峰碳中和工作的意见》，明确提出要“提升城乡建设绿色低碳发展质量”，二是《关于推动城乡建设绿色发展的意见》，要求转变“大量建设、大量消耗、大量排放”的建设方式，推动城乡建设绿色转型。2022年1月，习近平总书记在中共中央政治局第三十六次集体学习时再次强调，要深入分析推进碳达峰碳中和工作面临的形势任务，扎扎实实将党中央决策部署落到实处。

社区是居民的主要生活区域，人们的生产生活以社区为主要场所展开，低碳社区是低碳城市的建设重点。此时正值“十四五”碳达峰关键期，如何在满足人民高水平生活需求的前提下更好地建设低碳社区，努力推动落实碳达峰、碳中和目标任务，在社区层面低碳规划设计，探索社区向低碳近零排放转型路径，推动实现绿色低碳发展，是各部门、企业进行建筑设计、社区规划时需要充分考虑的课题。

9.3.1 低碳及相关定义

“低碳（Low Carbon）”这一概念起源于应对全球气候变化、提倡从人类的生产生活方式中减少温室气体排放的倡议。“低碳经济（Low Carbon Economy）”最早于2003年英国政府发表的名为“我们未来的能源：创建低碳经济”（Our Energy Future: Creating a Low Carbon Economy）的白皮书中提出，指经由减少自然资源的消耗和环境污染，从而获得更多的经济产出，为人类实现更高的生活标准和更好的生活质量，并为发展和先进技术的创造营造出新的商机，为市场创造更多就业机会。低碳经济概念一经提出，逐步在国际社会引发关注。低碳经济同时注重于环境的保护和社会经济的发展，既提出应对气候变化趋势的目标，同时为人类经济社会发展的需求提供了可持续发展路径。这要求经济发展对新能源技术的开发和利用，实现能源转型，同时在减少碳基能源使用的基础上，利用能源的转型保持经济社会增长。“碳”是指七种温室气体，包括在1997年通过的《京都议定书》明确的6种温室气体：二氧化碳（CO_2）、甲烷（CH_4）、一氧化二氮（N_2O）、全氟化碳（PFCs）、氢氟碳化物（HFCs）、六氟化硫（SF_6），以及在2008年《联合国气候变化框架公约》（UNFCCC）添加到监管气体中的三氟化氮（NF_3）。我国于2021年2月开始实施的《碳排放权交易管理办法（试行）》也将三氟化氮（NF_3）列入其中。

“碳达峰（Peak Carbon Dioxide Emissions）”即二氧化碳达到峰值，是指某个地区或行业，年度温室气体排放量达到历史最高值，是温室气体排放量由增转降的历史拐点，标志着经济发展由高耗能、高排放向清洁低能耗模式的转变，是指我国承诺2030年前，二氧化碳的排放不再增长，达到峰值之后逐步降低。“碳中和（Carbon Neutrality）”是指国家、企业、产品、活动或个人在一定时间内直接或间接产生的二氧化碳或温室气体排放总量，通过植树造林、节能减排等形式，抵消自身产生的二氧化碳或温室气体排放量，实现正负抵消，达到相对“零排放”。

城市通过直接或间接的形式消费了全球绝大多数能源，社区是城市有机体组成的最基本单元，是碳排放活动的主要空间载体，也是城市实现减碳的重要场所。

9.3.2　绿色低碳社区产生的背景

绿色低碳社区的理念产生于低碳城市的发展。多项研究证据充分表明，气候变暖的主要成因是人类活动，而城市作为人类活动的主要场所，其社会生产活动运行过程中消耗了大量能源，使温室气体不断产生，环境气候日益恶劣，频繁发生的气候灾害威胁到了城市居民正常的生产生活。因此，城市是发展低碳经济，实施低碳治理最主要的平台，也是区域碳减排的重要单元和研究主体，是实现全球减碳和低碳城市化的关键所在。

Roseland最早于1991年提出，可持续发展城市需借由经济及社会的调整，以减少对环境产生的冲击，其策略应包含以下六项：运输规划与交通管理（减少机动车辆的旅次）；土地使用与住宅规划（抑制都市扩张）；能源保护效率（减少资源消费使用，住宅能源节约）；减废与回收（减少不可回收性物品的使用）；改善社区的可居性（满足人类需求、社会公平性以及以生态整体性为前提）；可持续的行政组织（构建行政组织上的环保体系）。中国科学院可持续发展战略研究组《2009中国可持续发展战略报告——探索中国特色的低碳道路》将低碳城市的特征概括为以下几点：

经济性，指在城市中发展低碳经济能够产生巨大的经济效益；

安全性，意味着发展消耗低、污染低的产业，对人类和环境具有安全性；

系统性，指在发展低碳城市的过程中，需要政府、企业、金融机构等各方的参与，是一个完整的体系，缺少任何一个环节都不能很好地运转；

动态性，意味着低碳城市建设体系是一个动态过程，各个部门分工合作，互相影响，不断推进低碳城市建设的进程；

区域性，低碳城市建设受到城市地理位置、自然资源等固有属性的影响，具有明显的区域性特征。

在理解低碳城市概念及特征的基础上，“低碳社区（Low Carbon communities）”是指具有较高的能源使用效率、紧凑的空间结构、居住建筑低能耗、借由公交系统和步行的出行方式优先于汽车使用、社区居民具有低碳环保意识，生活方式一致且能实现有效公众参与的社区。在我国，社区是居民生活最主要的区域，社区是人民群众生活的中心，而社区内各种能源资源的使用和处理会带来二氧化碳排放。其中，气、煤、垃圾处理会带来直接的碳排放；电、水和污水处理会在生产运输环节带来碳排放；居民的日常出行，根据其出行距离与交通工具的选择，会产生不同程度的碳排放。因此，绿色低碳社区的建设和发展，是城乡建设推进碳达峰碳中和的重要领域。习近平总书记多次对城乡建设领域节能减碳工作作出重要指示批示，提出明确的工作要求，为绿色低碳社区的建设指明了方向，提供了根本遵循。

9.3.3 绿色低碳社区建设的主要技术方法

低碳社区建设的核心是建立低能源消耗的社区系统，即在社区生活的方方面面最大限度地减少对包括电、水、碳基等自然能源的利用，减少对环境的破坏与污染，实现能源需求与废物循环利用的社区生活模式。

1．推动低能耗建筑建设

在社区建筑设计方面，低碳社区要求开发商在设计阶段便对社区层面未来的能源需求进行预测。在进行测算之后，通过优化建筑被动式设计，完善建筑与自然环境的交互过程，提升主动式高性能能源系统和可再生能源系统的应用效率，以最大幅度减少化石能源消耗。例如，英国伦敦贝丁顿零碳社区的设计采取了零供暖的住宅模式，利用可循环利用的建筑材料、太阳能装置、雨水收集设施等措施，在建筑设计层面充分体现节能优势。具体来讲，社区通过充分利用太阳能减少热损耗，从而减少以供暖为目的的能源消耗。社区建筑采用三层窗户，建筑朝向坐北朝南，从而最大限度地储存热量。社区建筑采用自然通风系统减少能耗，经特殊设计的“烟囱”状风帽随风向的改变而转动，利用风压加快建筑内空气的流通，风帽中的热交换模块还可以最大化利用废气中的热量来预热室外寒冷的新鲜空气，为居民带来良好的保暖效果。实验表明，贝丁顿零碳社区的建筑可以减少70%的通风热损失。

我国部分地区也在低能耗建筑的建设和老旧小区的改造方面进行了尝试。例如，中山市小榄镇北区社区成为广东省首个社区类近零碳排放试点项目，社区经过低碳化改造后，现已建成太阳能光伏发电板、社区农园、低碳驿站、充电桩等低碳设施。据介绍，社区各类低碳设施设备每年可降低二氧化碳排放量约100t。《广州市国民经济和社会发展第十四个五年规划和2035年远景目标纲要》提出，要探索基于湿热气候的超低能耗技术路径，全面提升民用建筑能效水平。到2025年，全市新建民用建筑中绿色建筑面积占比达90%以上。

2．优化社区结构，建设紧凑有活力的生活圈

自2016年2月国务院首次提出“构建15分钟生活圈”的要求后，我国的生活圈实

践得到了加速推进。目前，上海、北京、广州、长沙、杭州、武汉等多地提出了当地的生活圈建设目标。生活圈建设的核心内容是以居民的步行能力为尺度范围，完善基础设施和公共空间的配置水平。2022年，住房和城乡建设部明确提出绿色低碳社区的建设需着重加强完整社区建设，构建15分钟生活圈。半径15分钟之内，将民事理顺，将民心聚拢，是“15分钟生活圈”的要义所在。通过构建步行15分钟可达的宜居、宜业、宜游的城镇社区生活圈网络，引导社区内集中就近设置基本服务设施，合理布局办公用地、商业用地与城市公园，适度强化用地混合与建筑复合利用，满足居民日常生活需要，减少不必要的跨区域交通出行。以简约适度、绿色低碳的方式，推进社区人居环境建设和整治。

《城市居住区规划设计标准》GB 50180—2018自2018年12月1日起正式生效，标志着我国的住区规划正式开始由居住区模式转变为生活圈模式。此处提供《城市居住区规划设计标准》GB 50180—2018数据作为参考：标准框架中，以居民每15分钟步行800—1000m为基础，规定15分钟生活圈的面积为1.3—2.0km^2，规定15分钟生活圈居住区容许的最大人口密度为3.6万—3.8万人/km^2。

在社区结构方面，已建成的房产需进行合理分配，公共面积中需包含如幼儿园、图书馆、健身场所等社会公共设施，社区服务中心，“一老一小”活动中心等便民服务设施，同时还需注重公共绿化面积。社区结构鼓励在结合当地实际情况与满足居民需求的情况下创新。例如在前文中提到的英国典型案例贝丁顿零碳社区，对建成房产进行了有组织的分配：三分之一的房子用于社会公共设施；三分之一用于出租，所得收入归中间人——慈善机构或民间团体所有；另外的三分之一则以传统的售房方式上市销售。这样的社区土地分配利用方式搭建起住宅小区与外界的桥梁，促进了小区居民与当地团体的交流。在北京市，城市副中心通州区中仓街道社区家园中心因地制宜，结合城市更新和老旧小区改造，不搞大拆大建，却为居民带来了良好的便利生活圈效果。家园中心于2021年9月开业，其前身为建于20世纪90年代的小区供暖锅炉房。将原占地面积800m^{2}的废弃锅炉房改造后，它成为建筑面积1825m^2，融合便民理发服务、菜店、超市、助老、家政、书店、托管、医疗、居民休闲娱乐等多领域的一站式社区级家园中心。如今，中仓街道社区家园中心已经成为居民休闲娱乐的好去处。

3．构建绿色低碳的出行环境

绿色低碳社区的建设离不开绿色低碳的出行环境。众所周知，相比于私家车，步行与依托于公共交通的出行方式有利于降低碳排放。因此，绿色低碳社区需要依托于健全以轨道交通为骨干、地面公交为支撑的公共交通服务体系，还需要社区积极宣传鼓励，以提升绿色出行比例。

在绿色出行方面，社区周围需精细化设计公共交通场站，改善居民公交出行体验，确保社区周边有方便可及的公共交通站点，构建连续通达高品质的公共交通系统。同时要鼓励共享出行方式，如设计社区巴士线、搭建共享单车车棚、设置拼车站点拼车等，为共享出行提供便利。

除此之外，为减少以交通为目的的能源消耗，社区应鼓励新能源汽车的使用，为电车提供足够的充电桩设备。

4．鼓励公众参与，倡导资源循环利用

绿色低碳社区的建设，离不开社区居民的主动参与。为倡导社区居民自发地参与到绿色低碳行动中，社区应做到“三个好”。一是思想好，社区干部应以身作则，将低碳行动落实到实处，以自身行动鼓励公众积极参与到低碳生活方式中来。二是宣传好，应充分发挥社区和物业与社区居民互动的作用，将绿色低碳社区的意义、内涵和行动传达给社区居民，充分调动居民的主观能动性，让居民参与到基层低碳治理的种种互动中来。三是服务好，充分服务居民参与到社区的可持续发展的设计过程中来。回应群众诉求，听取群众意见。“居民参与”的落实，可以让社区居民从社区中获得归属感与亲切感，从而真正将低碳行动作为生活中重要的一部分，彼此教育、珍爱家园，为自己、身边的邻居、社区每一位居民甚至整个社会去践行低碳环保理念。

在树立公众参与到绿色低碳社区生活的良好社会风气的同时，社区应加强生活垃圾减量、回收和再利用，生活垃圾分类收集设施覆盖率应达到100%。社区可以结合城市实际情况，进行垃圾分类宣传，创建绿色账户服务、可回收物换取积分奖励等多种功能的示范型可回收物回收服务点。应有序提升垃圾分类投放、分类收集、分类运输、分类处理体系，推动垃圾分类投放点智能化、便利化、清洁化，支持资源循环回收企业不断发展，不断提高垃圾回收利用率。

5．营造绿色街区

森林每平方米每年可固碳27.5kg，密植灌木丛每平方米每年可固碳5.13kg，草坪每平方米每年可固碳0.34kg。社区可以通过提高社区绿化覆盖率、引进高碳汇植被等方式，提升社区碳汇能力。社区绿化占比可通过边角地整理、社区公园、角落公园等方式扩大。高社区绿化比例，会为社区碳汇能力提供“生长”的土壤。

第10章 数字家庭发展展望

10.1 家庭内部服务

10.1.1 虚拟人发展历史

虚拟人（Virtual Humans）一般是指利用数字化技术创造的虚拟人物，其核心价值在于打破物理界限提供拟人服务与体验。严格来说，虚拟人、数字人（Digital Humans）存在一定的包含关系，下文所提的虚拟人指满足以下三个特征的虚拟人或数字人：拥有人的外观及性格特征；拥有通过语言、表情或肢体动作表达的能力；拥有识别外界环境、与人交流互动的能力。目前来看虚拟人技术有超写实、技术工具化、强交互的发展趋势，超写实是指视觉层面突破超写实接近真人，或者风格化强调美学表达两大方向；技术工具化，为普通消费者、艺术家、企业提供低成本高效率创作虚拟人的技术，加快在各领域的应用；强交互，提供接近于实时与真人自然交流的体验，为用户带来的互动感与沉浸感是多数消费者的核心使用动力。虚拟人自20世纪在影视音乐领域萌芽开始，随着软硬件技术的快速发展，朝着智能化、便捷化、精细化、多样化的方向发展。

虚拟人起源于20世纪80年代，具备手工业的生产特征，为人们创造虚拟形象，随着计算机动画（Computer Graphics）、动作捕捉、人工智能等新技术的出现而不断成长，向成熟的工业化的方向发展。

萌芽阶段（20世纪80年代）：通过绘画、化妆等手工技术打造虚拟人，以实现对美好的向往、对现实的批判。1982年，日本电视动画《超时空要塞》的女主林明美成为虚拟偶像的原始形态，虽是动画人物，却获得与真人同样的待遇进行宣传销售，以其名义发售的专辑成功打入当时音乐排行。1984年，英国创造出名为Max Head-room的虚拟人物，并为其打造短片。

探索阶段（21世纪初）：随着CG、动作捕捉等技术发展成熟，虚拟人在影视娱乐领域的应用进一步拓宽。2001年,《指环王》由CG技术和动态捕捉产生的角色“咕噜”,成为电影史上的里程碑。2007年,雅马哈公司开发的电子音乐制作语音合成软件“VOCALOID”音源及拟人化形象——初音未来自面世后,自由创作的特点使虚拟偶像、创作者和粉丝之间形成良性互动关系,其热度持续至今。

初级阶段(2012—2019年):深度学习算法取得突破,制作过程得到简化,虚拟人形象越发逼真,AI技术的发展使其开始向智能服务领域延伸。2018年,搜狗与新华社联合发布全球首个全仿真智能AI主持人。2019年,浦发银行携手百度开发首位数字员工“小浦”。

成长阶段(2019年后):向智能化、便携化、精细化、多样化发展,技术和市场愈加成熟,虚拟人成果开始井喷。2019年,Doug Roble博士在TED演讲中演示了由自己表演实时驱动的数字化身Digi Doug。2021年10月31日,虚拟达人柳夜熙发布第一条抖音视频,一天内获赞300万、涨粉超100万。

10.1.2 虚拟人技术介绍

从零开始制作虚拟人,需要较长周期,耗费较大的成本。例如腾讯的虚拟人Siren项目从启动采集到能够自然地活动,就用了接近半年时间。在积累了一定数量人脸数据和素材的基础上,更高效的工具应运而生,既满足游戏制作流程中艺术家创造多样化角色的需求,也让普通人能够便捷生成属于自己的虚拟形象。较为有代表性的是腾讯NExT Studios的xFaceBuilder与Epic的Metahuman Creator。

数字虚拟人的制作涉及众多技术领域,且制作方式尚未完全定型,人工智能产业发展联盟发布的《2020年数字虚拟人发展白皮书》总结出“数字虚拟人通用系统框架”,其中包含人物形象、语音生成模块、动画生成模块、音视频合成显示模块以及交互模块。

技术角度,数字虚拟人近年的发展来源于CG、语音识别、图像识别、动作捕捉等相关技术的共同成熟,除“CG建模+真人驱动”的类别外,多模态技术与深度学习成为未来核心点。

在此基础上提炼出“五横两纵”的技术架构。“五横”是指用于数字人制作、交互的五大技术模块,即人物生成、人物表达、合成显示、识别感知、分析决策模块。其中,人物表达包括语音生成和动画生成,动画生成则包含驱动(动作生成)和渲染两大部分。“两纵”是指2D、3D数字人,3D数字人需要额外使用三维建模技术生成数字形象,信息维度增加,所需计算量更大。

数字虚拟人视觉制作部分的工业化流程，涵盖了建模、骨骼绑定、动作捕捉、面部捕捉、渲染、材质解算等各个环节。

数字虚拟人建立的第一步需要进行前期的形象设计以及建模。2D数字虚拟人需要原画等形象设计，而3D数字虚拟人需要额外使用三维建模技术生成数字形象，信息维度增加，所需的计算量更大，无论是基于IP或者真人设计，都需要进行面部捕捉以及身体的建模。

3D建模技术目前主要包含静态扫描建模以及动态建模两类：

静态扫描建模仍为主流，其中相机阵列扫描重建技术快速发展，目前可实现毫秒级高速拍照扫描（高性能的相机阵列精度可达到亚毫米级），满足数字人扫描重建需求，替代结构光扫描重建成为当前人物建模主流方式。

相比静态重建技术，动态光场重建不仅可以重建人物的几何模型，还可一次性获取动态的人物模型数据，并高品质重现不同视角下观看人体的光影效果，成为数字人建模重点发展方向。海外Microsoft、Google、Intel、Meta等巨头公司都在积极展开相关研究，国内清华大学、商汤科技、华为等也展开了相关研究，并取得国际水平的同步进展。

驱动动作技术包括手动调节关键帧、预制动作、动作捕捉、智能合成（文字、语音驱动）等。手动调整关键帧与预制动作无法实现实时互动。

智能合成：其中2D、3D数字人均已实现嘴型动作的智能合成，其他面部、身体部位的动作智能合成未能完全实现。

动作捕捉：通过将捕捉采集的动作迁移至数字虚拟人是目前动作生成的主要方式，核心技术是动作捕捉。可分为光学式、惯性式及计算机视觉动捕等。现阶段光学式和惯性式动作捕捉占据主导。计算机视觉动作捕捉虽然相对开发难度大，目前精度较低，但成本对环境要求低，可移动范围大，使用场景想象力较大，目前已有消费级应用（部分VR设备采用），成为聚焦热点。

渲染技术，是指把模型在视点、光线、运动轨迹等因素作用下的视觉画面计算出来的过程。主要有离线与实时渲染两种类型。

离线渲染，就是在计算出画面时并不显示画面，计算机根据预先定义好的光线、轨迹渲染图片，渲染完成后再将图片连续播放，实现动画效果。优点是渲染质量相对好，美学和视觉效果好，缺点是无法实时控制，主要应用于影视等方面，代表性软件包括Maya、3D Max等。

实时渲染，是指计算机边计算画面边将其输出显示，优点是可以实时操控，缺点是要受系统的负荷能力的限制，必要时要牺牲画面效果，主要应用于游戏等方面，代表引擎包括Unreal Engine（虚幻）、Unity Engine等。

高保真技术突破点：CG建模图像迁移技术影响外观的拟人程度。此外CV等深度学习模型影响驱动效果，受数据量、计算框架、关键特征点等因素影响较大。能否呈现自然的面部表情变动、肢体变动等，在极大程度上取决于语音驱动的深度模型效果；能否对情感等因素进行特别设计，同样产生重要影响。魔珐科技等业界领先公司的模型可组合出超千种表情效果，并包含眼神驱动。科大讯飞、竹间智能等公司会对语音文本中的因素进行提取，增加情感驱动模型等。

实时渲染：要做到影视、游戏两个领域技术的取长补短。影视表现很真实但不能做到实时控制，游戏正好相反。游戏人物制作因显卡运算能力和引擎渲染能力不断攀升，写实风格的角色效果正不断向影视级靠近，影视领域的照相建模、高精度3D扫描、面部和动作捕捉相关技术，已经应用到游戏的实时渲染领域，为表现力带来质的飞跃。而影视等非实时渲染领域，也探索出数字化复制、合成真实人类外形的技术，正向实时渲染的游戏、远程会议等领域进行迁移。

NLP交互技术影响交互体验：以对话能力为核心。继文本对话助手、语音AI助手后，该技术继续在数字虚拟人中发挥核心作用，可以视作数字虚拟人的大脑。在AI交互助手方面已有理想成效，如小冰等，公司能够为其添加较好的通用式互动能力。追一科技等公司则通过知识图谱、业务问答库、对话型工程引擎等增强数字虚拟人的业务互动能力。

随着硬件能力的提升和算法的突破，渲染速度、效果真实度、画面分辨率均大幅提升，在虚拟人物实时渲染方面，已经能做到以假乱真。2016年，EpicGames（虚幻引擎开发商）联合3Lateral、Cubic Motion等公司开发的可实时驱动的虚拟人物在当年的Siggraph会议中做了演示，成功在消费级的硬件环境下实时渲染了高质量的虚拟角色。2018年5月，腾讯发布的虚拟人Siren也是一个支持实时渲染的虚拟人物。

从驱动技术角度来看，交互型数字虚拟人可分为真人和计算机驱动两种类型。

真人驱动型数字虚拟人，以真人为核心，用户可以通过3D建模、动作捕捉、渲染等技术，在网络上形成真人的虚拟化身，在动作灵活度、互动效果等方面有明显优势，一方面能够在影视内容的创作中降低生产成本，为影视行业降低门槛，推动影视级内容向消费级转化；另一方面则多用于虚拟偶像、重要直播中，帮助数字虚拟人完成大型直播、现场路演等互动性、碎片化活动。

在真人驱动中，在完成原画建模和关键点绑定后，动作捕捉设备或摄像头将基于真人的动作表情等驱动数字虚拟人。事实上，这种技术思路可以看作是传统影视制作中CG技术的进一步延续。

近年来主要的技术突破在于动作捕捉环节。随着图像识别技术，姿势、表情等识别算法的进步，昂贵的惯性或光学动作捕捉设备不再是驱动的必备工具。普通摄像头结合理想的识别算法通常能实现较为精准的驱动（如iPhone12摄像头已可支持简单的动作捕捉），显著降低了精细虚拟内容生成的门槛。

计算机驱动型数字虚拟人，以深度学习技术为主，本质上还是算法，但会拥有一个定制化的虚拟外表。计算驱动的数字虚拟人最终效果受到语音合成（语音表述在韵律、情感、流畅度等方面是否符合真人发声习惯）、NLP技术（与使用者的语言交互是否顺畅、是否能够理解使用者需求）、语音识别（能否准确识别使用者需求）等技术的共同影响。尽管在特定方向上，各感知类技术目前的商业化能力已足以支撑，然而，但要达成理想的综合效果，需要该公司在三个方面同时具有较强的综合能力。

计算机驱动型数字虚拟人技术是近年来多模态技术和深度学习发展的技术集大成者。在计算机驱动型中，可通过智能系统自动读取并解析识别外界输入信息，根据解析结果决策数字人后续的输出文本，然后驱动人物模型生成相应的语音与动作来使数字人跟用户互动。数字虚拟人的语音表达、面部表情、具体动作将主要通过深度学习模型的运算结果实时或离线驱动，在渲染后实现最终效果。

制作过程中重要的步骤在于对各类驱动模型的训练，充足的驱动关键点配合精度较高的驱动模型，能够高还原度地复原人脸骨骼和肌肉的细微变化，得到逼真的表情驱动模型。

虚拟人制作技术全面提升与突破，实现可自然交互的虚拟人仍需技术发展：数字虚拟人通用系统框架包含人物形象、语音生成、动画生成、音视频合成显示以及交互模块。数字虚拟人视觉制作部分的工业化流程涵盖了建模、骨骼绑定、驱动、渲染等多个环节。以驱动技术分类可分为交互与非交互两类，交互类进一步分为真人及计算机驱动。目前真人驱动为主流，计算机驱动对人工智能等技术要求较高，目前仅嘴部动作可以实现智能合成，自然交互依赖于人工智能深度学习技术，最终效果取决于语音合成、NLP技术、语音识别等技术的共同发展。

虚拟人产业链主要包含基础层（建模/渲染引擎等基础软硬件）、平台层（动作捕捉等软硬件系统、垂直平台、AI厂商）以及应用层，随着底层技术硬件等突破，将赋能更多应用场景，基于此，给予行业“推荐”评级。头部综合大厂在技术沉淀、IP运营、流量方面有较好基础，偏好探索底层技术、硬件架构以及针对公司业务应用做工具化产品，产业链布局相对全面，如海外Meta、Google等；国内腾讯、阿里巴巴、B站、网易、百度、字节跳动等。A股传媒公司主要涉及平台层垂直解决方案提供以及应用层，建议重点关注：蓝色光标（与微软小冰合作上线“分身有术”数字人驱动平台SaaS产品；与阿里巴巴达摩院共推虚拟主播直播电商解决方案；自营/品牌定制虚拟人）、捷成股份（参股公司世优科技提供广电媒体、虚拟主播直播及虚拟场景、影视动画虚拟内容制作等多个场景的成熟技术产品和解决方案，计划推出Meta Avatar Show元宇宙分身）、浙文互联（自主孵化的虚拟网红“君若锦”“兰_LAN”，已有汽车/食品/电商等代言订单；DIGITAL HUMAN平台落地；定增计划投入部分资金于虚拟数字人领域技术开发）、华扬联众（推出虚拟形象“Aimee”并进行商业化尝试；推出“景甜”“Angelababy”虚拟形象）、天下秀（上线网红元宇宙虚拟社交社区Honnverse虹宇宙，知名虚拟红人“鱼太闲”上线虹宇宙）等。其他建议关注：应用营销领域利欧股份、天舟文化、天地在线等；硬件动作捕捉方向利亚德；AI方向科大讯飞、商汤科技等。

实现场景交互，目前以图片、视频、直播等为主，未来VR设备/全息投影有望为数字虚拟人在现实世界的投射提供更丰富的道具和软硬件基础。由于各场景时延（如直播等实时场景要求低时延，但内容生成场景无该要求）、驱动方式（计算驱动对模型的深度学习能力有极高要求）等不同，对技术、运营等要求差异较大。

我们认为“人”是其中的核心因素，高度拟人化（外貌形象、行为表情、交互的拟人程度）为用户带来的亲切感、参与感、互动感与沉浸感是多数消费者的核心使用动力。能否提供足够自然逼真的相处体验，是数字虚拟人在各个场景中取代真人的重要标准。

10.1.3 虚拟人在数字家庭场景下的应用

未来在元宇宙的数字场景中，每个用户都需要有自己的虚拟形象，开放世界中大量的非用户角色（NPC）也需要做到千人千面，影视级制作的流程和效率显然不适用。因此需要为艺术家、一般创作者和普通人提供符合各自能力和需求的制作工具与素材。工具化为数字虚拟人技术发展的必然趋势，需要开发更轻量、便捷的工具，让艺术家和普通用户都能快速生产高品质数字财富。

虚拟人与数字家庭的结合，将虚拟抽象的东西以视觉的形式具象化，通过技术将现实和虚拟世界融合。数字家庭的生活中，需要加入虚拟人的形象，使复杂的数据和冰冷的数字可以通过虚拟人的形象展现出来，让科技在发展的同时更具有温度和人文关怀，以非传统的方式开创推进数字家庭的新进程。社会变革的过程需要接受各种现实的可能性、发展的不确定性，对比传统的家庭，数字家庭中的虚拟成分会导致传统家庭结构的变化。根据第七次全国人口普查公报数据显示，中国平均每户家庭的人口为2.62人，比2010年第六次全国人口普查的3.10人减少0.48人。虚拟人可能成为数字家庭中的新人口，每户家庭都拥有一个独立的虚拟人，有各自独立的思想和思维方式。现在传统的语音助手作为家庭设备中控，拥有独立的人格，给它们赋予不同的虚拟形象，在家庭生活中更具象化。可以将现实存在的智能终端变成虚拟形象，社交网络的进化使用户在虚拟世界中拥有自己的形象，数字家庭的元宇宙展望，具有更广阔的平台作为虚拟人技术的平台。

把一个巨大的虚拟世界带到每个人、家庭和组织中，就是在构建一个更大的新世界，一个智能的世界，虚拟人就是我们走向未来过程中的领航员。未来，我们会把人类的生产、生活映射到虚拟空间中，也会把虚拟资产投射到现实世界中，形成两个世界的互动，未来的世界就是以数字家庭细胞组织起来的数字世界。

10.2　家庭外部延伸

10.2.1　与智慧城市融合

智慧城市（Smart City）是运用信息通信技术，有效整合各类城市管理系统，实现城市各系统间信息资源共享和业务协同，推动城市管理和服务智慧化，提升城市运行管理和公共服务水平，提高城市居民幸福感和满意度，实现可持续发展的一种创新型城市。智慧城市的本质是利用先进的信息技术，实现城市各个系统的智慧式管理和运行，进而为城市居民创造更加美好的生活，促进城市的和谐、可持续成长。随着社会的不断发展，城乡一体化趋势的深入，城乡二元结构的开展，城市人口会越来越多，出现的问题也越来越多，并逐渐地影响着城市的发展。我国正处于城镇化加速发展的时期，很多地区出现严重的“城市病”问题，而为了解决这些难题，实现城市的可持续发展，就必须要建设智慧城市。

建设智慧城市的重点就是对于信息化技术的应用，所以信息服务体系是智慧城市的重要组成部分。智慧城市的目标是让城市居民可以在任何时间、任何地点，利用任何网络和设备获取需要的信息资源及服务，从而提升居民的生活质量，提高事情的处理效率。政府是建设智慧城市的领导者，对于推进高校、科研机构、企业等社会组织参与智慧城市建设，推动智慧服务发展有着重要地位。在整个智慧城市的信息化服务建设过程中，政府是主导者，进行服务的管理，而高校、科研机构、企业等是主要提供信息服务的对象，城市居民则是服务对象，因此面向智慧城市的社会化信息服务的目标是协调政府、高校、科研机构、企业和居民之间的关系，提供充足的信息数据，丰富信息服务种类，拓宽信息共享和利用渠道，从而提高居民的生活质量。

面向智慧城市的社会化信息服务具有动态性、个性化、集成性、参与性和效益性等特点。动态性是指用户的需求随着空间和时间的变化而随时出现变化，如何有效挖掘用户的需求信息，为用户提供丰富、及时和有效的信息服务是社会化信息服务工作的重点。个性化是指用户要根据需要选择信息资源、技术、服务等，面向智慧城市的社会化信息服务则要针对用户的具体需求组织提供信息服务，充分考虑到不同用户的特征、喜好和需求，提供个性化的信息服务。集成性是指智慧城市的建设对所有的信息资源进行集成，提供更加丰富的服务产品。参与性是指该服务以用户为中心，用户是服务的接受者同时也是参与者，用户可根据对服务的使用提出意见和建议，从而优化信息化服务建设。效益性是指社会化信息服务是一种规模化的、多样化的服务形式，为居民提供所需的各种信息服务，此时需要信息服务商参与进来，获得经济效益，并实现城市资源的整合。

智慧城市的服务对象是城市居民，居民的行为复杂多样且需求多样化，每一位居民对信息服务的需求各不相同，而且不同用户类型对信息服务的需求也不相同，就算是同一用户类型，其在不同时间和地点对信息服务的需求也可能存在差异。面向智慧城市的社会化信息服务的建设目标就是尽可能满足所有城市居民的服务需求，满足多样化、动态化、复杂化的信息服务需求。因此，建设面向智慧城市的社会化信息服务，首先是通过对用户信息行为模式的探索和分析，准确预测用户的信息服务需求，进而为用户提供这些信息服务，这是智慧城市能否实现社会化信息服务的关键因素。

智慧城市的社会化信息服务首先借助物联网技术和发达的网络，以及实时的动态监测系统，对城市生活进行全面的监测，然后应用云计算、云存储等平台技术对收集到的感知数据和信息进行智能化分析和处理，从而准确推断用户的信息服务需求类型，继而根据用户需求，有针对性地提供灵活、便捷、高效、全面的信息服务。面向智慧城市的社会化信息服务应用涉及智慧城市居民生活的方方面面，包括城市交通、安全管理、社区服务、医疗服务、生活起居和商业服务等，涵盖了城市安全（食品和药品安全管理、自然灾害预警、应急处理中心、安全防护系统、商品追溯系统、城市管网系统）、交通（出行者信息服务、公交系统智能车辆管理、自动公路系统、交通云服务等）、医疗（电子健康档案、电子病历、远程医疗服务、移动医疗服务等）、教育（智慧图书馆、远程教育、智慧校园等）、政务（电子监察、网上执法、移动政务等）等方面。

数字家庭与智慧城市的融合，需要依托基础设施的发展，信息安全问题及上下游产业的整合是智慧城市架构的重要构成部分。智慧城市部分的结合需要实现上下游的联通，新型智慧城市建设已全面进入以服务为内核、成效为标尺的新阶段，触手可及的惠民便企服务成为新型智慧城市近年来发展重点，超级应用崛起成为服务触达的重要渠道，智慧政务服务全面普及深化，新技术赋能便捷生活服务，各类企业积极参与提供城市融合服务。

智慧政务服务能力显著提升，逐步向智能化“秒办”服务升级。随着“互联网+政务服务”深入推进，政务服务网上办理便捷性不断提升，从“一号、一窗、一网”向“一网、一门、一次”加速转变，“最多跑一次”“一次不用跑”“不见面审批”“秒批秒办”等先进模式在全国范围探索应用并普及推广。公共服务在线查询、网上办理在全国范围基本实现普及，部分地区通过政务大数据、政务服务机器人等智能化手段，推动政务数据标准化、服务网络化、办理自动化，持续探索创新数字政府惠民便企服务新路径。

技术赋能带动公共服务各领域供给模式更加创新多元，亮点频发。大数据、人工智能、区块链、虚拟现实等前沿信息技术全面进入应用落地实践期，在公共服务领域大放光芒，异彩纷呈，催生一批服务新模式，持续改善和优化公共服务新体验。基于生物识别的“刷脸服务”走进生活，就医就诊、商事登记、交通罚单缴纳、公积金查询、个税申报、社会保障等均可实现刷脸办理。VR全景线上服务实现线上线下一体化，虚拟服务大厅将真实场景1∶1立体“搬迁”到网上，虚拟平台与现实业务系统无缝对接，达到提高工作效率和服务感知度的目的。

服务供给侧融合开放格局形成，公共服务供给侧市场进一步拓展，跨界融合开放发展格局全面形成。新型智慧城市建设已全面进入以服务为内核、成效为标尺的新阶段，服务需求、供给层次双扩展态势进一步升级，政府开始由服务供给转向服务监督角色，社会化服务开放准入和市场化运营呼声持续高涨。ICT设备供应商、电信运营商、系统集成商、软件开发商、互联网企业等纷纷入局，结合自身行业资源禀赋和特色优势，探索转型智慧公共服务运营商。

10.2.2　与智能制造融合

智慧制造（Smart Manufacturing）又称智能制造（Intelligent Manufacturing），是运用计算机集成技术的生产制造过程、系统与模式的总称。智能制造主要具有四大特征：以智能工厂为载体，以关键制造环节的智能化为核心，以端到端数据流为基础和以网通互联为支撑。

工业革命以来，工业生产一直不变的追求都是：制造的高效率、高质量、低成本、高满意度。但随着温饱需求满足之后，个性化消费需求的不断上升，传统的“大流水+大品牌+大分销”的体系，已经越来越难以维系。从20世纪90年代开始，很多先行者如 DELL、ZARA等，都开始借助IT技术，不断探索大规模定制的路径，并取得了相当可观的成效。

数字经济时代、智能时代的到来，为制造业的发展提供了新的可能性。在高度数字化的环境下，基于大量的数据，以及算法演进和云计算等所提供的算力，努力探索让正确的数据、在正确的时间、以正确的方式传递给正确的人和机器，从而以数据的自动流动，化解生产制造企业所面临的市场的高度不确定性。当前，互联网正在从信息交互的互联网、产品交易的互联网向能力交易的互联网迈进，互联网技术体系也正在从价值传递的交易环节渗透到价值创造的生产环节。在这一新的发展进程中，如何应对高度碎片化、个性化的需求，并对各种新的需求做出实时、精准、科学的响应是产业互联网需要解决的核心问题。在此背景下，C2M（Customer to Manufactory，顾客到工厂）定制化生产模式应运而生，成为这轮产业革命的新趋势。

C2M实现了用户到工厂的直连，去除所有中间流通加价环节，连接设计师、制造商，为用户提供顶级品质、平民价格、个性且专属的商品。C2M模式还颠覆了从工厂到用户的传统零售思维，由用户需求驱动生产制造，通过电子商务平台反向订购，用户订多少，工厂就生产多少，彻底消灭了工厂的库存成本，工厂的成本降低，用户购买产品的成本自然也随之下降。C2M模式剔除了中间商的层层加价，消费者直接对接工厂，工厂成本低，顾客购买的产品价格更加低廉，实现了顾客利益最大化。传统模式的销售中，很大的成本就来源于库存。C2M模式大大降低了库存和资金的积压。同时在时效上，既能提高产品生产中的管理效率，又能避免产品的周期性及滞销。随着经济发展，人们消费水平提高，更注重个性化。C2M恰恰迎合了年轻消费者追求个性化、差异化产品的需求。

在定制化生产体系的道路上，全球不同行业的企业都在进行艰难的探索。许多企业通过在内部进行数字化改造，实现单一工厂的资源优化，以满足个性化需求，并取得了阶段性成果，成为业界发展的共识和方向，这是解决定制化生产问题的第一条路径。敏捷制造是指制造企业采用现代通信手段，通过快速配置各种资源（包括技术、管理和人），以有效和协调的方式响应用户需求，实现制造的敏捷性。敏捷性是核心，它是企业在不断变化、不可预测的经营环境中善于应变的能力，是企业在市场中生存和领先能力的综合表现，具体表现在产品的需求、设计和制造上具有敏捷性。2018年11月，淘宝升级了天天特卖，天天工厂项目也随之启动。2019年3月，阿里巴巴重启了聚划算，并将其与天天特卖整合，构建了C2M的整体布局。

运用多种先进技术建设的数字家庭的出现，为智慧创造的发展提供了新的可能性。数字技术对消费端的赋能以及新生代人群对于产品功能、产品包装等求新求快的需求变化，都对制造业敏捷响应、柔性化生产、缩短产品研发周期、加快产品更新等方面提出了更高的要求。在消费互联网带动产业互联网发展的大背景下，制造企业敏捷性的一个重要体现就是新品投放速度，这是企业打开新市场、建立竞争优势的重要手段。家庭单位和个人单位与制造生产单位之间的直接联系，使制造端和最终消费端之间达到了最短沟通线路，C2M模式的出现无疑是制造业进入新阶段的一个标志，虽然目前阶段该模式存在一定的局限性，但随着新兴技术的发展和监管的规范，无疑会成为未来商业模式的演进方向。短路经济模式的发展离不开平台的建设和渠道的打通，商品的基本属性是价值和使用价值，根据消费者主动需求组织生产的产品在砍掉中间环节的同时也为生产的组织形式带来了新的发展方向。原本自消费端向制造端的生产模式，因为信息流通的不畅和消费习惯的差异存在技术难度，但大数据和人工智能等新兴技术的发展使海量的消费端数据可以成为制造端削减成本的有力工具。数字家庭的家庭属性也使其与制造端的对接更具天然优势，面向家庭单位的消费品具有重复性和周期性，家庭成员彼此间的消费观、价值观具有一定的相似性，以家庭为单位与制造端进行打通可以在满足客户个性化需求的同时稳定供应链的需求。

参考文献

[1] 宋航．万物互联：物联网核心技术与安全[M]．北京：清华大学出版社，2019．

[2] 丛北华．智慧社区物联网系统[M]．上海：上海科学技术出版社，2022．

[3] 王春莲．智慧城市中物联网及云计算技术的应用[J]．电子技术与软件工程，2018（13）：2．

[4] 王洁，王春茹．基于物联网的智慧社区管理系统的研究与设计[J]．山西师范大学学报（自然科学版），2019，33（3）：30-34．

[5] 刘恬．物联网智慧小区安防技防系统建设分析[J]．科技创新与应用，2020（8）：2．

[6] 辜应勇．物联网技术在平安智慧社区中的应用及未来展望[J]．中国安全防范技术与应用，2019（3）：5．

[7] 李英．新冠肺炎疫情防控下智慧社区建设研究——以珠海金湾社区为例[J]．云南开放大学学报，2021，23（3）：6．

[8] 梁伟．物联网智慧小区安防技防系统的建设与实现[J]．中国房地产业，2020，（7）：50．

[9] 张建鑫，杨柳，韩麟之．我国智慧社区的发展现状及功能设计[J]．河南科技，2021，40（4）：3．

[10] 张靓，李嘉诚．智慧社区综合设计方案与研究[J]．现代工业经济和信息化，2021，11（6）：4．

[11] 丁丹阳．5G+AIoT趋势下智慧社区的发展机遇与趋势[J]．中国安防，2020（1）：4．

[12] 于晨龙，张作慧．智慧社区建设实践探索[J]．建设科技，2015（17）：32-34．

[13] 智慧社区建设运营指南报告[R]．北京：国家信息中心智慧城市发展研究中心，2021．

[14] 张国强，李君兰，马军亮，等．智慧社区建设运营模式研究[J]．未来城市设计与运营，2022（1）：86-88．

[15] 孙轩．中国的智慧社区建设：背景、内涵与实践[J]．城市观察，2020（6）：128-137．

[16] 李滢．智慧城市中大数据时代下物联网技术的运用[J]．互联网周刊，2023（1）：74-76．

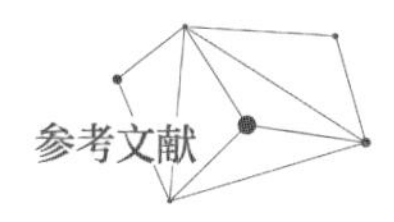

[17] 褚楚．超高频RFID系统高效识别技术研究[D]．成都：电子科技大学，2022．

[18] 柳景彦．基于人体红外感应的智能家居温度控制系统设计[J]．电子制作，2019（22）：5-6，28．

[19] Peter Weiss．全球定位系统——建立太空卫星通信，改变地球上的日常生活[J]．Engineering，2021，7（3）：42-72．

[20] 张丽霞，郦琛依，阮成成，等．三维激光扫描技术在建筑物立面图测绘中的应用研究[J]．城市勘测，2023（1）：144-147．

[21] 顾霞，刘廉如，张忠平．电信运营商物联网连接管理平台的研究及对比分析[J]．信息通信技术，2019，13（5）：40-45．

[22] 岳原．物联网设备管理平台的优势和挑战[J]．计算机与网络，2022，48（2）：36-37．

[23] 刘晏然．物联网使能平台在通信基站BMS中的应用研究[J]．甘肃科技，2021，37（11）：11-13，29．

[24] 汤晓，王元华．物联网业务平台的系统进化与实现[J]．中国新通信，2020，22（10）：98-99．

[25] 张相贤．大数据和云计算技术在智慧城市建设中的应用分析[J]．商展经济，2023（1）：112-115．

[26] 洪云飞．云计算平台主机层安全管理技术分析[J]．电脑知识与技术，2019，15（8）：15-16，21．

[27] 柯研，马凯，郑钰辉．分布式计算平台Hadoop[J]．数字技术与应用，2018，36（9）：70-71，73．

[28] 党引，吴昊荣，李强．基于HBase的海量数据分布式序列存储策略优化[J]．自动化技术与应用，2020，39（8）：39-43．

[29] 石子言，赵国林，胡乔林．基于Hadoop的海量情报数据管理系统设计与实现[J]．软件导刊，2015，14（5）：100-102．

[30] 叶聪．计算机虚拟化技术的应用[J]．集成电路应用，2022，39（12）：132-133．

[31] 龚毅诚．大数据时代下智慧社区建设及运行[J]．无线互联科技，2020，17（24）：13-14．

[32] 马超群，余焕，赵康财．CIM数字化在未来社区EPC模式下的实施应用[J]．建筑施工，2022，44（12）：2987-2989，2993．

[33] 杜海燕，孙浩荃，杨毅，等．数据资产化现实、路径及数据要素市场培育[J]．

山东工商学院学报，2022，36（4）：39-45.
[34] 赵文景. 区块链在智慧城市应用中存在巨大潜能[J]. 中国信息界，2022（3）：62-65.
[35] 陈影. 区块链智能合约的应用风险与规制建议[J]. 互联网周刊，2023（3）：19-21.
[36] 贺志朋. 人工智能与机器学习技术在智慧城市中的应用[J]. 无线互联科技，2022，19（7）：103-104.